基金来源：宁波市科技计划重大项目"村镇生态化治理及社区可持续发展研究集成示范"（2015C11001）
国家社科基金一般项目"政府作为与农民工创业集群发展实证研究"（21BSH030）

农民工创业集群
经典案例研究

操家齐◎主编

吉林大学出版社
JILIN UNIVERSITY PRESS

·长春·

图书在版编目（CIP）数据

农民工创业集群经典案例研究 / 操家齐主编. -- 长春:
吉林大学出版社, 2024.4
　　ISBN 978-7-5768-1405-7

　　Ⅰ.①农… Ⅱ.①操… Ⅲ.①民工—创业—案例—中
国 Ⅳ.①F249.214②D669.2

中国版本图书馆CIP数据核字（2022）第250572号

书　　名　农民工创业集群经典案例研究
　　　　　NONGMINGONG CHUANGYE JIQUN JINGDIAN ANLI YANJIU

作　　者　操家齐
策划编辑　云　宇
责任编辑　王凯乐
责任校对　刘　丹
装帧设计　中尚图
出版发行　吉林大学出版社
社　　址　长春市人民大街4059号
邮政编码　130021
发行电话　0431-89580036/58
网　　址　http://www.jlup.com.cn
电子邮箱　jldxcbs@sina.com
印　　刷　天津中印联印务有限公司
开　　本　787mm×1092mm　1/16
印　　张　17.5
字　　数　294千字
版　　次　2024年4月　第1版
印　　次　2024年4月　第1次
书　　号　ISBN 978-7-5768-1405-7
定　　价　78.00元

序

本书研究的主题是农民工创业集群。所谓农民工创业集群，是指由农民工发起的或以农民工为主体的群体性创业行为而形成的产业集群。当下无论是产业界还是学术界，对农民工创业集群的关注是不够的，而这和农民工的职业特性和社会地位有关。

在我国，农民工是一种特殊名词，国家统计局的定义是"户籍仍在农村，在本地从事非农产业或外出从业6个月及以上的劳动者"。他们的职业不以农业为主，但在身份上仍然保留农民身份。长期以来，由于受城乡二元体制的影响，农民工很难享受到城市户籍者同等的公共服务，对农民工的歧视和偏见也在一定程度上存在着。在人们的印象中，农民工主要从事的是一些技术含量低、工作环境相对较差的劳动力密集型产业，而对于技术和资金要求较高的创业行为来说，人们一般都很难将其与农民工联系起来。当然，这无疑是一种成见。事实上，农民工创业行为的出现是与我国改革开放的进程相同步的，而且其规模和影响力也在逐年增大。

农民工创业的现象出现比较久，但受到关注的时间并不太长。真正受到重视是在2008年美国发生金融危机之后，当时中国有近3 000万农民工失业，大量的农民工因此返乡，这对于流出地政府来说是一个重大的政治考验。

在这种形势下，各级政府开始关注到农民工创业问题。通过"大众创业、万众创新"，以创业带动就业，推进内需增长，成为一个重要的政策方向。据估算，平均每个创业可以带动6人就业，众多的创业行为可以极大地推动整个社会的就业水平。作为一个应对危机，扩大就业的手段，在这样的时代背景之下，农民工创业问题开始受到广泛关注。

本书没有关注个体性的农民工创业，而是聚焦于群体性的农民工创业。这是因为笔者在研究中发现个体性的农民工创业往往成功率较低，而且对社会的影响相对较小，而农民工集群创业由于其规模效应和知识传播机制使得加入其中的创业者更容易成功，其影响的群体也相对更大，可以使一个乡（如湖南洋溪镇复印业）、一个县（青海化隆县兰州拉面、浙江桐庐县快递、曹县汉服）数万人乃至数十万人整体摆脱贫困。研究这些农民工创业集群无疑更有社会意义。因此，笔者萌生了搜集全国主要农民工创业集群案例，并对其产生、发展、提升历程做出较系统的梳理，并初步总结其成功经验的想法。

在研究方法上，部分案例笔者采取了田野调查的方法。笔者先后调研了曹县的服装业、桐庐县的快递业、沭阳的花木业、睢阳的家具业等农民工创业集群。笔者访谈了不少农民工创业者，搜集了不少一手资料，力图通过实地调研，探讨这些农民工创业集群发展的规律。当然，由于受制于财力和人力，更多的案例笔者主要采用文献研究方法，笔者广泛阅读相关新闻报道、经验材料、政策文本、专著以及学术论文，通过对文献的编码、梳理，试图追溯、总结、提炼这些农民工创业集群的发展脉络和经验教训。

在篇章结构上，我们将农民工创业集群分为三大类，每一类作为一部分：

第一部分，制造业农民工创业集群。这些创业集群经营的是制造业，多数与农业没有直接关系，主要有服装、家具、乐器等产业。这些产业有些与农民工创业者之前从事的行业有关，有些则毫无关系。笔者发现，农民工创业往往不会选择与农业相关的产业，这与政府对农民工创业的鼓励政策不太一致。这启示我们，对于农民工创业，政府应充分重视创业者的主体性地位，选择什么样的行业是农民工自己的权利，都应该一视同仁地给予支持。

第二部分，服务业农民工创业集群。这些创业集群经营的是服务业。服务业进入成本相对较低，不需要太高的技术含量，也不需要太大的投入，开个小吃店、复印店，只要地段合适、人勤快，风险并不大。但并不能因此小瞧这些创业行为，本书收录的这些案例，有的安置就业人数超过百万人（如"三通一达"），有的占领全国同行业半壁以上的江山（新化复印、溧阳电梯维修）。可以说，这些创业集群对于全国普通老百姓的影响是全方位的，我们的生活离不开这些农民工创业集群。

第三部分，农业农民工创业集群。这些创业集群都有一个共同特点，那就是要么开创者是返乡农民工，要么是以返乡农民工为创业主体，形成了主要集中于同一农产品为主的创业群体。最开始一般都是经营初级产品，进而实现一、二、三产业融合，全产业链延伸，如潜江小龙虾。有些创业集群经营的产品是当地历史上就有传承的产品，比如沭阳花木在明朝起源。他们经营的产品以农特产为主，很少有以经营粮食为主的农民工创业集群。

笔者希望本书的出版能够帮助人们更多地关注到农民工创业集群现象，借此更深刻地认识到农民工创业集群的发展对于促进城乡融合发展，推动经济欠发达地区农民脱贫致富，乃至打破阶层固化、实现社会流动的价值；也希望本书能够为以县域为主的地方政府、三农部门、学者专家的相关决策和研究提供参考借鉴。

2022年7月

操家齐

目　录

绪　　论

苔花绽放：中国农民工创业集群现象探析

操家齐

一、问题的提出：被忽视的草根创业

自2008年以来，由于受美国金融危机的影响，沿海大量的外贸型企业受到冲击，致使大量农民工失业返乡。为了解决农民工的就业问题，稳定社会发展，我国开始推出一系列支持农民工创业的政策，从而出现一波农民工创业潮。2015年前后，随着我国积极推进产业转型升级，出现结构性的失业问题，中共中央、国务院提出"双创"政策，掀起了一轮新型的创新创业潮流。尽管政策上对农民工创业很重视，但是一些专家仍然对农民工创业存在偏见。他们往往把更多目光投放在外资、高科技、高学历群体的创业上，并不真正重视农民工创业，总认为农民工创业缺乏技术和资金支撑，难以成气候，对地方经济的贡献有限，一些专家甚至认为农民工放弃打工选择创业是一种"高风险"偏好[①]。殊不知，中国农民工正如被人忽视的"苔花"，悄然绽放，大放异彩。作者团队走访全国各地，惊喜地发现，全国各地存在着大量的农民工创业的成功案例，有大量的上市公司、明星企业，更有着容纳成千上万农民工群体创业的创业集群，这些创业集群不仅在很大程度上解决了贫困地区脱贫问题，也在"共同富裕"的道路上先行了一步。对这些成功农民工创业集群的研究，无疑有着非常重要的现实意义。

---

① 贺雪峰.农民工返乡创业的逻辑与风险 [J]. 求索,2020(02):4-10.

二、中国农民工创业集群产业规模与分布

所谓农民工创业集群，是指由农民工发起的或以农民工为主体的群体性创业行为而形成的产业集群。农民工创业集群有其独有的特征：其一，创业集群的发起人或多数创业者的身份是农民工；其二，农民工创业集群的外在表现与其他产业集群基本相似，但前者的创业者往往来自同一个区域，其经营区域既可以聚集也可以分散；其三，农民工创业集群出自草根，往往具有低成本、可复制、规模化、分散经营、规范不足的特点。

我们之所以提出农民工创业集群概念，主要目的是希望将其与一般的产业集群区分开来，农民工创业集群强调以"人"（农民工）为关切对象，而一般创业集群是以"物"（产业）为关注对象；农民工创业集群重点关注创业行为，而一般产业集群更关注产业的发展。因而，这一概念的提出体现了对农民工这一弱势群体创业行为的关注，体现了对农民工群体性创业这一能够带动大量农民工脱贫致富、推动农民阶层提升、促进乡村振兴和城乡融合发展的行动的高度重视和肯定。

从创业地域上看，可以分为城市农民工（留城）创业集群和乡村（返乡）创业集群；从产业上看，可以分为农业（第一产业）创业集群、工业（第二产业）创业集群和服务业（第三产业）创业集群。

（一）第一产业农民工创业集群

第一产业农民工创业集群的创业项目主要集中在种植业和养殖业，其中种植业一般集中在特色农产品、经济作物。

第一产业农民工创业集群都有一个共同特点，要么开创者是返乡农民工，要么是以返乡农民工为创业主体，形成了主要集中于同一农产品为主的创业群体。最开始一般都是经营初级产品，进而实现第一、二、三产业融合，全产业链延伸。比如潜江小龙虾现在全产业链产值达到500亿元以上，其初创者刘主权原来在外面打工，1998年返乡担任村支书，为完成镇里下达的消灭150亩（1亩=0.0667公顷）抛荒田的指标任务，1999年10月，他和村里的电工褚洪荣分别承

包了70亩和80亩低湖田，开始尝试养殖小龙虾；2000年后，开餐馆的李代军、潘红羽等人经营的餐饮"油焖大虾"走红，迎来潜江小龙虾的大发展，此后包括小龙虾批发、零售、出口及虾壳的精加工等行业都被带动起来，从而形成一个庞大的产业集群①。

这些创业集群经营的产品有些是当地历史上就有传承的产品，比如沭阳花木起源于明朝；有些是当地有名的特产，比如安溪茶叶、临安山核桃；有些当地历史上并不生产，但适合当地环境，也会成为当地有影响力的产品，如潜江小龙虾是一个来自美洲的外来物种，而南阳锦鲤和斗南花卉则是创业者自己突发奇想从外地引进的品种。

（二）第二产业农民工创业集群

第二产业农民工创业集群经营的是制造业，多数与农业无关。这些产业有些与农民工创业者之前从事的行业有关，有些则毫无关系。比如正安吉他创业集群，其创始人原来就在广州生产吉他的工厂打工，后来返乡创业继续生产吉他。而睢宁家具则是一个"无中生有"的产业，创业者毫无生产经历，当地也不盛产家具，他们只是在考察后模仿销售，没想到一炮走红。而有些则与当地的历史有些渊源，比如南康家具，江西南康历史上有许多知名木匠，当地也有木材；而曹县历史上也生产过影楼服装；江苏杭集的牙刷也比较出名。当然，更多的是与国有企业和外资企业有关系，丹阳眼镜和虞城卷尺的创业者都受到当地国有企业的影响，而许昌假发和沧州化妆刷的创业者曾在当地的外资企业学到了相关技术。这些产业集群有几个特点：一是具有规模优势，在全国乃至全球都有很高的市场占有率，有些是全球冠军，如邵东打火机占全球一次性打火机产量的70%以上，许昌假发占全球产量的60%以上。二是企业主体多，安置就业多，如沧州化妆刷相关企业1 000余家，从业人员1.6万人；白沟箱包个体加工企业10 000多家，从业人员4万余人。三是不少企业位于中西部地区，承接了东部地区的产业转移，如

①　肖进安，李征峥，夏国燕."中国虾稻连作第一人"刘主权的龙虾人生 [EB/OL]．（2019-07-16）[2023-03-29]http://www.hb.xinhuanet.com/2019/07/16/c_1124756375.htm.

贵州正安吉他和邵东打火机。

（三）第三产业农民工创业集群

从事服务业的农民工创业集群比较普遍，不少创业集群也被大众所熟悉，只是对其创业者的农民工身份关注不够。比如快递业"三通一达"可谓家喻户晓，其最初的创业者聂腾飞与其同事詹继盛原来都是杭州市印染厂的农民工，1993年创立了"盛彤公司"，后来改名为申通公司，1997年聂腾飞去世后，其妻陈小英及舅哥陈德军取得公司控制权，其弟弟从申通退出后创立韵达快递，此后其桐庐老乡相继创立圆通、中通快递。其他知名的农民工创业集群如沙县小吃、兰州拉面，这两家主营大众餐饮服务，创业者是分别来自福建沙县和青海化隆的农民工。湖南新化的复印业、江西安义的门窗业、溧阳的电梯安装业的创立者也都是农民工。服务业农民工创业集群往往有几个共同的特点：一是在全国各地都有分布，具有很高的市场影响力，如"三通一达""沙县小吃""兰州拉面"无处不在，对老百姓的生活有很大的影响；二是这些集群创立的早期都高度依赖于地缘关系，进入高速发展阶段后逐渐社会化；三是这些创业集群的经营是高度分散的，这在早期有利于发挥积极性快速扩张，但在进入一定发展阶段后，其不利因素非常明显；四是由于服务业对人流有较大的需求，因而创业的地点一般都在城市。

（四）农民工创业集群的影响力

农民工创业集群相对于一般群体的创业行为以及农民工个体创业具有更大的社会意义。

（1）农民工创业集群带动了大规模的就业。集群创业的巨大辐射效应，对于安置社会就业影响巨大。以"三通一达"为例，四家公司合计从业人员超过150万人，其中，圆通速递全网拥有分公司4 600多家，服务网点和终端门店7万多个，各类转运中心133个，员工45万余人。沙县小吃全球有8.8万家店，30多万从业人员。兰州拉面全国3.3万家店，约19.5万从业人员。新化复印业从业人员已超过20万人，年产值达800多亿元。江西安义门窗业从业人员18万人，年产值超800

亿元。

（2）农民工创业带动了落后地区的脱贫和发展。一个很突出的特点是，多数有影响的农民工创业集群的创始人往往来自偏远、落后的地区。比如兰州拉面来自青海化隆，化隆是国家级贫困县，户籍人口30.68万人（2020年）。2020年4月，青海省政府正式宣布，化隆县成功脱贫摘帽，累计脱贫的13万人中，有9万人通过拉面翻身。来自东部偏远山区的沙县小吃和"三通一达"，受到创业集群的影响，让数万人脱贫。山东曹县原来也是山东的贫困县，但由于演出服创业集群的兴起，当地人均收入迅猛增长。

（3）农民工创业集群促进了社会阶层的流动。在过去，农民工作为打工者一直处于社会的底层，而随着农民工创业集群的发展，大量普通农民工成为"小老板"，收入增长，实现了经济地位的提升。如沙县小吃的8.8万家店，存在8.8万个小老板，他们不用依附于任何单位打工，自己支配劳动时间。还有不少农民工创业成长为亿万富翁，"三通一达"的农民工创业者所在公司全部上市，市值超过百亿元。农民工创业者通过集群创业，最大限度地使众多普通打工仔成为财富精英，这是一种打破阶层固化的生动实践。

三、"木筏效应"与农民工创业集群特征

如何定位中国的农民工创业集群？如何描述农民工创业集群的特征？我认为，"木筏效应"是一个很好的解释模型。

（1）木筏是简陋的，不引人注目。可它具有载人载货的基本功能，在这一点上与高档的轮船没有本质区别。

（2）木筏的制作材料随处可得，成本低廉。用普通的杉木、毛竹乃至杂木即可制作，不需要钢材，也不需要昂贵的楠木。

（3）木筏的制作不需要高端的特殊技能。知识的获得与传播都非常容易，普通人稍作摸索，很快便可以掌握制作技能。

（4）木筏可以快速复制、扩张。一根根的木头可以组成一个新的木筏，无数的木筏就可以快速地生产出来。

（5）众多木筏具有规模效应。既可以在单部木筏的基础上扩大，也可以生产更多的木筏，形成市场上的垄断地位。

以上木筏的特征与农民工创业集群的特点非常相似，用"木筏效应"模型描述农民工创业集群是合适的。农民工创业集群有如下特征。

（一）农民工创业集群是典型草根创业，但蕴藏着强大的动能

木筏虽然简陋，但是一样能够渡江入海。以曹县演出服为例，时至今日，曹县的演出服、汉服俨然成为曹县的支柱产业。该产业无论对于当地的就业，还是财政收入、政府形象，都发挥了非常重要的作用。

（二）农民工创业集群的创业主体多是普通农民工，多选择容易上手行业

正如同木筏的制作者并非能工巧匠，制作木筏的材料也不需要名贵材料一样，农民工创业者由于文化程度不高，缺乏本钱，也很难从银行贷款，为了生存，一般都会选择投资成本低、风险相对较小、更多依靠体力的行业进行创业。这些小成本的创业行为，只要自己不怕吃苦，一般都不会亏本，即使失败，损失也不大。比如最早创业的申通公司创始人聂腾飞选择的快递行业，就是代人跑腿，一部自行车、一个简陋的门面、一部电话就可以营业，虽然辛苦，但是风险不大。沙县小吃和兰州拉面从事的是大众化的餐饮业，投入的成本也都非常低，夫妻二人就可以开个店，现金周转也很快。即使从事劳动力密集型行业，比如邵东的一次性打火机、沧州的化妆刷，它们制作成本不高，市场销量稳定，风险相对可控。这些行业虽然没有暴利，但是市场容量巨大，具有很大的扩展空间，为创业集群的形成提供了条件。

（三）农民工创业集群创业技能相对简单，创业知识可以快速复制传播

农民工创业集群的形成需要一个庞大的创业群体，如果是独门绝技或者是技术含量很高的行业，对于农民工群体来说是难以复制的。农民工创业集群所在的行业无论是产品生产还是经营模式都不需要太复杂的技能，通过亲友、同乡之间的传授，都能在较短时间之内掌握技能。比如，湖南新化的文印业，虽然也需要一定的技能，但是通过师父带徒弟，也能在一年左右的时间内掌握相关技能，江西安义的不锈钢门窗也是这个道理。一些制造业的技能要求也很低，如曹县演出服最初生产的服装样式夸张、做工粗糙、价格低廉，服务的也是庆祝五一、六一这样的场合，基本是一次性的，对其质量也没有太高的要求，农民工群体也能很快学习到制作技能。技能的复制和传播，推动了个体创业迅速向创业集群的转变。

（四）农民工创业集群具有规模优势，集群创业进一步降低创业风险

正如随着木筏的扩大，抗风险能力会增强，木筏集群可以降低木筏总体的生产成本一样，农民工创业集群也会带来很大的竞争优势。一是可以形成较高的市场占有率。由于规模优势降低了生产或者服务成本，后来者难以构成威胁。比如"三通一达"具有一定的市场占有率之后，后来的快递公司要建立市场网络，投资过高，成本不具有竞争优势。二是创业集群具有一定的品牌效应。无论是沙县小吃还是兰州拉面，都代表着实惠、管饱，具有较高的市场认可度。三是农民工创业集群形成了较完善的产业链。农民工创业集群发展到一定规模之后，就会自然地向上下游延伸。如潜江小龙虾产业就打通了一、二、三产业，从小龙虾养殖、销售到餐饮、虾壳深加工形成了产业链的闭环，进一步扩大了集群的规模，也在一定程度上提高了创业集群的经营效益。

（五）农民工创业集群优势明显，但在某种程度上也存有着明显的局限性

正如木筏虽廉价但也有局限，农民工创业集群也存在着明显的局限性。一是先天不足，缺乏大资本或者官方的有力支持。农民工创业集群出身低微，没有国资背景，也没有大资本的背书，"爹不疼娘不爱"，发展非常艰难。如"三通一达"起家时，被称为"黑快递"，到处都受到打压。二是缺乏核心技能，进入门槛低，效益不高。农民工创业集群普遍都依赖于人力优势，无法打造"护城河"，市场竞争力并不高。比如打字复印、加工不锈钢门窗、制作化妆刷等，利润非常微薄。三是集群内部难以形成合力，恶性竞争层出不穷。农民工创业集群

内部非常松散，如快递业互相压价，导致服务质量降低。

四、政府作为与农民工创业集群的发展

正如前文所说，农民工创业集群的形成与发展初期，往往不被人重视。就是发展到较大规模阶段，地位也不太高，因为农民工创业集群往往并不能给当地的财政收入带来较大的好处。但是，鉴于农民工创业集群对于促进就业创业、消除贫苦、促进阶层流动、实现乡村振兴、推进新型城镇化意义巨大，因此，重视农民工创业集群的发展，应该提到各地政府重要的议事日程上。没有农民工创业集群的，应该积极培育；已经有农民工创业集群的，应该积极扶持其发展。笔者认为，各地政府在扶持农民工创业集群的发展上应发挥如下作用。

（一）发现"扎筏人"

农民工创业集群的形成，领头人是关键，领头人就是"扎筏人"。本书所记录的所有创业集群都有一个领头人。领头人敢于创新、敢于冒险的特质以及强大的抗挫折的能力，对于创业的成功非常关键。他们不甘于贫困，也不满足于重复既有的生活，愿意尝试新的活法，也愿意付出应有的代价。对于这样的领头人，政府相关部门应该给予积极的关注，发现"典型"，用典型引路，复制更多的创业主体。特别是今天开放的市场环境，为创业者的脱颖而出创造了条件，也为政府部门的主动作为提供了机会。比如贵州正安吉他创业集群的形成，就是正安县政府主动招商的结果。正安县政府发现有数万正安人在外从事吉他行业，也发现了其中的创业者郑传玖具有领头人特质，县委主要负责人多次与其面谈，提供优惠的条件，吸引他回乡创业。郑传玖返乡创业的成功，吸引了更多的创业者，从而促进了正安创业集群的形成。现在各地都有很多这样的创业种子，如果各地政府具有这样的"慧眼"，发现这样的"扎筏人"，积极培育，形成新的创业集群是完全可能的。

（二）疏浚好"航道"

木筏固然适应能力强，但要想有大的发展，还是需要有好的航道。所谓航

道，就是创业环境。客观地说，多数地方农民工创业集群的形成环境是不够好的。在农民工创业集群的发展过程中，政府部门应优化发展环境。优化环境，一是要从思想上重视农民工创业，不能只盯住"大老板"，忽视小微创业。二是要提供周到的公共服务。特别是对于返乡创业者，他们的创业场域往往相对落后，公共服务往往不能适应创业发展的需要，特别是在交通、通信、物流、融资和人力资源等方面，相对发达地区有明显差距。这一方面要加大投入，尽量优化硬件差距，另一方面在软件上以优质、贴心、到位的服务弥补硬件方面的不足。三是发挥当地政府集中力量办大事的优势，集中力量扶持创业集群的发展。一旦发现有前景的创业集群，便集中各方面的资源加大扶持力度。据调研，无论是曹县的演出服、沭阳的花木还是睢宁的家具，当地政府都在其发展的关键阶段，投入了大量资源支持它们的发展，为其爬坡过坎发挥了关键的作用。

（三）做好"领航员"

木筏功能是不够完备的，可能没有舵，没有导航，有时会偏航。农民工创业集群具有先天的劣势，比如漠视规则、目光不够长远、恶性竞争等。一些创业集群在发展的关键时刻往往找不到方向，甚至会走上歧路，这时候就需要政府部门发挥"领航员"的作用，帮助他们拨正航向。比如沭阳花木发展到一定阶段之后，一些创业者公然销售伪劣产品，被媒体公开报道，给沭阳花木的声誉带来极大的损害，沭阳花木面临着生存的危机。这时候单靠创业者的力量已无法扭转局面，沭阳县政府积极担起了责任，他们发起全县花木种苗领域专项整治工作，发起"春雷行动""冬季攻势""猎鼠行动"，通过专项治理和综合治理、源头治理、依法治理相结合的工作理念，努力营造风清气正的市场经营环境，使得市场秩序明显好转，帮助花木产业集群渡过了危机，回归了正轨。

（四）做好"护航者"

木筏"身份"低微，被人轻视，其生存环境非常恶劣。农民工创业要形成有一定影响的集群难度很大，他们非常需要政府的帮助，为他们的发展"护航"。特别是对于在外地创业的创业主体来说，来自输出地政府的帮助尤其重要。在这方面，兰州拉面创业者的家乡——化隆县政府就做出了很好的示范，为帮助村民顺利外出就业创业，时任县长马吉孝主动为外出经商的村民提供了一张"通关文牒"——办理劳务输出证，上面有"县长致辞"，请求各地相关部门提供帮助；化隆县委还设置了24个驻外临时党支部，积极推动拉面产业的发展；当兰州拉面已走进全国各地，规范管理存在一定困难时，化隆县将89个部门的工作人员派往全国50多个地区，设立拉面办事处，协助创业者解决矛盾纠纷、子女入学、证照办理等方面的问题，为兰州拉面的发展保驾护航。当然，在本地的创业集群同样也需要当地政府的护航，解决黑恶势力敲诈勒索的问题、乱收费的问题、多头执法的问题等。只有呵护农民工创业行为，农民工创业集群才能更好地成长。

第一部分 制造业农民工创业集群

正安吉他农民工创业集群

宁波大学　卢光彬

一、引言

自第十一届三中全会吹响改革开放的号角至今，已四十余年，农民工群体从原先的外出打工逐渐走向了返乡创业的道路。这是由中西部发展环境改善、农民工人力资本与社会资本提升、政策支持、产业结构调整及经济发展方式转变等诸多因素共同推动产生的。自疫情暴发以来，更多的农民工在疫情的影响下回到家乡创业，众多小微企业和农业新经营主体由此产生。据统计，2020年回乡创业人员突破一千万，比2019年增加近两百万，新增农村就业岗位超一千万[①]。与过往不同，日渐庞大的农民工群体在经过外出打工的浪潮洗礼后，积累了丰富的工作经验和技术，积攒了大量的资金与人脉。这不仅为他们的返乡创业铺平了道路，还为相关产业链企业不断聚集以形成企业集群打下了坚实的基础。本文介绍一个非常典型的农民工创业形成集群的例子，那就是年产量超过700万把，占整个中国吉他生产量1/4的正安吉他创业集群。

二、正安吉他创业史

（一）敢于开拓，正安人南下广东

1987年2月25日，正安人纷纷南下广东番禺，由此拉开了贵州向全国各地输

---

① 田茜 . T市J区农民工返乡创业中的政府支持研究 [D]. 扬州：扬州大学，2021.

出劳动力的序幕。经过30年的发展，66万正安人中有超过1/3在外打工。其中，仅在广州一地从事吉他制造行业的正安人就超过六万[①]。这三十多年的时间中，不少人都在外学成了技术，发展了事业，置办了产业，甚至从农民工摇身一变成为老板，其中最令人瞩目的就是广州神曲乐器有限公司的总经理郑传玖。作为一个1997年赶着打工潮来到广东的农民工，郑传玖用10年左右的时间吃透了吉他的所有制造工艺，创办了属于自己的吉他制造企业——广州神曲乐器有限公司，并依此挣得了人生的第一桶金。之后，在郑传玖的精心经营下，公司日渐壮大，在吉他制造行业声名鹊起。他的公司中，来自正安的老乡也越来越多。像他一样，在广东从事吉他行业的正安人很多，从原材料进口、生产，到销售、开琴行，可以说，广东吉他产业全链条上都有正安人。也正是在这样的背景下，吉他这样的产业成为正安县政府未来规划发展的不二之选，而郑传玖作为吉他行业中正安人的龙头老大，自然进入正安县政府的眼界之中。

（二）动之以情，游子反哺家乡

确定未来要发展吉他行业后，正安县委县政府便开始思考如何请动这位作为广东吉他行业的正安龙头郑传玖。要知道，当时正安的条件不可谓不糟糕：人口上，大量青壮年外出务工，留守在村里的，大多是老弱妇孺。新建起来的吉他产业从哪里寻找可用的工人？地形上，正安是具有喀斯特地貌的贵州省下辖的一个县，群山跌宕，交通不便，难以提供工业园需要的场地。产业条件上，正安的吉他历史一片空白，没有一丁点基础，什么东西都得从头来。生产条件上，正安虽然有一些从事吉他行业的人，但那些都是外出打工的人。对于正安本地人来说，吉他是一个外来产品，真的能被广大的本地正安人所接受吗？正安所有的缺陷像是一座大山，牢牢地将资本挡在外面。在这样的情况下，经过商讨，正安县委县政府决定从另外一个角度来做郑传玖的工作，那就是晓之以理，动之以情。先晓之以理，在政策和条件上给予郑传玖的吉他公司最大限度的优惠。厂房方面，县

---

① 黄明福.正安县劳务输出30年回顾[J].文史天地，2017（09）：84-87.

里负责建，公司一来，立马就能用上；在政策、法律范围内予以最优惠待遇；服务，县长亲自跟进，保证让其满意。当然，光有这些可不够。毕竟相对于其他地方，正安是郑传玖的故乡，更能走进郑传玖的内心。

"独在异乡为异客，每逢佳节倍思亲"，一词一句传递的是从古至今不变的思乡情。对于郑传玖这样的常年在外务工的人来说，生养他的家乡有着别样的意义。作出这样的判断后，正安县委县政府迅速行动起来，先是来到了郑传玖在正安的老家，对他的父母进行了探访和慰问，随后又三顾茅庐，多次前往广州拜访郑传玖兄弟，许下"若回乡，将大力扶持'神曲'"的承诺。在郑传玖回到家乡考察时，正安县县长又亲自接待以示重视。在希望家乡越来越好的反哺之情影响下，郑传玖终于决定，搬一条生产线到家乡，要在家乡把吉他造出来。在贵州卫视《关键时刻》这一访谈节目中，郑传玖如是说：

"刚开始的时候，我觉得搬回家乡有点难度，因为家乡在物流等各方面条件都有些不方便。但是第二次，他们又来了，我就跟我哥和我的工友们说：'政府如此有信心搞好（吉他工业园区），那这个对我们来说也是一个机遇。'就这样，我和我哥一起回到家乡考察，当时我们的工业园区全是山，我就对我哥说：'你看现在这个样子，如果我们在外面做得这么好都不回来发展，不来带动一下的话，那些外来人员看到这个样子，谁敢来呢？'我就和我哥决定先搬一条生产线回来，如果行的话，我们就全搬回来！"①

（三）筚路蓝缕，吉他生产线安然落地

2013年8月12日，郑传玖带着300多名员工和一整条吉他生产线从广州驶向正安。谁知，人还没到家乡，困难就先来了。原来，因为吉他生产流水线所需机器庞大，所以郑传玖就打算使用17米长的大拖车将设备从广州运回正安。可大拖车一进正安，便深陷在蜿蜒崎岖的山路中，动弹不得。郑传玖和员工们已经陆续抵达，设备却还卡在山下迟迟无法入县。没办法，郑传玖只能联系拖车公司派出九

---

① 窦爱莉．张建冲．关键时刻 [EB/OL].https://www.le.com/ptv/vplay/31382672.html?ch2=baidu_ffdsj_1#vid=31382672，2018-02-20/2022-01-28.

米长的小车来一点点地运送设备。车队蜿蜒辗转，足足有37辆。看着缓慢爬山的车队长龙，郑传玖的内心有些沉重，他明白，今天的车队上山只是一个前奏，未来一定有更多困难在等着他，而事实也的确如他所料。

首先，是意料当中的物流方面的问题。厂子初到正安，虽然准备良多，但是仍然缺少很多东西，比如生产线的零件、设备日常维护所需设备，甚至是纸箱这样的基础物品。正安贫瘠的工业能力完全无法满足厂子日常运转的需求，必须联系广东总厂进行支援。可这样一来，光是路途中所花的时间就令人无法接受。要知道，吉他生产都是流水线作业，一个环节出了问题，所有的环节都会卡壳，一点小问题就会招致整个生产线的全面停工，而停工一天所付出的成本都要数以万计。一两次还能勉强维持，时间一长，厂子便难堪重负。

其次，是正安落后的人力资源难以满足吉他厂正常运转的需求。诚然，有200多名老员工跟随郑传玖来到了正安。但他们人数太少，只能作为吉他生产工人的骨干，工人主体还得依靠正安本地人。但此前已提到，正安本地人几乎没有从事过任何吉他生产相关的产业，不具备任何吉他生产的经验。尽管郑传玖对于这样的现象早有预案，安排了从原厂带来的骨干员工对本地员工进行培训，但是仍然无法阻止巨量的成本浪费和良品率的下跌，这甚至砸掉了"神曲"公司花费十余年建立的良好口碑，大量的经销商都取消了之前的免检待遇，初回正安的"神曲"公司陷入了成本高昂和品控不佳的阴霾中。

面对这样的危难局面，郑传玖联合当地政府进行了一系列的危机应对处理。对于良品率下跌的问题，首先是由政府方面出台政策，制定了吉他制作标准并给予"神曲"公司"厂房内的事自行处理"的优惠政策。然后，郑传玖亲自下场，当着全厂人的面，一把大火烧掉了所有的次品吉他，接着，公司加强了老带新的培训力度和强度。郑传玖晚上去到员工宿舍，30人为一轮次，挨个教导吉他制作中的重难点。他以自己的实际行动将"高品质、高质量、高标准"的制作追求深入每一个工人的内心。在这样尽心尽力的培训下，"神曲"的吉他制作良品率终于回升，重新得到了市场的认可。虽然还面临着其他大大小小的问题，但是"神曲"公司总算步入正轨，公司与环境、公司与工人的磨合进入了下一阶段。之后，"神曲"公司彻底打开了市场，吉他业务越来越红火，生产规模也越做越大，这样的良好局势让郑传玖有了让整个厂子都搬到正安的想法。

"经过2014年的磨合和政府的引导和支持，我在短时间内扭转了局面。在家乡站稳脚跟后，我和我哥商量：'不如我们就把广州所有的工厂全部撤回正安。'就这样，凭着一股冲劲搬回来，我们才能越做越好。"①

（四）形成集群，众人合力进军国外

2015年，相比3年前，正安的情况发生了天翻地覆的变化。其一，人力资源方面，一年多的磨合催生出了大量成本极低的熟练工人，这是沿海城市所不具备的优势；其二，产业条件方面，经过一年多的经营和开拓，正安吉他工业园区已经初步成型，在郑氏兄弟的大力宣传下，不少相关产业链的企业被"神曲"公司良好的经营状况和正安政府的优秀口碑所吸引，纷纷在工业园区落地，规模化效应显现，形成良性循环，整个园区一片欣欣向荣②；其三，物流运输方面，贵州省的"县县通高速"项目已经正式开始，正安终于拥有了通向外界的"阳关大道"，最初无法上路的17米大拖车现在畅快地在高速上飞驰着。在这样的良好条件下，越来越多的商家和工厂来到了正安，正安吉他创业集群初步形成。郑家兄弟也随大流，彻底将所有的吉他生产线搬到正安，广州只留下销售队伍。但随着吉他产业园规模的不断扩大，原先依靠接外国公司的零星小单来挣"外快"的模式已无法再支撑庞大产业园的正常运作与发展。因此，下一步创业园区该如何发展，就成了以郑传玖为首的创业人面临的主要问题③。

怎样才能摆脱只能接低端外贸商单的窘境呢？其实答案很简单，那就是转向高端吉他制造。郑传玖一直都知道这个道理，但碍于之前提到的种种困难，一直无法实行，现在正安吉他创业集群已经初步形成，集众人之力，正安已经

---

① 窦爱莉，张建冲.关键时刻 [EB/OL].https://www.le.com/ptv/vplay/31382672.html?ch2=baidu_ffdsj_1#vid=31382672，2018-02-20/2022-01-28.

② 马红梅.正安：吉他声里"致富曲" [J].当代贵州，2017（21）：42.

③ 杨伦丽.正安：聚力打造国际知名吉他产业群 [N].贵州日报，2021-08-10（007）.

有能力向高端吉他制造发起冲击。于是，就出现了这样的场景：一线工人在配备了自动化流水线和喷漆车间的新厂房里辛勤工作。手工琴工坊的制琴大师手中精雕细琢着一块块来自世界各地的高级木料；一把把吉他在经过一个月的手工上漆、全程精准的温湿度控制后被不断生产而出……这一切，都是郑传玖的"神曲"公司为了竞争高端市场所做出的努力，严格把控质量，决不让任何问题产品出厂。

"正安吉他主要（好在）这几个方面：一个是音质，另外一个是手感，在演奏弹奏的时候，要好弹，要手感（好）。对每一个工序都要细致要求，100多道工序，在哪一个工序出了问题，都要把它控制下来退回去返工，如果能返工好的，继续往后做。如果不能返工好的，那就全部烧掉。宁愿烧掉，也不愿意毁掉神曲公司对这个品质的追求。"①

就这样，"神曲"公司随着制琴工艺不断提升，也终于获得外国商家的认可。正安吉他园区出产的吉他远销海外，在亚洲、美国、南美三大市场的占比都超过了百分之二十。这其中不仅有代工的国际品牌，也包括了园区自己孕育发展的30多个自主创建品牌②。2015年，正安获得了"中国吉他制造之乡"的称号。

（五）耕耘未来，打造吉他文化

在攻克高端吉他之后，整个正安吉他创业集群的规模和产量不断提升，时至2021年，整个正安创业集群的吉他年产量已经超过700万把，占全中国吉他产量的1/4。同时，他们也拿下了国外如"塔吉玛""芬达"等知名大厂的订单。在吉他制造行业，以"神曲"为首的正安吉他创业集群已经彻底站稳了脚跟，只要未来稳步发展，前途一片光明。可是面临这样的大好局面，作为"神曲"掌舵人的郑传玖却一直都很焦虑。这些年他一直在对吉他制造到售卖的各个环节的盈利情况进行调研，发现虽然整把吉他的生产都在正安，可是真正能够落在正安吉他制

① 窦爱莉，张建冲.关键时刻[EB/OL].https://www.le.com/ptv/vplay/31382672.html?ch2=baidu_ffdsj_1#vid=31382672，2018-02-20/2022-01-28.
② 汪泉泉.正安·国际吉他园[J].晚晴，2019（07）：2.

造厂里的利润只有不到15%^①，只出了一个品牌的外国大厂们拿走了负责整个吉他生产制造的正安吉他园区六倍的利润。每每看到这惊人的数据，郑传玖都不由沉默。在这样的现实的驱动下，郑传玖立下了自己的志向，一定要打造属于自己的吉他品牌，他不甘心就这样一直沦为外国大厂的代工商，他想要创造属于中国、属于正安的吉他文化，他想用吉他谱写出自己的音符。

"我自己很喜欢听《贝加尔湖》，我想用吉他弹奏出《贝加尔湖》那样优美的曲子，所以我给自己创造的品牌取名叫'贝加尔'。"^②

确立了这样远大的志向之后，郑传玖开始了他的品牌创造计划，其中第一步就是要培育独特的中国式的吉他文化。一个品牌绝不是无根之木，想要长久打动人心，必须根植在深厚的文化氛围中，只有经过漫长的孕育，才有可能结出硕果。这很困难，毕竟对于中国来说，吉他是一个西洋乐器，虽然广受大众喜欢，但是并没有现成的文化底蕴去挖掘。

没有文化，就只能培育文化。2017年，在多方支持下，正安建成了贵州省内最大的吉他文化主题广场和世界最大的吉他雕塑（30米高）。2018年，世界著名作曲家、吉他演奏家，有"瑞典莫扎特"之称的约翰内斯·莫勒辞去了原在荷兰的音乐教学职务，接受正安的邀请和"正安吉他国际形象大使"这一荣誉头衔，并在正安正式创办了自己的文化公司，承诺将会倾尽全力做好正安吉他推广和代言工作；并且以"正安吉他国际形象大使"的身份参加多场音乐节和吉他展会，未来将致力于中西音乐交流以及正安吉他在中国和世界的推广工作。2020年，以郑氏兄弟为原型的电视剧《吉他兄弟》在中央卫视上映，引起了大众对于吉他以及吉他之城正安的热烈讨论。2021年，正安举办了中国第二届吉他制造大赛……正安人熟悉吉他，热爱吉他，学吉他、弹吉他蔚然成风。正安街头，各式各样的吉他培训机构如雨后春笋般纷纷挂牌开业；新修建的吉他广场随处可见抱着吉他演奏的流浪乐手，居民们一边纳凉，一边沉迷于乐手们弹奏出的

---

① 苏滨，陈隽逸. 吉他出深山 弹奏致富曲 [N]. 人民日报，2022-01-04（014）.

② 窦爱莉，张建冲. 关键时刻 [EB/OL].https://www.le.com/ptv/vplay/31382672.html?ch2=baidu_ffdsj_1#vid=31382672，2018-02-20/2022-01-28.

美妙音符。毗邻广场的，是正在建设中的吉他风情街，虽然还没正式开放，但已经可以看到许多提早入住的以吉他为主题的餐厅、酒吧、舞厅等挂出了招牌……可以说，吉他文化已经沁润了正安这座小城，只等厚实的文化沃土绽放出美丽的文明之花。面对提问，郑传玖如是说：

"我将在今年的全国人大会议建议，提名正安吉他文化产业园为国家级文化产业示范园区，并不断加以修缮和建设；增设吉他艺考，不断推动校园吉他文化的发展。"①

（六）致力脱贫，用爱演奏音符

创下如此基业的郑传玖并没有忘本，他始终记得自己的出身，理解生在贵州这个穷苦地方的无奈。所以，在创办"神曲"吉他制造公司时，对于自己的老乡，尤其是那些贫困户们，郑传玖总是格外照顾一些。2018年，"神曲"创造了七百多个就业岗位，其中有一百四十余位员工是建档立卡户。他在访谈节目中如是说：

"我们大概有700多人，建档立卡的贫困户有100多个，比如贫困户有每月200元的补贴；家中有超过65岁老人的，（老人）没有工作，没有退休金的，也是每月有200元生活补助；他们小孩如果有读书的，在我们园区附近读书，免费在我们厂里吃住。贫困户子女考上大学的每年有万元补助。我打算建立两所希望小学，资助正安县一百名贫困学子完成大学梦。这就是我们的一些扶贫手段和未来规划，希望他们尽快脱贫。"②

如今，在正安吉他产业园区，吉他产业链上的企业达一百一十余家，所产吉他销往全球四十多个国家和地区，辐射带动近一万五千人就业，帮助近七千人稳定增收脱贫③。他们中无数人的经历都相似，大多是一些妇女和老人，一辈子都生活在农村，被困在无边无际的农活和家务之中。一年到头的收入不过数千，年

① 马涌.吉他出山记[N].人民日报，2019-9-4（20）.
② 窦爱莉.张建冲.关键时刻[EB/OL].https://www.le.com/ptv/vplay/31382672.html?ch2=baidu_ffdsj_1#vid=31382672，2018-02-20/2022-01-28.
③ 苏滨，陈隽逸.吉他出深山 弹奏致富曲[N].人民日报，2022-01-04（014）.

头不好的时候甚至颗粒无收。现在正安吉他产业园区正式落成，他们的生活也发生了翻天覆地的变化，有了稳定的工作和不错的工资。在家里，他们整日埋在杂事里，照顾老人和孩子；在工厂，她们一天能手工制作数把吉他，是工厂的"半边天"。这里引用一个神曲厂内员工的案例也可说明一二。

四十多岁的郑苹会就像所有出来打工的农村妇女一样，丈夫常年生病无法下地，孩子还小不能工作贴补家用，其整日忙碌于菜地和鸡窝才能勉强糊口度日。在进入"神曲"公司之前，这样的"在地里刨食"的日子，郑苹会已经过了五六年。然而，一切都在2004年进入"神曲"后发生了变化。作为厂里制作木胚的一线工人，郑苹会能拿到超过四千的月工资。在正安这样的小县城里，四千一月已经可以满足一个三口之家的日常支出。更别说在厂子里工资稳定，不用像之前一样"看天吃饭"。每天按时上班，和熟悉的工友们做着再熟练不过的工作，安稳感和幸福感油然而生。[①]

三、经验及启示

第一点，政府筑巢引凤，根据自身特点，抓住转型机遇，促成创业集群。本案例中，正安县政府先是抓住了地区产业升级这一机遇，确立了"建立正安自己的产业"这一目标。之后又根据正安当地的具体情况，因地制宜，选择了吉他这一行业。在成功劝导郑传玖的吉他制造公司回乡后，又积极承担起政府的责任。先是以极低的价格将厂房租赁给企业，帮助他们寻找融资途径，又出台了很多的帮扶政策，最大限度地保障了吉他制造企业在正安的顺利落地。可以说，正是由于正安政府高瞻远瞩的规划和细致入微的呵护，正安县的吉他制造创业群才能茁壮成长，才有了如今的成绩。

第二点，能人带头，以成效和利润吸引相关企业，形成集群。本文之所以如此着力写郑氏兄弟，正是因为他们作为"第一个敢吃螃蟹"的人，依靠着自身的努力和正安政府的帮扶，顺利干出成绩、干出成效。有了这样一个鲜活的例子，

---

① 马涌. 吉他出山记 [N]. 人民日报，2019-9-4（20）.

再加上郑氏兄弟在吉他制造圈里对正安优秀政策的宣传，大量的吉他相关制造企业纷纷进驻正安吉他产业园，形成创业集群，发挥出集群优势，使得吉他制造成本进一步降低，所制造的吉他性能更好，竞争力更强，企业所能得到的利润越多，进驻的企业也就越多，形成了良性循环。

第三点，高瞻远瞩，长远布局，步步为营，形成星火燎原之势。本案例中，正安政府从来就没有满足于仅引入一两个大企业，而是要打造一整个吉他制造产业集群。为此，早在郑传玖的"神曲"还没有入驻正安的时候，他们就已经规划好要建立一个大型吉他工业园区，并提供了良好的政务环境。在郑传玖的公司取得效益，引来大批相关制造企业后，正安政府积极行动，出台了一系列优惠政策，促进了园区内各产业的顺利融合，尽管其中出现过融资途径少、企业难以长久等问题，但都得到了顺利解决，使得正安吉他的创业集群规模越来越大，所取得的利润和成效越来越多，让小小的一个正安县生产了全中国近1/4的吉他。

第四点，坚持品质，持之以恒，终是"守得云开见月明"。本案例中，"神曲"一共面临过两次非常严重的质量问题，一次是2008年金融危机，另一次则是初到正安，本地人完成的吉他无法满足基本标准的要求。尤其是第二次，初到正安，立足未稳，每一笔资金都很宝贵，哪怕是次品，降价销售也可以挣回一些成本来继续支撑。可是郑传玖坚决拒绝，他在两次危难中都选择将次品吉他付之一炬，用大火向每一个工人宣告他恪守高质量的决心。也正是他把对质量的高要求传播到了整个创业集群，才有了外国厂商对正安吉他质量的肯定。

第五点，着眼长远，努力打造本土品牌。本案例中，郑传玖在后期经过调研了解到了品牌的价值。如果一辈子都只能为外国品牌代工，就算做的规模再大也只能"拿小头，喝汤水"，徒为他人作嫁衣。明悟这一点后，郑传玖以数年之力，深耕正安吉他文化，努力在国际上推广自己的本土品牌"贝加尔"。我国的农民工创业要汲取郑传玖的教训，早早树立品牌意识。

第六点，深入挖掘新兴科技，注重传统和新锐的有机结合，不能偏废一方。本案例中，以"神曲"为首的整个吉他创业园区的吉他售卖模式主要是线上，通过淘宝和京东的商家进行售卖。本地虽然也有实体店，但是销量和名气都没有显露出来，在周边城市也并没有相应的分店。我们不妨想象，当远方的朋友来正安旅游，感受着浓郁的吉他文化氛围，想购买一把吉他却只能通过网络慢慢发货……而这既无法做到深入挖掘新锐科技，吸引更多的人前来，又抛弃了传统的宣传方法，可谓是两头落空。所以，其应该一方面深入挖掘新锐科技的力量，借助自媒体进行网络宣传，吸引外地游客；另一方面加强线下体验，渲染吉他文化气氛，打造区域名气。二者有机结合，助推正安吉他创业集群的发展。

四、小结

正安吉他创业集群可以说是广大农民工创业集群初期时的一个典型案例。先是一个领头羊——郑传玖独挑大梁，其受到了家乡政府的感召，带着自己的生产线回到贫困的家乡，立志带动家乡的产业发展，途中遭遇无数艰难险阻，但他依旧不屈不挠、坚守品质，终于将厂子带到正轨，开始扩张和盈利。之后，郑氏兄弟配合正安政府大力宣传正安的优惠政策，吸引大量的相关企业入驻。经过整合后，正安吉他工业园正式成为具有规模效应的创业集群，在吉他制造这一行业大放异彩。截至2021年11月底，正安吉他创业集群年生产吉他超700万把，占全中国吉他生产量的四分之一。正安吉他创业群是一个典型而优秀的创业集群，其在成长中的很多经验都值得未来想创业或正在创业的农民工群体学习。

同时，我们也应该看到，在整个创业故事中还有另一个不可或缺的角色，那就是正安县政府。他们先根据正安本地的具体情况选择了吉他这一合适的行业，并早早地为未来的整个吉他产业园区做好规划。随后三顾茅庐请郑传玖回乡，开启了正安吉他创业集群的艰辛创业旅程。在"神曲"面临难以落地的困境时，及时伸出援手，一方面寻找资金来源，另一方面又给予了更大的优惠，帮助他们渡过难关。在吉他产业集群形成后，他们联合众多厂商一同制定了吉他制造的标准来维持整个吉他产业园的正常秩序。正是在正安县的不懈努力下，正安吉他创业集群才能越走越远。正安县政府所表现出的高瞻远瞩和积极作为，同样值得其他地方政府学习和借鉴。

南康家具农民工创业集群

宁波大学　丁婷悦

一、引言

1999年，著名的社会学家费孝通先生在南康视察调研后，曾用"无中生有、有中生特、特在其人、人联四方"来概括南康的家具经济现象。南康，原本是位于江西省南部的一座小县城，三国时因"地接岭南，人安物阜"而得名南安县，晋太康元年始置南康县，1995年撤县设市，2013年11月撤市设区，隶属于江西省赣州市。

南康区山多地少，南北部为山地，中部为平原，地处内陆，不沿海，距离海洋300多千米，离经济发达地区较远，与广东省相隔300多千米，在交通不发达的以前，经济较为落后。

而在改革开放的时代浪潮中，南康人民为了幸福生活艰苦奋斗，克服重重困难，前赴后继投入创业之中，从无到有、从有到优，将南康从经济落后的小县城，建设为电商交易额突破百亿元的"全国电子商务示范基地"，创造了美好的生活，同时也促成了南康家具创业集群的形成与发展。南康家具作为南康经济的重要组成部分，从20世纪90年代刚刚起步的草根产业到现在总产值突破2000亿元，在不到30年间产生了从量到质的变化。南康不产木材，却生出了享誉全国的家具产业，在地少人多、木材资源匮乏的南康，南康的人民利用自身优势迎难而上，创造经济奇迹，为各地区的发展提供了优良示范。

二、南康家具创业集群形成史

南康，一个客家的千年古邑，自古便有"木匠之乡"的称谓。在千百年的发展历程中形成了深厚的木匠文化，木匠精益求精、敢于创新、勤劳刻苦的精神植根于每一位南康人的血液之中，深厚的木匠文化与勤劳能干的品质，是南康人得天独厚的优势。

改革开放初期，广东与福建被设立为经济特区，特殊的经济政策吸引了大量劳动密集型外资企业驻扎广东，产生了极大的劳动力需求，吸引着全国各地的人们来到广东务工"淘金"。在这一背景之下，大量勤劳智慧的南康人民凭借着其高超的木匠技艺以及果敢的判断力，顺应潮流，南下广东打工。一批木匠在广东积累了一定的财富，学习了先进的技术，吸收了创业的理念，而南康家具创业集群也在这样的背景下悄然诞生了。

（一）起步与发展：天时、地利、人和

1993年，一位名叫杜永红的农民工在广东闯荡了两三年后回到了家乡，创立了南康第一家家具厂。

作为南康家具创业第一人，杜永红自十五岁开始便学习木工，改革开放后随着南下大潮，1990年来到广东，虽然干劲足、机会多，但是在当时竞争压力巨大的广东，杜永红却在工作上四处碰壁，有时甚至半个月找不到工作。

在积累了一些财富、学习了一些经验后，杜永红与妻子协商，妻子留在广东继续做家具生意，他自己则回到南康创业，如果创业半年后发展不好，就继续回广东打工。无疑，当时的杜永红回乡时的心情是忐忑的，不过最终结果印证了他的正确选择。创业第一年，杜永红的工厂就收到了大量订单，获利颇丰。

出现了"第一个敢吃螃蟹的人"之后，越来越多在外务工的南康人选择返乡创业，南康的家具厂一时间如雨后春笋般冒了出来，仅一两年就创建了几百家家具厂。

刚刚建成的南康家具厂大多通过亲戚朋友介绍，将产品卖给南康本地的人，同时凭借着临近国道的地理优势，南康的创业者们在105国道、323国道旁搭设简易的作坊、开设工厂，生产家具，再售卖给过路的旅客。家具厂一时间星罗棋布，几乎每一个村都加入了家具创业的大军。而南康家具创业集群的初步发展受到了多方面的支持与影响，可谓是集齐了"天时、地利、人和"。

1. 天时

随着改革开放的深入发展，1992年我国确立了建立社会主义市场经济体制的改革目标，1997年"十五大"报告指出"非公有制经济是社会主义市场经济的重要组成部分"，从而确立了国家发展非公有制经济这一大方向，为南康创业者提供了良好的大环境。

同时从1994年开始，国家全面推进住房市场化改革，稳步推动公有住房出售，商品房的推广使人们对家具的需求量大大增加，间接加大了南康家具的发展动力。

2. 地利

105国道与323国道途经南康，为南康家具初期的售卖提供了良好条件。105国道直通顺德，顺德作为全国第一个家具市场，让在105国道旁贩卖家具的南康创业者们收获了辐射效应的红利。

在这段时期中，1996年，京九铁路的通车为南康家具走向全国提供了一个不可忽视的路径，这条串联了我国华北、华中、华东和华南地区的铁路，连接了各区域之间的客货交流，缓解了南北运输紧张的状况，也为南康家具走向全国提供了客观条件。

3. 人和

外部环境的适宜还不够，南康当地政府及时做出的政策反应成为助推南康家具产业起步途中不可或缺的动力。在南康民间家具创业发展正酣的20世纪90年代末，南康当地政府因势利导，提出了影响深远的"个私兴康"发展战略，出台了"解放思想、搞活经济二十四条"以及一系列相关政策，降低创业门槛，提供优惠条件，吸引并鼓励在外务工的南康人民返乡创业。

1997年10月17日，南康家具专业市场成功建成，这个占地一万平方米的专业市场吸收了350万元的投资，容纳了62间家具店面，一举成为江西省当时最大的家具专业市场。同年，南康政府出台了《南康市家具产业发展五年规划》，用政策直接引导南康家具产业的发展。

在政府积极政策的引领下，南康家具业的创业数量激增，为南康家具产业的形成奠定了良好基础。各地南康的务工人员，一方面受到政策的号召，另一方面不舍得离开家乡，不愿同仍在家乡的孩子与父母分离，便纷纷回乡创业，办起小作坊，干起家具制造的买卖，于是南康家具产业飞速发展了起来。

（二）挫折与应对：存亡时刻

起步之初，南康家具的生产曾遇到了巨大的挫折，这些挫折环环相扣，且都是影响南康家具业未来命运的重要节点。

1. 木材原料匮乏

木材资源贫乏，是阻碍南康家具创业发展的第一大难题。

南康地区的可用木材资源稀少，当地的林业部门管理严格，并且在20世纪90年代，南康家具制造业刚刚起步，整个南康地区的经济较为落后，交通不便，没有进口的木材，家具业发展对木材资源的需求与木材的供应之间产生了极大的矛盾，木材资源供应跟不上生产。当时的交通并没有如今这般便利，雇人从外省运木头回来需要耗费大量的时间和财力，有时甚至还要受到不良中间商的盘剥。虽然后来京九铁路的贯通为南康的木材供应提供了助力，但是原材料问题仍然如一根鱼刺一般，卡在众多南康家具创业者喉咙之中。

2. 无序竞争与信誉危机

木材资源匮乏、不愿承担运输成本从外地购买木材以及创业者们对利益的急切追求，导致了一部分创业者在家具生产上偷工减料，甚至将烧火的柴木也当作家具生产的原料，这种以质量换数量的行为，导致一大部分南康家具质量低下，使南康一度成为"水货"的代名词，"劣质"家具和"水货"家具深深地影响了当时南康家具的声誉。江西富龙皇冠实业有限公司的温世通回忆，初期由于入市门槛低，大量小作坊式企业如雨后春笋般生长。工厂规模小，产品质量不高，南康家具一度成为低端产品的代名词，不少家具企业陷入同质化恶性竞争，家具产业一度在艰难中徘徊①。

为了企业的未来，也为了南康家具创业集群的发展，面对影响声誉的劣质产品，南康已经初具规模的领头企业带头回收并销毁劣质原料与劣质产品，用暂时的经济损失保证了南康家具更加长久的发展，并且从国内国外学习先进的生产技术，在提高生产率的同时提高生产质量，向全国消费者证明南康家具是值得信赖的。

2006年，南康市家具研究协会成立，同年协会举办大会通过了《南康市家具协会章程》，南康家具产业上下齐心，共渡难关。

3.政府管控过急引发风波

2007—2009年经济危机席卷全国，全球经济下行。南康家具在这一时期遭受着"水货"风波和经济不景气的双重夹击，南康家具想要实现绝处逢生，必须进行改革。于是南康市政府决定开展以"整合整改为主，取缔为辅"为主要内容的家具企业清理整顿工作，并且决定从2009年6月15日起执行新的税收征管办法。

这些措施旨在改善南康家具创业群无序生产的问题。但是却让以小型工厂与家庭作坊为主要生产形式的南康家具的创业者们认为政府如此举措是要砸掉他们的"饭碗"，由于政府与创业者之间缺乏有效沟通，最终发生了"6·15群体性事件"，导致大广高速公路江西南康段进出口处被阻断，甚至有汽车被砸、掀翻在地。

最后，南康政府采取果断措施，废止清理整顿家具市场的有关文件、吸取经验教训，更加妥善处理群众的合理诉求并对参与集体上访人员不予以追究责任。

（三）质量与转型：迫在眉睫

经过近20年的发展，南康家具业已经成为南康不可或缺的关键产业，到2009

---

① 刘珊伊，李俊．"国字号"光环促进家具业转型升级，[J/OL].https://www.cqn.com.cn/zgzlb/content/2018-07/03/content_5987449.htm.2018-07-03/2022-02-02.

年，南康登记的家具企业有4 329家①，南康家具创业集群初具规模。南康政府对这个"野蛮生长"的草根创业群体越来越重视，2011年2月，南康区"家具产业促进局"的成立便是直接昭示。同年7月，中国家具协会授予南康"中国中部家具产业基地"称号。至2012年年底，家具生产制造企业已超6 000家，产值逾百亿元，家具企业遍布城乡②。虽然已经有了量的积累，但产品低端、管理粗放、竞争力弱仍是南康家具创业集群发展的痛点。

特别是在"水货"风波后，政府与创业者们更加关注产品质量的重要性，想要产业未来发展得好，就必须提高产品质量。

1. 管理方式科学化

在政府的引导与创业家们的实践下，南康家具的创业者们逐步认识到管理经营方式的重要性，科学管理可以有效动员企业内部员工，提高生产效率和决策效率。而南康的创业者们大多是在外务工积累了一定资金的农民工，他们文化水平不高，没有系统地学习过科学的管理方式，大多经营策略调整是依据自己的经验，或者跟风他人调整生产产品的样式，试错成本高且处于被动，于是南康政府通过开办经营管理培训班、报销大部分学费等方式，资助360多个南康家具企业家到各大高校读MBA，从企业内部管理方式保障了南康家具创业集群发展的科学性与可行性。

其中最引人注目的应当是时任文华家瑞家具实业有限公司总经理吴述文。作为20世纪90年代中后期南康家具返乡创业热潮中的一员，在广东打拼六年后，吴述文于1996年返回南康，创办了文华家瑞家具实业有限公司的前身——文华家具厂。2007年，在政府的帮助下，只有初中文化的他，进入江西财大MBA班学习，吴述文学习刻苦、善于思考，在知识获取上取得重要进步，同时更可贵的是，他将管理学的书面知识良好地转化与运用到了实际经营之中。

---

① 杨小安，吴明河.从"无中生有"到"千亿产业"——聚焦南康家具产业升级发展系列报道之一[N].赣南日报，2021-03-18（1）.
② 杨小安，吴明河.从"无中生有"到"千亿产业"——聚焦南康家具产业升级发展系列报道之一[N].赣南日报，2021-03-18（2）.

作为一个地道的客家汉子，吴述文以前思考最多的就是如何融合千百年形成的客家文化、木匠文化和家具文化，开创一种有"故事"的文化家具消费时尚。2009年，他首次引进家具原创研发设计，与深圳拓璞设计院展开合作。"客家风"系列产品问世后，由于产品的民族特色与浓郁的客家文化底蕴，引领了南康家具文化消费风气之先①。

2. 生产方式集约化

南康家具产业在初创时，家具厂多以家庭作坊与小工厂为主，技术落后，质量偏低。当地政府拆除破厂棚，为先进产能腾出位置，南康家具创业者们纷纷引进国内外先进生产技术，购买国外优质设备，以求提高产品质量与生产效率。

2012年，中央的重视又为南康家具的高质量发展打了一针"强心剂"。

在国务院2012年7月2日正式发布的《国务院关于支持赣南等原中央苏区振兴发展的若干意见》中，第十九条提出了加快提升制造业发展水平，其中明确指明了"支持赣州新型电子、氟盐化工、南康家具以及吉安电子信息、抚州黎川陶瓷、龙岩工程机械等产业基地建设"。

南康抢抓明确支持南康家具产业发展的重大机遇，树立全产业链的发展理念，下定决心推进产业转型升级，按照"什么缺就补什么、什么弱就强什么"的原则，打造了十大公共服务平台。单个企业不能做、做不了、做不好的事，由政府牵头建平台、提供公共服务，使要素更加集聚、功能更加齐全，推动产业实现集群发展。同时，坚持集约绿色环保发展理念，持续推进"个转企、小升规、规改股、股上市、强龙头、育集群"，彻底扭转了产业"低小散乱污"的发展局面，实现了由"铺天盖地"到"顶天立地"的转变②，破解南康家具产业的难点与痛点。

面对产业发展过程中的问题，政府与创业者们齐心协力，共同助推南康家具

---

① 彭训文，张保淑，朱凯. 实业奇才爱学习 商海弄潮真男儿——南康榜样360个"木匠"老板读MBA [N]. 人民日报（海外版），2014-05-16（7）.

② 杨小安，吴明河. 从"无中生有"到"千亿产业"——聚焦南康家具产业升级发展系列报道之一 [N]. 赣南日报，2021-03-05（2）.

业走向高质量发展。2013年11月，国务院正式批复了江西赣州市部分行政区划调整方案，设立赣州市南康区。

3. 生产原料获得便捷化

木材作为家具业发展规模的重要问题，一直以来都是南康家具发展的阻碍，因缺乏本地木材，南康家具生产的木材大部分是外地运输而来的，木材对南康家具高质量发展有重要的影响，南康资源配置存在缺陷，木材运输成本较高的问题，一度影响了南康家具产业的发展，故解决木材运输问题十分必要。

2014年11月，国际木材出入境监管中心在赣州南康区破土动工，次年1月，海关等部门入驻监管，这实现了木材的直接进口，打通了国际流通链条，极大地解决了南康家具创业集群发展壮大过程中的木材原料问题。直通意味着减少了中间周转步骤，省去了中间的差价，节省了不同地区之间流通所耗费的时间，既节省了周转成本，也提高了效率。

木材原料获取历程中，不得不提到的就是赣州港的建立，赣州港是全国内陆第一个也是唯一一个进口木材直通口岸，包括城区港区、赣县港区、南康港区、于都港区和信丰港区，运行线路辐射全球50%以上的面积。

赣州国际港作为"一带一路"的重要节点，开设了中欧班列，并且与沿海地区的海港进行了合作，极大地改变了"一带一路"外贸体系中"出口多、进口少"的不平衡格局。2016年12月15日，自越南进口的约100立方米橡胶木从深圳蛇口口岸进境直通赣州港，在江西检验检疫局多方协调和支持下，蛇口港至赣州港实现进境木材集装箱全直通，标志着赣州港多口岸直通取得突破性进展，这为南康家具的原料供应画上了浓墨重彩的一笔，同时也让南康家具贸易实现了"由单一内贸市场到内外贸市场并重"的重大突破，南康家具通过赣州港出口到50多个国家，实现了家具的全球买卖。

2020年，中国家具进口木材博览会在南康举办，博览会汇聚了来自50多个国家的100多种进口名贵材种参展，进一步促进了赣州逐步建立在全球木材交易链条中的核心地位。

依托国家级内陆口岸、国家级检测中心和一年一度的国家级博览会，南康家具进口木材解决了直接通关和检验检疫等问题，木材问题不再是一个阻碍南康家具高质量发展的障碍。

4.人才引进持续化

重视人才是南康家具得以迅速发展的重要原因之一。南康政府与南康创业者们一方面引进高质量人才，另一方面培养技能型人才。

南康政府聚焦家具产业全链条中的难点、堵点，大力引进一批急需的专家团队和高层次人才，引领产业转型升级。与此同时，南康政府引进国内外一流的设计机构与机器研发机构，在南康打造了升级家具设计基地，并不断以国家级家具设计中心为目标向前发展。

在培育技能型人才上，南康政府采取校地、校企合作等方式，与北京理工大学、哈尔滨工业大学、南京林业大学等知名院校合作成立了"中国家具学院"；与江西理工大学、赣南师范大学、江西环境工程学院等院校进行定向培养，与南康中等专业学校、南康电子工业学校等开展订单培训，每年为家具企业培训家居设计、智能制造、电商销售等人才近万名，实现人才的可持续发展[①]。

（四）品牌与未来：引领潮流

南康的家具产业已经告别了开始的粗放发展，目前已经形成了产业集群，坐拥规模效应，成本降低，拥有自己的核心竞争力。

南康主做实木家具，通过采买全球的木材，再经过加工销往海内外，目前已是我国中部最大的家具生产基地，极大提升了企业竞争力。在家具企业转型成功后，南康家具创业集群的下一个目标便是打响南康的品牌。

1.从"模仿"到"原创"

南康家具一开始生产的家具大多是仿制热门家具的款式，而非自己设计，难以在竞争激烈的家具市场中脱颖而出。想要打造品牌，就得有创新。针对企业普遍以模仿为主、产品缺乏创意、同质化严重等问题，南康决定组建高水平的共享

---

① 江西省委组织部调研组．"南康现象"背后的密钥——江西赣州市南康区大力推进以才兴业 [J]. 瞭望，2021（2）：23-25.

设计平台。

南康政府的主要领导带头北上京津、南下广深，直接和柔性引进北京、上海、深圳等国内一流设计机构200多家、设计师2000多人；引进意大利、西班牙等国际知名设计机构6家、设计师30多名①，外观设计专利授权量居江西全省第一。

原创作品的增加提高了南康家具的创新度，让南康家具也获得了引领潮流的机会，使南康家具与其他家具品牌区分开来，更有辨识度与知名度。

到2018年5月时，"南康家具"已成功注册成为全国首个以县级行政区命名的工业集体商标，品牌价值突破100亿元，高居江西全省制造业第一。

2. 从"制造"到"智造"

2019年，南康建立了中国家具智能制造创新中心，该项目是由南康区人民政府与宁波市智能制造产业研究院联合共建，目的是为助推南康家具产业创新的发展和升级。

南康同时建立了全国首个5G家具产业智联网平台以及全国首个实木家具智能工厂示范车间，研发出了智能家居，带动全区建设了近150个智能化车间。

3. 从"线下"到"线上"

时间来到2020年，新冠疫情影响全球，在5月14日中共中央政治局常委会会议上，"深化供给侧结构性改革，充分发挥我国超大规模市场优势和内需潜力，构建国内国际双循环相互促进的新发展格局"被首次正式提出，国内国际双循环成为推动我国经济继续向高质量发展的重要战略部署。在外部经济持续低迷、全球市场萎缩的背景下，从被动参与国际经济大循环转向主动推动国内外双循环成为国内各产业发展的趋向。

抓住这一政策趋向，通过电商赋能，南康家具产业又迎来了新一春。

其实早在2004年，南康就已经将目光投向了新兴的互联网销售方式，建立了

---

① 江西省委组织部调研组. "南康现象"背后的密钥——江西赣州市南康区大力推进以才兴业 [J]. 瞭望，2021（2）：23-25.

南康第一家大型商务网站"南康国际家私城",并且在十年后的2014年,江西省商务厅正式批准南康家具市场入选全省电子商务示范基地,虽然在当时并没有掀起巨大的电商浪潮,但仍然可以看出南康创业者们富有先见的目光。

疫情期间,南康抢抓"宅经济""线上经济"风口,构建了"线下体验、线上直播、网红带货"的家具电商销售新模式,推动南康家具由线下的卖场销售向线上线下立体化销售转型。在2020年的双十一,南康家具更是获得了交易额达到19.5亿元的好成绩,跻身全国产业带成交额前十。

2020年,南康家具产业克服疫情不利影响,实现逆境突围,集群产值突破2000亿元,成为赣州市首个产值突破2000亿元的产业集群。

2021年,南康又与电商平台拼多多签署了《南康家具产业带深度赋能计划战略合作框架协议》,用网络平台的力量,推动南康家具销售拓宽路径。但是,南康家具创业集群仍然存在着一些问题,比如家具出口量较低,在国外的知名度不高,同时知名名牌较少,南康家具企业大多数仍是中小企业,国家级知名品牌寥寥无几。

如今的南康,拥有约7000家在业家具企业,家具专利数量位居中部家具第一,家具工业总产值在全国甚至全球名列前茅。在2022年年初,南康软体家居供应链升级研讨会正式召开,助力南康家具朝着数字化转型。数字化是产业高质量发展的必然方向,家居行业的数字化改造,将助力企业的效率提升、服务能力提升和智能制造转型,南康政府也决心助力推动南康家具创业集群走向下一个辉煌。

三、经验与启示

(一)政府作为

1.发挥优势,利用文化的独特性

作为"木匠之乡"的南康,自古就有"男做木匠,女做裁缝"的传统。木材加工业和服装制造业天生是南康经济发展的两大优势,但由于当地人多地少、林

业资源贫乏，故当改革开放政策落至实处时，南康政府一开始便将着重点放在了服装业的发展上。

服装物美价廉，吸引各地商贩来到南康运输衣服至各地销售；得于政府的大力支持，服装制造业在南康逐步形成完整的生产产业，一度成为南康个体经济的支柱。服装产业的发展与成熟远早于家具制造业，但是服装产业并没有形成创业集群。

诚然，在技术尚不发达的当时，服装制造产业投入小、产品生产周期较短、劳动密集，可以很好地解决经济发展与就业的问题。但服饰制作的文化是各地区的共性，且南康地处江西，交通运输上较沿海省份而言处于劣势，位于开设改革开放试点前沿的广东这类省份，在吸收外资经济后，巨大的劳动力需求与快速的经济发展吸引着各地的劳动力。所以虽然南康的服装制造业有着一个非常好的开局，但是在强大的竞争和劳动力向外流失的情况下，发展不似曾经辉煌。

反倒是家具制造业，凭借南康全国少有的千年客家木匠文化传统与悠久的独特历史以及南康人杰出的木匠手艺，在全世界创出了名堂，也成了南康地区民营经济的顶梁柱，南康家具的创业者们充分运用这一天然优势，创造了南康家具的奇迹。

2. 引导市场，跟上时代的主流

在南康家具创业集群发展历程中，我们可以很明显地发现，南康政府在集群发展中起到了重要的作用，无论是创业集群形成初期吸引外地务工人员返乡创业，企业转型时期组织对企业家的培训、提供公共服务，还是品牌形成期对国内外设计师的引进，都对南康家具创业集群的形成与壮大发挥着重要的作用，这些"及时雨"都帮助了南康家具创业集群渡过难关。

政府在创业集群发展过程中与其遇到的困难相对应的政策与措施可以对集群的发展起到关键的帮助作用。

3. 重视农民工的主体作用

农民工在改革开放过程以及经济发展过程中发挥着重要的作用。改革开放初期，中国建立了众多劳动密集型企业，这些企业使用的技术并不先进，对廉价劳动力拥有极大的需求，而农民工则满足了这一需求。

农民工拥有着极大的创造力，南康第一个家具厂正是由农民工杜永红创建的，并且南康家具创业的主体大部分是农民工。这些大大小小的老板文化程度不高，但是他们在大城市务工的过程中感受到创业的文化与精神，拥有农民工吃苦耐劳的特质。他们创业的项目大多是这个地区所杰出的历史传统产业，南康家具创业正是基于农民工群体对木匠技艺的掌握，反映了一个地区的优势。

这些企业发展由小到大、由弱到强、从低附加值到高附加值，不仅解决了农民工的就业问题，更帮助了农民工脱贫。这些企业大多是实体经济，既有助于解决"三农"问题，也有利于国家经济的健康发展。而南康政府关注农民工企业的发展，帮助当上老板的农民工提高个人素质，帮助其培养人才，实现家具产业的可持续发展。

（二）创业者的能动性

南康家具的创业者们大多是从"打工仔"一步步晋升到家具业主，他们没有很高的文化，摸着石头过河，在市场搏击中成长壮大。市场会淘汰很多创业者，南康家具创业集群形成过程中所遭受的挫折，以及创业者的应对方式，带给我们很多启示。

诚实守信是创业者必不可少的精神。

在南康家具行业中，有众人耳熟能详的"温氏三兄弟"，他们并没有很高的学历，学历最高的老二温世通读完了大专后便在广东务工，大哥也只是一个在家乡种地的农民，2007年，三人顺着创业热潮创立了自己的家具厂。三人虽没有高超的木工技艺，但却凭借"诚信赢天下"的理念和踏实肯干的态度，在创业第一年便取得了上百万元的收入。三人分工明确，为了严格把控产品质量，即使公司销售额已破千万元，大哥温世豫仍会亲自把关每一批产品的质量。

南康家具发展初期，因木材资源的缺乏，一部分创业者抛弃了诚信，为了眼前暂时的利益，偷工减料，最终造成南康这一片地区所有企业的诚信危机。一个物品被打上标签是很容易的，但是撕掉标签却是困难的，南康家具部分企业的失信行为，让南康家具被打上了"水货"标签，不仅使部分企业最终没落，更使整个南康家具业蒙难。虽然经过20年的磨砺，南康家具以其逐渐优良的质量向全世界宣告自己的诚信，但如今在搜索引擎中搜索"南康家具"，仍会有人在发问质量到底如何。可是现在，已经有越来越多的消费者开始信任南康家具，南康家具也用行动去回应着这份心照不宣的信任。

除诚信外，南康家具创业集群的发展也印证了创业者学习能力的重要性。

南康家具的初代创业者大多是在外务工的农民工，他们在改革开放的前沿积累财富，学习先进的创业理念，无论是"南康家具创业第一人"杜永红，还是"温氏三雄"中的温世通，他们都在广东打拼的实践中潜移默化地学习了创业理念，更在后续的企业营业实践中主动学习先进的管理知识，不囿于旧理念，开拓新思想，无论是在主动引入外国木材原料还是在开设电子商务销售板块上都拥有着非同一般的敏锐嗅觉，而南康政府也积极顺应、培养与推广这一能力，运用政府力量，提供科学系统的学习，将这一能力科学化与普遍化。

四、小结

南康家具在家具制造业竞争进入白热化的今天，靠着胆量与实干创出了自己的天地，在中端市场找到了商机。在这奋斗的40年里，南康家具创业集群从起步时的乱象丛生，再到攻克原材料难题、渡过信誉危机，工业生产总值从1993年起步，到2012年突破百亿元，再到2020年实现2000亿元的飞跃，短短八年间翻了20倍，很难想象，在木材资源缺乏的偏远地区，竟会孕育出如此庞大的家具帝国，创造出如此令人称叹的商业奇迹。相信，南康家具创业集群未来将会继续调整升级，打入高端市场，成为国际知名品牌。

南康家具的发展顺应了人民生活质量发展的要求，响应了国家脱贫攻坚的号召，在南康政府的引导下，南康家具创业者们学习科学的管理知识、引进先进的技术、培养优质的人才，成功实现了企业转型与品牌化，南康区全区也在南康家具产业的带动下在2019年实现了全面脱贫。在没有木材资源的南康大地上，无中生有、有中生特，实现蜕变。

许昌假发农民工创业集群

南京师范大学　张姝

一、引言

河南许昌，当年曹操"挟天子以令诸侯"的中原腹地，这个在国内鲜为人知的三四线城市却有着一个享誉世界的美称——假发之都。关于这个名称的由来有一个形象的说法：世界八成的假发来自中国，中国八成的假发来自许昌，可见许昌假发的出口量之大。事实亦如此，许昌的假发远销美国、非洲、欧洲等国家和地区，美国前"第一夫人"米歇尔·奥巴马、著名歌手蕾哈娜、国际巨星碧昂斯等超级名人与政客都热衷于佩戴来自河南许昌的假发。在这里，你可以通过发丝感受到世界潮流的最新变化。

然而，与这一现象稍显不符的是，许昌并不是一个现代化的时尚大都市。制造出这些"头顶时装"的是一个个名为小宫村、泉店村、化庄村的传统农村。在这里，村民们农闲时进厂、农忙时下地，一边种地，一边缔结着全球时尚。

从内陆小城到世界"假发之都"究竟有着什么样的故事？为何许昌的假发会如此享誉世界，成为全球人头顶的时尚命脉？许昌假发行业创业集群的创业史可能会给出一个答案。

二、许昌假发创业集群的创业史

许昌假发行业起源于百年以前，下文在按照时间顺序梳理许昌假发行业创业史的同时，以各个阶段的代表性变更为关键，先后通过产业链与销售手段两条脉络，叙述许昌假发行业百年的生命史。

（一）原材料供给阶段

许昌发制品行业历史渊源悠久，可以追溯到百年以前的明清时代。根据许昌县志，明嘉靖年间，许昌人就做过戏曲道具中的人发生意[1]。但真正使得许昌人开始大规模开展头发生意的，还是清光绪二十六年（1900年），那时许昌人与德国人合作，从事人发收购行业。据说当时许昌泉店一名叫白锡和的商人，机缘巧合之下结识了做人发生意的德国人亨特，对方称愿意用德国产的"飞马牌"缝衣针换头发。了解到这些头发收购后稍做加工就能跨越远洋，在欧洲卖到很高的价格后，白锡和意识到有利可图，于是就与德国人合作，在许昌泉店创办了发庄"德兴义"，长达百年的许昌假发生意就从那一刻开始启程了。"找头发换针"，游走四乡的货郎一吆喝就是100多年，也成了许昌原始人发产业的标志性角色。

德兴义发庄主要进行基础的人发收购，他们动员周围的农民成为货郎，走街串巷收购头发，再将买来的头发经由义发庄进行简单的捆绑、梳理、扎把后售卖到国外。由于中国人的头发发质好、乌黑、柔顺，最适合做假发，因此位于许昌泉店的德行义发庄产出的头发质量高，在国外甚至有了"许泉发"的美称，这种人发买卖生意给发庄带来了很大的利润。

泉店周围的村民见有利可图，从事头发收购的获利远远超过一年务农所得，于是也纷纷参与头发收购。许昌人的头发生意逐步扩大，从泉店村辐射到了周边的小宫村、化庄村等附近的村民，甚至周边禹州市、魏都区、长葛市等地的村民也进入了人发收购行业。到了1933年，当地县志上记载了泉店村头发交易的盛况："每年贸易额，亦恒达数百万。"[2]

虽然此时许昌从事头发买卖行业的人数已经众多，贸易额也十分可观，但此

---

[1]　何以.假发之都，许昌也 [EB/OL].2019-5-06[2022-1-5].https://mp.weixin.qq.com/s/hizdabhQ YWIcN4MHc6ZVEQ.

[2]　易方兴.中国人的头发正在涨价 [EB/OL].2020-11-04[2022-1-5].https://www.sohu.com/a/4294582 34_120873672.

时大多数村民在这个生意中扮演的主要是最基础的收购头发的货郎角色，走街串巷收购大量人发后倒卖到发庄从而获利，严格来说并未形成真正的"产业"，而只是充当了大型发庄进行贸易的一个前置环节。但不能否认的是，德行义发庄的出现使得收购人发成为当地的一种传统，真正让"头发是黑金"这一观念根植于许昌人的基因里，是许昌成为"假发之都"的底层逻辑和应有之义。

（二）粗加工阶段

许昌人的头发生意不断扩张，很多地方都曾有许昌人收购头发的足迹。20世纪40年代末，鲜为人知的许昌已经成为全世界最大的人发集散中心。[①]但其间由于国内国际大环境的影响，其头发买卖行业一度停滞，直到1978—1979年许昌人才重操旧业，[②]继续做起了头发买卖。勤劳的许昌人携上一面镜子、一把剪子、一把尺子、一把梳子、一杆秤，就骑车在各个大街小巷和皮毛市场穿梭[③]，不仅在河南周围的山东和安徽收购人发，甚至遥远的四川和云南的山沟角落里，都有许昌人的足迹。在许昌禹州市化庄村，1 000多个人里有一多半在做假发，小宫村900多户村民，鼎盛时期，有超过八成家庭从事头发生意。大多数村民都从年轻时就开始从事收人发的生意，头发长度从4寸、8寸到36寸不等，价格在200元至上千元不等，"有多少钱收多少头发""不耽误农忙"成了大多数村民的写照[④]。随着越来越多的村民加入这个行业，人发的收购和买卖也有了"江湖规矩"与"势力范围"，大家先来后到、各凭本事。在过去的几十年里，许昌人把头发生意做遍了全国，在全国范围内形成了一张头发收购的网，将头发源源不断地送到许昌。

但当时全球假发市场仍然被韩国和日本垄断，在全球最大的假发市场美国、

① 单默默. 我国发制品出口现状、问题及对策分析 [D]. 对外经济贸易大学，2016:11-15.
② 王苏喜，常叔杰. 试析许昌发制品产业集群的形成 [J]. 郑州轻工业学院学报（社会科学版），2006（01）：42-44.
③ 张萌. 公然"造假"，万人追捧！河南许昌把头上生意做到了全世界！[EB/OL].(2019-10-10)[2022-1-7].https://xw.qq.com/amphtml/20191012A08IUH00.
④ 石海娥. 许昌如何缔造全球时尚假发产业 [J]. 光彩，2021（07）：30-37.

韩国几乎垄断了从制作到销售的所有链条。究其原因，假发的制作是一门技术极其复杂的工艺，包含着清洗、上色、梳发、卷发等十几道生产过程，且每个流程各有千秋。就拿发块制作来说，就有整整121道工序[①]。20世纪90年代，由于日韩资源限制和劳动力成本等，许昌才有了代工生产的机会，从原料基地转变为代工中心。但囿于技术壁垒，国内工厂只能在收购人发的基础上进行一些简单的加工，将头发制成档发或者发条，由外贸部门代理，经由青岛等地销往国外。由于工艺较为简单，因此相比后端生产，赚取的利润也相对微薄。而日韩将从许昌获得的原材料进行加工后出售，可以获得七成的利润。在美国，韩国直销的假发店一度是购买假发的唯一渠道。

与此同时，在许昌，虽然许多村民靠着"敲锣打鼓赚吆喝"收购人发发家，但无论严寒酷暑走街串巷收购人发终究是辛苦活，赚的是"青春饭"。与此同时，由于政府对于乡镇企业的扶持，部分不满足于自己进行人发收购、积累了一定资本的村民转而坐庄进行收购，许昌周围出现了大量假发厂，有些村里甚至几乎全村人都从事假发行业。到1989年，许昌已经拥有45家从事发制品加工的企业，675家个体加工专业户，年出口交货值达400多万美元[②]。进行代工生产虽然利润微薄，但是胜在稳定与技术简单，当地许多人都靠着代工"发家"以小变大，许昌"假发之都"的名号与这一模式密不可分。

这一阶段，随着许多村民从货郎到厂主的身份转变，许昌可以说形成了真正意义上的创业集群。但此时的许昌虽然实现了从原料基地到代工中心的转变，但还没有真正迈入制作假发的精加工阶段，只能在收购人发的基础上进行一些简单的粗加工，更为复杂的核心工艺仍然被韩国和日本所垄断。此外，虽然工厂集中，但是大部分制发从业者都是自立门户的家庭作坊，其技术手段单一、加工产品重叠、相互之间缺乏关联，属于较为平面的创业集群，很长一段时间以来并未

---

① 张萌.公然"造假"，万人追捧！河南许昌把头上生意做到了全世界！[EB/OL].(2019-10-10) [2022-1-7].https://xw.qq.com/amphtml/20191012A08IUH00.

② 胡斌.许昌假发 弄假成真[J].中国商界，2003（04）：33-36.

出现有意识地分工或者合作，属于地理位置上的集中、产业集群上的离散①。然而，随着一个人的出现，发制品行业这种对于许昌的不利局面被彻底瓦解了。

（三）精加工阶段

许昌成为全世界最大的发制品原料基地和代工中心，为许昌假发行业的进一步蜕变奠定了基础。但由粗加工到精加工的技术壁垒若不能打破，将仍然要面对日韩企业的技术垄断和打压，更遑论成为世界"假发之都"的可能性了。而打破这一技术壁垒的，就是郑有全。

和大多数许昌农民一样，郑有全的父亲年轻时就从事人发的收购和简单加工，因此上了11年学的郑有全离开学校之后也理所当然从事了许昌人的这一"老本行"。年轻的郑有全和当时所有的许昌年轻从业者一样，一开始开着卡车往返于全国各地进行原材料人发的收购，当时他最经常走的路线是往返于青岛、许昌与深圳。后来郑有全创办了小宫工艺厂，进行发条收购和加工，并凭借独到的商业眼光赚取了自己人生的"第一桶金"。

和许多人不一样的地方是，拥有高中学习经历、毕业后做过民办教师和大队干部的郑有全有着自己的想法。20世纪80年代末，作为厂长的郑有全已经有了非常丰富的与外商谈判的经验。经过在外打拼多年的经历，他发现许昌人自以为豪的人发收购加工只是假发制造行业上最底端的一环，而韩国人和日本人将低价从许昌收购的发条做成发套后，就可以以几倍的利润高价卖出。这一技术鸿沟导致中国人只能做材料供应商，无法对发制品进行进一步加工，因此在外商面前也没有谈判的竞争力。发现这一利润奥秘的郑有全先是诧异，后是不服，也不再为自己的发制品厂感到沾沾自喜了，不服输的精神反而让他萌生出这样一个念头："为什么我们不能自己做假发呢？"

在许昌市政府的帮助下，许昌县发制品总厂抓住机遇，成功争取到了国家轻纺投资公司鼓励各地实施出口创汇项目提供的专项资金贷款210万元，为技术研

---

① 谷帆. 许昌发制品产业集群成因及发展问题分析 [J]. 科技创业月刊，2010，23（10）：8-9+12.

发提供了资金保证。1990年，国家轻纺投资公司出资创办了许昌县发制品总厂，精明能干的郑有全被任命为厂长。①郑有全也以"小花盆里长不出大树，最忌小富即安……"的激情演讲做通当时生活上还算比较"小康"的乡亲们的工作，跟随他到县城从零干起。可几十年来许昌人都没能打破的技术鸿沟哪里是容易克服的？自己没有技术、外商又对关键技术保密不肯提供设备，可谓是步履维艰。

在这种情况下，郑有全换了一种思路：既然自己研发困难，就聘请经验丰富外国师傅帮我们进行技术攻坚。当时造假发需要一种叫作三联机的设备，国内没有人能够生产，只有山东一家中韩合资企业拥有设备，外商也并不出售。郑有全就请韩国师傅按照记忆画出机器的大致模样，然后找机械厂"照猫画虎"造出设备，再在简陋狭小的工厂内没日没夜地一遍遍试验和调整。②光是绘制图纸就花了一个月时间，师傅换了一个又一个、设备调试了一遍又一遍……天道酬勤，在这种近乎原始的技术摸索下，郑有全和员工们靠着惊人的毅力和不服输的精神，成功攻克了一个个假发制造行业的核心技术，掌握了从档发到工艺发的奥秘。1993年，作为许昌假发行业"第一个敢吃螃蟹的人"，虽然一切从简，但郑有全靠着自有的设备、原料与技术制出的假发终于得到外商的认可，达到了出口标准，实现了档发行业的就地转化升值。③郑有全终于有了自己的第一批技术、设备和工人，同时也标志着许昌假发从粗加工到精加工的转变，从传统的家庭作坊到现代工业化大生产的转变，并最终改变了许昌在发制品产业链中的地位。

经过初步分拣的头发由负责扎把儿的女工们按照长短等标准进行分类，学习过三联机的女工用机器将其制作成发帘，再经过梳理、熨烫等流程，最终通过手工缝纫的方式，将一缕缕假发钩织在发套上……从那时起，上述场景就成了许昌县发制品总厂最常见的工作场景。也是从那个时候起，许昌的假发生意有了新面

① 王苏喜，常叔杰.试析许昌发制品产业集群的形成[J].郑州轻工业学院学报（社会科学版），2006（01）：42-44.

② 杨凯.这座中国小城，靠"造假"称霸一个全球市场[EB/OL].(2019-10-30)[2022-1-7].https://www.huxiu.com/article/ 390557.html.

③ 豫商快讯.郑有全：古都骄子[EB/OL].(2010-11-23)[2022-1-10].http://www.bjhnqysh.com/news/24_604.html.

貌，依靠三联机，许昌开始涉足深加工领域，承接日本、韩国的代工订单，产品出口海外。^①

在许昌假发产业集群的粗加工阶段，参与人数的增加并没有促进技术手段的改变，而郑有全靠着敏锐的商业嗅觉、不服输的企业家精神与农民工吃苦耐劳的品质，几乎是凭借一己之力便推动了整个许昌假发行业的技术革新。这是许昌假发行业创业集群历史上关键的一笔，甚至可以说是一场郑有全推动的"假发革命"。

（四）开拓国际市场

引领许昌假发行业完成技术革新，郑有全的野心不止于此。打通了生产端，他还想进一步打通运输端。传统的假发厂无论技术如何进步，仍然只是生产型企业，产品全部内销，依靠批发商与外贸部门转口^②，如果不能直接打通海外渠道，就依然无法改变代工生产的命运。但在那个没有网络、外贸发展也不成熟的时代，拿到自营出口权、将产品出口海外并不容易。能不能把产品直接推向国际市场？郑有全苦苦琢磨。

1992年，邓小平南访谈话发表，让郑有全勇气大增、信心百倍，于是他下决心要"大胆地闯，大胆地试"。同年，一位从事假发行业的美国商人听闻许昌一家工厂可以生产假发，由于该行业常年被日韩垄断，因此他感到十分新鲜，前来一探究竟。在前往许昌实地考察后，他认为郑有全的工厂虽然设备简陋，但做出来的假发质量精美，很有发展潜力，郑有全抓住机会与其商讨合作事宜。经过长达一年多的谈判，1993年，许昌县发制品总厂和美国新亚国际有限公司终于达成合作，成立了河南瑞贝卡发制品有限公司。郑有全制造的假发从此通过新亚公司直接销往美国市场。瑞贝卡公司抓住此次的契机，在国内又获进出口权，实现供

---

① 石海娥. 许昌如何缔造全球时尚假发产业 [J]. 光彩，2021（07）：30-37.

② 豫商快讯. 郑有全：古都骄子 [EB/OL].(2010-11-23)[2022-1-10].http://www.bjhnqysh.com/news/24_604.html.

需一步到位，进入了国际经贸大循环的轨道①。

获得进出口权、进入美国市场后，郑有全的机器设备和技术都得到更新，该年的利润就是以往的十倍，当年出口创汇就有530万美元。同时，工厂的人员也增加了，由原来的30余人增加到300余人，其中也不乏专业技师与大学生②。

作为许昌第一个与外国人合作的人，郑有全再次成为"第一个敢吃螃蟹的人"。这场合作不仅大幅度提高了利润，更重要的是，使得国外先进的设备和技术流转到了许昌，完成了全球—地方知识网络构建中关键的一环。基于这一先进性，瑞贝卡公司成为许昌当地假发产业集群的焦点企业，在瑞贝卡公司的示范带动下，当地有一定规模的企业纷纷在美国设立办事处，通过跨国公司的OEM、下包、自主品牌等方式与国际市场建立联系③。

郑有全的国际化道路并未就此止步。由于美国是当时世界上规模最大的假发市场，当时大多数发制品同行在对外出口时只对准这一假发大国。鉴于美国"9·11"事件的影响，作为瑞贝卡公司产品销售主渠道的美国发制品市场一度跌入低谷。为营造"东方不亮西方亮"的国际营销格局，郑有全开始把目光转向非洲和欧洲两大市场④。2000年，郑有全率商务部经理跟随英国的一个代表团到非洲考察。在非洲，郑有全惊讶地发现假发几乎无处不在。由于基因的原因，黑人的头发往往卷曲、粗硬，很难进行染烫或造型，因此追求美丽的黑人女性往往会购买各式各样的假发来搭配。正如我们出门要进行穿戴一样，假发就是她们"头顶的时装"，是非洲女性的美丽刚需。而一顶制作精良的假发在当地价格高昂，甚至成了炫耀隐形财富的一种资本，当地甚至曾发生过针对假发的

① 豫商快讯.郑有全：古都骄子 [EB/OL].(2010-11-23)[2022-1-10].http://www.bjhnqysh.com/news/24_604.html.

② 李蕊娟.郑有全制作假发年收逾 10 亿元 [J].农村新技术，2011（14）：15-17.

③ 王凯.基于焦点企业驱动的集群开放知识网络构建——以许昌发制品集群为例 [J].科技管理研究，2009，29（08）：418-420.

④ 豫商快讯.郑有全：古都骄子 [EB/OL].(2010-11-23)[2022-1-10].http://www.bjhnqysh.com/news/24_604.html.

抢劫事件[①]。

郑有全敏锐地察觉到这是一个前景广大的市场，在尼日利亚的宾馆里，郑有全当即就对公司的下一步规划做出了"三步走"战略：第一步先在尼日利亚的拉各斯市选址设立销售分公司；第二步时在辐射周边建立子公司；第三步以建立销售网络为基础，建立非洲工厂，逐步实现高档产品国内产国外销，中低档产品非洲产非洲销的发展规划[②]。如今，"三步走"早已变成现实，瑞贝卡公司的假发在非洲成为炙手可热的抢手品，非洲也已经是瑞贝卡一个重要的国际市场。此后，瑞贝卡公司也积极开拓其他国外市场，2004年又在英国设立了合资公司，使得瑞贝卡假发在欧洲也有了一席之地。

除了与外国公司合作或设立分公司、子公司，一些规模较小的企业为了节省成本，也将目光放到了国外。假发的制造相对于其他制造业来说，是一个劳动密集型产业，即使技术再进步、设备再先进，也有许多机器不能替代的工作，比如蕾丝发套的钩织、头发的梳理和分档等，这就意味着制造假发所需要的人力成本很高，这也是许昌当时以低廉的劳动力成本能从全国脱颖而出的一个重要原因。高端发套需要人工将头发一根一根钩到蕾丝头套上，这样做出来的假发比机械制造的要逼真得多，利润也能翻上好几倍，但随着国内人工成本的不断增加，许多许昌商人将目光转向朝鲜，通过在朝鲜设立工厂来减少劳动力成本。如今由于新冠疫情，货物进出口遭到严格限制，国内蕾丝发套已经严重短缺。还有许多进行头发收购的许昌人的视线不满足于国内，而是将目光放到了东南亚与中东，来到越南、柬埔寨、印度与巴基斯坦等国家收购人发。很多从事发制品行业的许昌村民根本没出过省，但却看一眼就能知道面前的头发来自哪个国家。在这个漫长的产业链条上，东南亚和中东女人们的头发被收集起来，经过朝鲜或是国内的手工初加工，然后在许昌制成假发，最后出口到北美和非洲。任何国家的蝴蝶扇一下

---

① 杨凯.这座中国小城，靠"造假"称霸一个全球市场 [EB/OL].(2019-10-30)[2022-1-7].https://www.huxiu.com/article/ 390557.html.

② 程梁."首届十大风云豫商"系列探访——对话郑有全 [EB/OL].(2007-9-19)[2022-1-15].https://news.sina.com.cn/o/2007-09-19/042112593704s.shtml.

翅膀，都会让这个产业的洋流掀起波浪[①]。

国际化之后，瑞贝卡公司也不负众望，一直都是许昌假发行业的领头企业。基于焦点企业的示范和引领效应，其在多个方面的深谋远虑都给许昌假发创业集群带来了深刻的影响。例如，瑞贝卡公司是首先将自己的假发定位为"奢侈品"，走出高端路线的。这一定位要求了其必须重视品牌效应，拥有自主知识产权和创新力量，为此瑞贝卡集团还在当地斥巨资成立"瑞贝卡学院"，培养发制品行业专业技术人员与研发人员。[②]这一精锐力量为许昌假发创业集群注入了新鲜血液，使得其能有力量自主研发化纤发丝、掌握国际潮流动向，变模仿为创造，而这是任何企业与创业集群得以做大做强的根本。

此外，许昌假发创业集群大多是农民工创业，往往从家庭作坊做起，郑有全也不例外，瑞贝卡公司的主要经营管理者是家庭内部成员，除了郑有全本人之外，其弟郑有志，其妹郑桂花等也都参与其中。随着企业的不断发展壮大，瑞贝卡公司和很多家族企业一样，都面临着相同的发展痛点，而想要实现更高层次的发展就要不断完善企业管理制度和健全企业治理结构，以期成功走向上市。但上市后就意味着面临要接受更规范和严格的治理，也同时意味着放权和放钱，家族企业内部观点不一。郑有全最终接受了放权的方案，其言："就个人赚钱来讲，不上市比上市强，但是为了追求企业的发展，实现企业情感管理到制度管理的提升，这一步必须迈出去，再痛苦也要接受。"[③]瑞贝卡公司是一个从三线城市许昌的农村里走出来的家族企业，想要成功便需要长远的眼光和力排众议的努力，郑有全又一次做到了，使得瑞贝卡幸运地成为中国发制品第一股，其上市后的进一步发展也证明了其选择的正确性。作为2003年7月在上海证券交易所上市的股份公司，19年来，瑞贝卡品牌不断演进，成为资本市场屈指可数的时尚品牌，并成为世界上规模最大的发制品专业公司，集科研、开发、生产、销售于一体，形

---

① 易方兴.中国人的头发正在涨价 [EB/OL].(2020-11-04)[2022-1-5].https://www.sohu.com/a/429458234_120873672.

② 单默默.我国发制品出口现状、问题及对策分析 [D].对外经济贸易大学，2016.

③ 程梁."首届十大风云豫商"系列探访——对话郑有全 [EB/OL].(2007-9-19)[2022-1-15].https://news.sina.com.cn/o/2007-09-19/042112593704s.shtml.

成了完整的产业链条。

瑞贝卡公司的成功给其他许昌的发制品从业者留下了深刻的印象，也发挥了很好的引领作用。现今许昌发展较好的发制品公司，大多是在当时跟随瑞贝卡开拓了海外市场。如2001年，神龙公司在尼日利亚设点；2002年，瑞和泰公司和大地公司在尼日利亚设点。截至2005年，在尼日利亚设点的许昌假发厂家将近有10余家，包括瑞贝卡、大地、金叶、森源、瑞和泰、恒源、冰洋、许昌外贸联盟等。其中瑞贝卡公司将化纤头发直接本地化生产，并在第二大城Onisha开设办事处，大地公司在肯尼亚设点，神龙公司也在非洲开设第二办事处。

此外，从瑞贝卡公司具有先进的创新意识、品牌意识以及打破家族企业弊端的进取精神，可以看到，在如今许昌发制品行业的领军企业中，具备开拓国际市场、全产业链生产、重视创新与敢于打破家族企业壁垒的特征，这些也成许昌假发产业集群的"代名词"。

表1 许昌发制品产业集群主要企业概况

	全称	性质	成立年限	规模	创立者身份	简介
1	河南瑞贝卡发制品股份有限公司	上市公司	23年	10 000余人	农民工	是一家集研制、开发、生产、销售于一体的亚洲发制品专业公司和业内唯一一家上市公司。有各类员工10 000余人，目前在国内外拥有22家子公司和1家合资公司，资产总值33.6亿元，净资产18.8亿元，占地面积65万多平方米，建筑面积25万多平方米。
2	许昌恒源发制品股份有限公司	私企	21年	4 000余人	农民工	一家集研发、生产、销售、服务于一体的时尚发制品股份制企业。成立于2001年，现有员工近4 000人，年产值近10亿元。自成立以来，先后被政府评为"出口创汇先进单位""优秀民营科技企业""河南省先进企业"等。

续表

	全称	性质	成立年限	规模	创立者身份	简介
3	河南瑞美真发股份有限公司	私企	31年	3 000余人	专科学校教师	公司成立于1992年，注册资本7 500万元，现有员工3 000余人。公司厂区占地面积200亩，建筑面积16万平方米，拥有10栋ISO-14001标准厂房和一个现代化的科研开发中心。
4	禹州神龙发制品有限公司	私企	22年	1 000余人	待查	现有职工上千人，企业规模从家庭作坊式发展到400万条生产线的跨国公司，总资产3.8亿元，已连续两年实现销售额超过1.6亿元，年出口创汇额超过3 000万美元，年上缴税金1 000多万元
5	许昌大地实业有限公司	私企	15年		待查	公司产品已出口20多个国家，年生产产品200多种，出口产品达300万条以上，年出口创汇达1 800万美元左右。公司不断加强自主品牌建设，已先后在多个国家注册了"ADORABLE"品牌商标，是我国发制品行业在国际市场有自己独立品牌的企业之一。
6	许昌龙正美发饰品有限公司	私企	18年	近3 000人	待查	是中国发制品行业的龙头企业之一，是一家集设计、生产、经营各种工艺发制品于一体的港商独资企业，总资产3.6亿元，现有员工近3 000人。荣获"全国外商投资双优企业"，河南省"外商投资十佳企业"，被许昌市人民政府列为重点保护企业。

（资料来源：百度百科、天眼查、企查查等）

（五）电子商务阶段

随着国际形势的影响，瑞贝卡公司虽然成为第一大假发商，但却盈利受阻。其2019年年报显示，由于海外市场假发销售特别是美国市场销售明显下滑，瑞贝卡公司实现营业收入18.19亿元，实现净利润2.12亿元，分别同比下滑3.30%和9.56%，其中营收规模已连续两年下滑。

受中美贸易摩擦的影响，出口到美国的化纤产品被征收15%的关税，影响了部分订单实施。中国假发出海仍是困难重重[①]。加之新冠疫情，原料和发套等附加产品的进出口困难，目前许昌的假发行业已经进入一个"寒冬"。瑞贝卡公司2020年的年报显示，2020年度公司实现营业收入13.30亿元，同比下降26.92%，实现净利润0.38亿元，同比下降81.99%。与2019年相比，瑞贝卡的境外营收在去年减少了4.36亿元[②]。从此，以瑞贝卡公司为头的许昌大型发制品企业开始寻求多元化发展，如今瑞贝卡已经涉足地产、城市自来水、公共交通、污水处理、教育、酒店、旅游乃至基础设施投资、土地一级开发等众多领域和行业。许昌新区的道路建设、拆迁改造、基础设施建设、包括许昌市政府重点打造的曹魏古城等都有着瑞贝卡的身影，并且还谋划涉足超级电容、电动汽车等新兴产业[③]。

大企业可以凭借积累的大量资本涉足多元化发展，中小企业则没有那么多尝试的资本。而一场互联网革命，给这些企业带来了新的机会。自2010年起，崛起的跨境电商给这些中小企业带来了新的机会。对于大企业而言，由于其有成熟、稳固的线下客户群，因此对于小而零散的电商订单并不看重。而对于小企业甚至作坊而言，一是其没有能力自主拓展境外渠道，无法直接对接客户端；二是其并没有大量稳定的客户群，因此在跨境电商低成本推广期间，纷纷尝试这一新兴直销渠道。

在如今的经济下行的大环境下，企业进口出口困难的情况下，许昌发企就如同"蚂蚁军团"一般，用一个个小额跨境订单来替代原来的大宗分销采购订单，在逆境中绝处逢生，寻求出路，在全球范围内迅速抢占市场份额。如今，市场上超过半数的份额都属于许昌发企。2018年，许昌发企仅速卖通平台，就实现假发在美销售额约5亿美金，约占美国全年假发销售额的13%。平台上，营收额突破

---

① 任小酒，董小薇. 河南假发，统治地球 [EB/OL].(2020-7-25)[2022-1-7].https://baijiahao.baidu.com/s?id=1673137655468135152&wfr=spider&for=pc.

② 游曼艺. 假发之都许昌，最近因为疫情让世界有点"头秃" [EB/OL].(2021-6-20)[2022-1-17].https://baijiahao.baidu.com/s?id=1703045582230145967&wfr=spider&for=pc.

③ 马纪朝. 跨境电商＋人才：假发之都许昌的迭代自救 [J]. 企业观察家，2019（11）：106-109.

千万元的许昌发企超过50家，过亿元的有10多家，甚至有一家超过5亿元①。除阿里巴巴速卖通之外，亚马逊、eBay、Wish等跨境电商平台上也出现了许昌假发行业的身影，一些新兴的电子商务公司也成了和老牌企业瑞贝卡等平分秋色的新秀。新一代的年轻人加入传统的发制品行业后，敢于尝试的精神让他们抢占了这一波互联网的先机，反而是以前经营比较稳定的大企业，许多未能赶上这波"风口"。可以说，电子商务的出现，给许昌假发这一传统行业进行了一次"大洗牌"。

三、经验及启示

许昌假发创业集群的出现与最终成为世界"假发之都"的成功不仅体现了一些农民工创业集群的共性，也有该集群本身的个性，从中可以获得关于农民工创业集群的经验，主要有以下几点。

（一）高度发挥集群优势

集群不仅带来了竞争，也带来了合作。

一是挤压效应。创业集群的一个最大的特点就是"集群"，发制品行业是许昌人传统的营生，因此十里八乡从事相同行业的人不在少数。这种极度密集的创业模式使得企业之间的竞争十分激烈，一不小心就会被其他同质企业替代，在这种高压的环境下，创业者会被激发出更大的创造力，在进行每一步战略时都会更加谨慎。

二是互补效应。对内而言，地理位置上的相近也意味着任何新技术和产品都能够被很快学习。对于许昌这种村民之间"父传子、亲带亲、友带友"的创业模式而言，集群的互补效应更容易被发挥。可以说，血缘和地缘的相近，共同促进了技术和创业模式的传播。同时，对外而言，多数企业联合起来针对外商或原料商，更容易压低价格，从而获取利润。

---

① 杨凯.这座中国小城，靠"造假"称霸一个全球市场 [EB/OL].(2019-10-30)[2022-1-7].https://www.huxiu.com/article/　390557.html.

在这种集群之间不断挤压和互补的状态中，产品和技术不断得到更新换代，管理模式也越来越规范。如今，许昌的假发产业集群已经形成了从供给到需求的完整的产业链。首先进行原料收购，将收购来的原料由小企业进行粗加工，再由大企业精加工，对接客户并进行销售，如果环节中任何一个企业倒闭，马上就可以在当地找到其他企业补充上去，一个产业链就形成了稳定的生态系统。

（二）政府助力企业成长

许昌假发创业集群虽然一开始是由市场自然形成的自发型创业集群，但是其良性生长离不开许昌市政府的扶持。甚至该集群生长的很多关键节点都有政府的参与。许昌发制品总厂的出现使得许昌企业第一次打破了只能进行粗加工的被动局面，三联机等机械设备和技术的自主制造是许昌假发行业历史上变革性的创造。而许昌发制品总厂正是在许昌市政府的帮助下，成功争取到了国家轻纺投资公司鼓励各地实施出口创汇项目提供的专项资金贷款，这一资金支持为技术研发提供了强有力的资金保证。此外，瑞贝卡公司作为许昌假发创业集群内的焦点企业，在品牌意识、开拓国际市场等方面在行业内都起到了很好的示范作用。而瑞贝卡公司也受到了许昌市政府的优待，许昌市政府在集群形成过程中为民营企业排忧解难、保驾护航。政府在资金、规范发制品市场、稳定出口税收政策、发制品企业的征地建厂、督促其治理污染过程中，都发挥着积极的导向作用，更是努力为本市企业争取政策支持：如瑞贝卡基于产业升级需要扩大规模，征地一直批不下来，许昌市委领导知道后，立即作出批示，要求有关部门特事特办，很快办妥了手续。在开展电子商务后，为加快推进阿里巴巴·许昌跨境产业带建设，许昌市人民政府与阿里巴巴（中国）网络技术有限公司签署合作协议，共同建设阿里巴巴·许昌跨境产业带专区，推动假发行业开拓海外市场，成为国内首个阿里巴巴发制品跨境产业带专区。

（三）敢想敢做、不怕困难的企业家精神

纵观许昌假发创业集群的发展史，可以看到郑有全在很多个关键节点都起到了重要的推动作用。例如，灵活的往返青岛、许昌和深圳赚取"第一桶金"、敏锐地发现外商赚取差价的秘诀、第一次自主研制出符合外商要求的假发、首次与外商合作打通运输渠道……这些成就需要敏锐的商业嗅觉，更需要敢想敢做、不怕困难的企业家精神支撑。创业不仅要敢想，更要敢做。如许昌假发行业长久以来未能打破日韩垄断的局面，表面上看是因为技术的保密和设备的缺乏，实际上是大多数人都不敢想，且不相信自己能够造出先进的设备、掌握核心技术。连想都不敢想，何况真正去做呢？但"郑有全们"偏偏坚持突破这一壁垒，正是他们没日没夜的试验、制造，才改变了许昌假发业一直处于产业链底端、和外商谈判时没有话语权的局面。生在20世纪50年代的郑有全赶上了许昌假发行业的红利，而许昌的假发行业更因为他而彻底地改变了。我们知道的是"假发大王"郑有全，但还有许许多多敢闯敢拼的许昌人，带着农民工特有的勤劳和朴实，共同将这个鲜为人知的三线城市缔造为世界级别的"假发之都"。

四、小结

从内地小城到假发之都，这一差异给许昌这个名不见经传的小城镀上了一层传奇的色彩。然而许昌农民在假发行业的创业史又似乎让这一切变得理所当然。这是许昌农民们的创业史，也是许昌假发行业的"生命史"，从明清到现今，从最原始的人发收购到如今的假发奢侈品牌，从最低端的原料工厂到世界顶级的"智"造基地，许昌假发行业经历了一次又一次的发展、消亡、变革、重生，从粗加工产业升级到精加工，销售方式从传统外贸出口到新型电子商务，这两条脉络贯穿了许昌人的创业史，是许昌假发行业的两条"生命线"。

通过这两条"生命线"，可以看到，既有市场自发的一面，也有政府助力良性引导的一面。许昌假发创业集群是内生型创业集群，但其发展、壮大也离不开外部的努力。根据集群内企业的发展情况和管理规范程度，将许昌假发农民工创业集群的创业历程分为机会把握阶段、资源积累阶段与成长管理阶段三个阶段进行分析。

在机会把握阶段，许昌农民的致富需求这一需求性因素对于其走上创业道路起到了关键作用，是创业集群形成的基础。当时许昌泉店的绝大多数农民正是由于收购头发比务农获得的经济利润更大，才与头发结下了不解之缘。

在资源积累阶段，起主要作用的是农民工的主观精神与亲缘、地缘传播方式等农民工的个体性因素。首先，农民工之间会通过亲帮亲、邻帮邻的链式传承方式在社会网络中传播创业信息，将创业消息扩展至亲人、好友、同乡。亲缘上的接近使得个人嵌入到社会资本中，弥补了个人资本的不足。同时，地缘上的接近使得产业信息和人才能够快速流动，发挥着补宜效应，集群内部便于相互学习，这进一步促进了创业集群的生产和发展。如今许昌的发制品企业中，仍然有许多家族企业的存在。其次，大多数农民因成长环境较为艰苦，便造就了其敢想敢做、不怕挫折的冒险精神，这种韧劲会让他们在遇到困难时扛住压力，坚持创业。这也是许昌人携上一面镜子、一把剪子、一把尺子、一把梳子、一杆秤，就能骑车在全国各个大街小巷和皮毛市场穿梭，进而发家致富的原因；也是郑有全等人在创业条件极其艰苦的情况下突破发制品精加工技术的关键所在。

而市场性因素则起到了推动许昌假发产业集群由资源积累阶段不断向成长管理阶段转型的关键作用。首先，20世纪90年代，许昌能从原材料市场转型为代工工厂，就是因为市场中主要的假发生产商日韩劳动力成本上涨。而郑有全等人绞尽脑汁钻研发制品精加工技术，也是为了能自主生产和制造，从而在产业链中获得与外商谈判的筹码。最终瑞贝卡公司"借船出海"实现海外直销，也是为了彻底贯通产业链，改变作为代工工厂的局面。

同时，如前所述，政府在整个许昌假发产业集群的发展中都发挥着引导作用，通过政策支持、教育培训、基础设施建设等方式，为产业集群的良性发展保驾护航。

综上，在许昌假发创业集群的生成过程中，需求性因素是把握阶段创业集群生成的基础，个体性因素是资源积累阶段创业集群扩张的"助推剂"，市场性因素是推动许昌假发产业集群由资源积累阶段不断向成长管理阶段转型的关键，而政府性因素在整个集群生成的过程中都不断发挥着引导作用。其中，需求性因素与个体性因素是创业集群生成的内生动力，而市场性因素与政府性因素则是创业集群生成的外在砥砺。许昌假发创业集群作为农民工创业集群的一个代表，体现了内生动力、外在砥砺等多种因素在不同阶段对于农民工创业集群的影响，其生成与发展非常具有典型性。

但是，我们也仍然要正视目前集群中存在的问题。一是一直未能解决的假发制造业是劳动密集型产业、工业化程度较低的问题；二是由于国内对于假发抱有偏见，一直未能打开这个富有潜力的国内市场；三是随着电子商务的出现与外贸行业的不断发展，没有本科高校的许昌市高端人才缺乏，人才质量不高、供求不匹配；四是虽然许多大型公司都完成了全链条生产的产业化转型，但许昌市仍然存在许多中小企业业务重叠、小而不精，创新能力不足、合作意识欠缺的情况，无序的恶意竞争时有出现①。改变来自影响，要想彻底祛除这些集群成长过程中遗留下来的"顽疾"，也要从内、外两个方面出发。企业不能仅仅依赖政府的指导和扶持，政府也不能全然依靠企业自身的变化，只有两者进行良性互动，集群才能健康发展，才会有许昌假发创业集群的下一条"生命线"。

---

① 谷帆. 许昌发制品产业集群成因及发展问题分析 [J]. 科技创业月刊, 2010, 23 (10)：8-9+12.

安义门窗建材农民工创业集群

宁波大学　周俐甸

一、引言

门窗是现代建筑中不可或缺的一部分，也是人们生活中不可忽视的建筑成分。门，作为一种交通联系的媒介，有效地区分了室内和室外；而窗，作为沟通外界的途径，即能够增加室内的采光、通风，还能供人眺望远方。

门窗在我国早已有上千年的历史，可谓是历史悠久，已知我国最早的直棂窗在汉墓和陶屋明器中便早有发现，在唐宋辽金时期更是被大量作用于砖、木建筑中，在那时期的壁画中也有大量的记录。而建筑门窗真正在我国发展起来是在20世纪，传统的木工门窗也渐渐地被塑钢门窗、铝合金门窗所代替。安义县也在那时借着门窗产业的发展渐渐走入了大众的视线中。据报告，安义县如今有将近二十万人在全国各地从事铝合金、塑钢门窗型材的加工与销售，占领了全国约70%的市场销售份额。那么安义是如何从一个小小的县城发展为现在的门窗建材生产销售基地的呢？让我们一探究竟。

二、安义门窗创业集群的创业史

（一）建筑历史悠长，木工底蕴深厚

一提起江西安义有什么景点，大家不约而同想到的都是安义的千年古村群，这一古村群位于江西省安义县南面的西山梅岭之麓，距今已有1400多年的历史，

主要由京台、罗田和南水三个古村组成，三个村落如同"品"字排列，颇有三足鼎立之势，这是我国典型的赣商文化村。又因为每到春暖花开之际，三个村落由一片花海连接，被人们称为"花田喜地"。

作为我国历史悠久的古村群，这里有着规模较大、保存完整且加工精细的古典居民建筑。而且，因为受到了江右文化的熏陶以及地理位置的影响，安义的古村群成了赣派建筑的主要代表之一，在古村落中，规模宏大、保存完善的古代牌楼、戏台、居民建筑装点着村落群的各处。

安义早在先秦、西汉时期就已经有了政区建置，更是在明朝正德十三年建县，命名"龙安"。现在，安义已经是被联合国专家组命名的"千年古县"。曾有游客感慨过，从安义古村群的这头走到那头，仿佛经历了千年的历史。

虽然安义木工最为出名的是他们的匾额书法雕刻技艺，但这种在木板上作业的技巧几乎都是相通的，他们不但能将写在板子上的书法雕刻出来做成牌匾，也能雕刻出描绘在木板上的精美图画，这无一不彰显着安义木工雕刻技艺的精湛。无论是历史悠久的古村群、保存完好的古建筑，还是代代相传的精湛木工技艺，都让土生土长的安义木工们有了超越别人的勇气，他们学习了古建筑上各式各样的门窗设计，在塑钢、铝合金门窗还没走进中国市场的时候便在外闯出了一片天地，那时安义的木工门窗产业便小有名气，越来越多会木工的安义人也渐渐地走出了安义，奔向全国各地，安义木工的名气也渐渐在国内流传开来。

（二）百年商帮传承，安义人敢闯新路

安义是古时赣商文化的发源地之一，赣商文化因其地处长江以西，又被称为"江右文化"，是中国古代十大商帮之一。赣商在明清时期更是与晋商、徽商呈鼎立之资，前后辉煌了将近五百年，而安义可以说是赣商辉煌时期的见证者，见证了赣商的兴起。

由于安义地势平坦，即便古时的技术不发达，安义的交通也依然是四通八达的，在那时，弯弯曲曲的石板路越过田野将三个村庄紧密相连，将街道巷子都串联在一起。到现在，罗田村中还有几条保存完好的旧时商业街，其中三条主要街道呈"几"字形排列，前街多为商铺、横街以茶馆饭庄为主，后街则以商贩的仓库和专为游人休息的客栈为主。早在清朝道光年间，罗田街上便已经有了来自各地的商人在这里经营店铺，据不完全统计，那时由外来人在罗田开设的商铺就已经有四五十家。

在安义商业活动繁华，商贾聚集的情况下，越来越多的安义人追随先祖们的步伐，也三五成群走出安义，去全国各地务工谋生，在安义县的潦河岸边，有着一连串的浮雕玉石栏杆，在这栏杆上记载了安义的青山绿树、淳朴民风，也记载了安义自建县以来的种种历史节点，其中有一个浮雕讲述的正是在改革开放初期，安义人勇闯新路，敢争人先成群结队外出务工创业谋生的事迹。当时，我国正逐渐从计划经济向市场经济转变，在其他人都还沉浸在计划经济的时候，安义人便已从这经济政治的苗头中窥得了新的商机。他们预见了外出经商可能会给他们带来的富裕生活，知道了只在家乡做事可能只够温饱，于是便离开安义，只凭自己坚定的信念和微薄的资金去陌生的地方为生活打拼。风餐露宿早已成了生活的常态，但信念坚定的安义人就是在这样的生活中走出了一条属于他们自己的路。

（三）漂泊他乡靠木质门窗起家，适应潮流"以钢代木"

最初的时候，塑钢、铝合金门窗还没有大范围传入我国，安义门窗商人也都是以经营木制门窗安装为主，直到20世纪70年代后期，塑钢门窗逐渐进入我国门窗市场，国家开始号召实施"以钢代木"的资源配置政策，反应灵敏的安义商人快速地实现了生产销售的转型，既响应了国家的号召，又满足了消费者对生活品质与生活质量的要求，在众多门窗产销商中脱颖而出。此后铝合金门窗也被引进了国内，开始在外国驻华使馆以及少数的涉外工程中使用。

20世纪80年代，铝合金门窗进入了中国的居民市场，许多有着商业头脑的安义人将目光锁定在国内铝合金门窗的市场中，他们不怕陌生，利用新事物的新鲜性，带着铝合金门窗闯武汉、进南京，将铝合金加工店开到了祖国的大江南北。起早贪黑、肩挑手提、风餐露宿成了外出务工的安义人的常态，一间间二十平方米不到的小店中便包含了安义商人在外的日日夜夜，早晨收拾开张，晚上就地铺床睡觉，一个个错综复杂的货架叙述着安义商人创业的艰辛。

这里我们引出一位在外依靠门窗谋生的安义企业家——王春华，高考失利后王春华被他的父亲送去学习了木工，木工出身的他作为当时最早的一批"下海淘金"的安义人，离家创业初期，他与妻子在南昌市附近共同经营了一家夫妻店，王春华也如其他外出创业的安义商人一样，白天在外面帮客户安装门窗，在店里接洽业务，晚上回到自己的小店里，摆上两块床板将就着睡觉。

和王春华的创业经验相似的安义门窗企业家不在少数，正是有了像他们这般不惧艰辛，勤劳胆大的人才有了如今庞大的安义门窗产业。相关数据显示，目前，安义县有超过300家建材门窗企业，其总产值已突破320亿元。

（四）"省外有店，家乡有厂"

随着时间的推演，安义县对于工业产业的支持力度也大大提高，不少在外创业小有所成的安义人也选择回乡办厂，开办属于自己的铝型材生产企业，是典型的"省外有店，家乡有厂"的产销一体化产业集群。在南昌市已经站稳了脚跟的王春华为响应县政府的号召也坚定地加入了返乡办厂的行列，放弃经营有序的门窗建材店铺，回乡从零开始，成了最早进入安义工业园的企业之一。

由于安义县政府有意地支持安义工业园的发展，在呼吁外出创业的安义商人返乡办厂的同时，也在水、电、场地等方面提供了多方面的政策优惠，像王春华一样做出了成就的企业也不在少数。不管是最初经营的门窗小店，还是现在的铝合金建材企业，王春华都严格把控产品的品质，精益求精，在王春华看来，对产品细节的把控，对自己的严格要求，维护的不仅仅是自家企业的诚信，更是安义商人的集体信誉。

2017年，第23届全国铝门窗幕墙博览会上，安义县近40家大型铝型建材企业积极参与，代表安义县的门窗产业在这一全球规模最大的门窗幕墙展上展示了属于安义商人的门窗智慧。同年，安义县荣膺"中国铝材之乡"的称号。

现如今，世代经商的安义人携着他们新时代全新的"创业梦"向着国际市场出发，坚定不移，坚持开拓的安义人正追寻着江右商帮的痕迹，续写着安义人"行商天下"的崭新篇章。

（五）政策支持返乡创业，打造门窗制造全产业链

安义县是我国门窗及铝型材产业的集群地，前后相继获得了"全国铝型材流通示范基地""中国铝材之乡""中国门窗之乡""全国铝框组合塑料模板创新示范基地""中国门窗生产采购基地"等称号。全县共计有18万人在全国各地从事加工销售铝合金、塑钢门窗型材的工作，占领了全国超过70%的市场营销份额。从一个赣商小镇发展成为如今的建材产业小镇，这其中政府的支持是不可或缺的。接下来让我们通过表1去深入了解一下，从一个赣商小镇到建材小镇，安义县人民政府是如何推动安义县的转型升级的。

表2　近年来安义县政府的政策支持

时间（年）	政策
2002—2005	出台了"发展工业十三条"，设立了100万元的工业发展基金，工业园区被设定为省级工业园。
2006	安义县人民政府坚持全力走好工业强县道路，重点扶持包括建材在内的六大支柱产业，将塑钢产业的发展作为这一年的工作重点，加大招商力度，加强配套协作，增强安义县经济发展的后劲。安义县政府坚持以工业园区作为主战场，加大力度扩张工业园区建设，支持龙头企业健康高效率发展，扶持壮大包含建材在内的六大优势支柱产业。
2007	安义县人民政府坚持开放为先，促进开放型经济新突破，主攻工业发展，强力促进工业经济新跨越，安义县政府大力扶持重点企业发展，引导和鼓励企业自主创新，打造工业品牌。安义县人民政府将推进创业，再创民营经济新辉煌作为当年的工作重点之一，大力支持民营经济的发展，激活创业主体，拓展创业平台，鼓励支持引导安义县的创业者们自主创新，打造属于安义县的制造业品牌。
2008	安义县不断朝着提升效益化经营水平、市场化运作水平、均衡化发展水平的目标迈进，坚持以大开放促进大发展，致力于增强经济发展后劲，将工业园区作为主战场，打响工业攻坚战，通过构建大平台、紧抓大项目、培育大产业、完善大机制促进铝合金建材等主导产业的发展。工业园区的积极建设，促使企业快速发展，形成了发展集约、要素集中、产业集群的园区特色。

续表

时间（年）	政策
2009	安义县人民政府为满足"扩内需保增长、抓项目促发展、强改革增活力、重民生稳社会"的总体发展需求，努力把握发展实践的五个要素——保持经济平稳发展、将投资拉动作为保障经济增长的根本途径、主攻发展方式转变和结构调整的同时注重发展质量、在深化改革开发政策的同时提高对外开放水平、将改善民生作为出发点和落脚点，关注人民群众的切实需求。在这一年中，安义县人民政府为了增强工业经济新活力，"重点提升'三力'：提升园区承接力，提升产业支撑力，提升环境吸引力"。＊
2010	安义县人民政府牢牢把握特色立县、提速发展，统筹兼顾、协调发展，集约资源、可持续发展，以人为本、和谐发展这四个原则，坚持通过经营特色经济来提升全县经济综合竞争力，树立"人无我有，人有我优、人优我特"的生产经营理念。为支持门窗建材企业的快速发展，安义县人民政府注重产业规模的扩张、产业升级、生产设施配套完善、知名品牌的塑造，希望加快建材产业做大做强步伐。
2011	安义县人民政府始终将特色产业的发展作为新型工业化的主要渠道，坚定不移地培育壮大当地特色产业，优化安义工业园区的承接平台，推进工业园区特色产业集群的形成，扶持壮大重点企业，强化生产要素的保障作用。
2012	为提升特色产业小镇的经济综合竞争力，安义县人民政府注重工业招商质量，关注产业提升方式，推进园区建设完善。
2013	安溪县将招商引资作为经济发展的主线，在聚焦工业中提升经济的综合竞争力，坚持提高发展速度，大力推进招商引资活动的进行，突出产业转型升级，扩张产业经济推动门窗建材在安义的快速发展。在这一年中，安义县成功举办了上海安义建材产品招商推介会和首届江西（安义）铝塑型材及门窗展览会，荣膺江西省"全省固定资产增长先进县"。
2014	安义县主攻产业集群、产品高新、产城融合等三个项目，增强快速发展新动力，实现了特色工业的升级，促进了安义门窗建材产业集群的发展。
2015	随着"大众创新，万众创业"的创业理念的深入开展安义企业也渐渐加入了线上线下两线并行的经营模式，创新创业竞相迸发，这为安义门窗建材特色小镇又注入了新活力。
2016	安义县坚持通过依靠项目支撑，推动产业发展新跨越，促进特色产业集群化。安义县人民政府大力支持企业自主研究新技术，研发新产品，从科研创新等方面推进了安义门窗建材产业的发展。
2017	安义县人民政府坚持毫不犹豫地主攻招商引资，坚定不移地决战新型工业，努力提升产品质量，建设高端门窗制造产业园，接洽高端门窗业务，扩大安义门窗建材的受众范围，促进安义门窗建材产业的多维度发展。

续表

时间（年）	政策
2018	安义县人民政府成功实现了"改革有深度、开放有力度、创新有高度"。安义县精心搭建特色招商活动平台，举办了第五届中国（安义）铝型材及门窗博览会，首次吸引40个国家的外商参会，并在浙江宁波举办了新材料和高端门窗产业招商推介会。积极研究新型环保建材，积极推进"以塑代木"并小有所成。
2019	安义县决定通过筑牢发展之基，从更高层次推动产业的大突破，通过"吹响招商集结号"加快安义门窗建材产业走出去的步伐，依靠"壮大产业硬支撑"，增强安义产业的抗风险能力，帮助其实现高质量的跨越式发展，凭借"打造政策软环境、夯实园区主战场"，唱响"门窗不到安义不灵""好门窗·安义造"的品牌影响力，促进了安义门窗小镇的发展。

★安义县人民政府.2009年安义县政府工作报告[DB/OL]江西.2009年政府工作报告——安义县人民政府（nc.gov.cn）.2009-02-19/2022-03-01.

（六）创建门窗学校，突破人才瓶颈

就像云南省有马铃薯种植学院，贵州省有茅台酿造学院，武汉市有热干面研究院一样，安义也有属于自己的特色产业学校——安义门窗学校。作为全国第一所公办的集门窗制造、营销、研发专业于一体的中等职业学校，安义门窗学校为鼓励吸引学生学习小镇特色产业，该学校门窗相关专业的学生不需要缴纳学费，且入学就能签订承包就业协议，协议上承诺每月底薪5000元人民币且有低保。但安义县政府为什么要自己掏钱供门窗专业的学生上学还提供如此高福利的就业保障呢？让我们一探究竟。

原来，随着社会主义市场经济的不断发展，门窗小镇的特色门窗建材产业也一扩再扩，但伴随着企业经营范围的扩大，公司业务也随之扩展，昔日的几人合作已经满足不了现在企业的发展需要，又因为我国没有一所针对门窗的生产制造销售进行专门研究的学校，因此，各大门窗企业对于门窗设计、制造、营销等人才资源都十分紧缺。

"缺人，我现在最愁的就是招不到合适人才，目前至少缺15个。"上海江陵门窗制造有限公司的董事长凌华斌表示，"别人是一个'坑'有七八个'萝卜'等着填，我这是七八个'坑'等不来一个'萝卜'。"像凌华斌家这样的企业对于门窗类人才的需求不可谓不迫切。

与此同时，安义县职业技术学校的校长廖小平正为了学校的转型升级而犯愁，因为他清楚地知道，如果一所职业技术学校没有自己的特色，不能为地方的经济发展服务，那么这所学校最终将会走向衰败。

为了能让学校继续办下去，廖小平及其团队展开了调查研究，"经过调研我们发现，兴办门窗学校，最适合我们学校和县情发展之路。"廖小平说。由于经济的快速发展，门窗产业的升级以及安义县门窗产业国际化市场的加速拓展，安义县从前的那种老一辈人传帮带年轻人的家族式增长方式日渐式微，新一代的安义门窗产业人面对着规范化、标准化、国际化的时代要求，有了新的人才压力，门窗市场的人才供给系统出现裂缝，唯有开办门窗学校，培养门窗人才才能弥补这一裂缝。

在对安义门窗市场进行精准分析后，廖小平想到去与安义的一批门窗龙头企业合作办学，既能解决学校的转型升级难题，又能填补门窗市场人才匮乏的漏洞。于是，廖小平与安义的一批门窗企业家"一个要补锅，一个锅要补"，双方一拍即合。

与此同时，当地政府也表示给予大力支持，江西日报曾报道"学校需要资金购买实训设备，或者对教学设施进行投入，只要打报告上面立即批复。另外还赋予学校极大的人事权，只要廖小平相中的教师，可以优先选调进入门窗学校。"[1]政企校的一拍即合给了廖小平极大的底气，随着办学的开展，安义门窗学校的学生还没毕业就被各大门窗企业一抢而空，廖小平对此表示"现在我们的学生还没毕业，就已经被抢光了，因此我有个设想，今后争取把安义门窗学校升格成门窗大学"，他对学校未来的发展信心满满。

门窗学校的开办为安义县的门窗企业提供了强有力的后备力量，进一步促进了安义特色门窗产业小镇的高质量发展。

---

[1]　毛江凡、洪怀峰、谌江平.职业学校直接服务地方经济 破解"门窗之乡"人才瓶颈.[J/OL]江西.安义这所门窗学校不简单－教育－中国江西网首页（jxnews.com.cn）.2018-12-04/2022-03-01.

三、经验及启示

（一）勇于奋斗，敢为人先

"一个包袱一把伞，走遍天下做老板"这是沈从文先生笔下对于江右商帮的描述。而安义人是江右商帮中的一支重要力量，在改革开放初期，大多数人都还保持着计划经济的生活习性的时候，安义人便已经成群结队地从安义县中走出去，带着一身的干劲和满腔的热血希望在陌生发达的大城市中谋求生路，他们不畏陌生的环境所带来的孤寂感，在外奋斗时常早出晚归、风餐露宿，但即便这样，也没有消磨掉他们渴望成功的坚定信念。当铝合金门窗建材刚刚进入中国门窗产业市场时，便有一批具有商业头脑的安义人盯紧了铝合金门窗，即便对他们来说，铝合金门窗是陌生的事物，但安义商人还是坚定地踏上了这一门窗建材的发展道路，并且依靠他们自身的努力，成功地将安义门窗销往了世界各地。

（二）以义制和，和合共赢

安义县人民自古就讲求诚信，不求事事得利，但求无愧于心。乾隆年间，安义盐商刘世美在对自家食盐品质严格把关的同时，更是立下每日清秤校准的规矩，为了向顾客保证自家是真正的"秤准盐真"，刘世美还在自家盐号外放置了一杆公平秤以供顾客自行校准。这种"以义制和、和合共赢"的经商氛围不仅吸引了更多的商户往来安义，更是随着时间的推移，在安义人的心中留下了深深的印记，时刻警醒着自主创业的安义人恪守职业道德。安义商人诚信可靠的品质更是为他们吸引了不少的客户。

（三）"从小买卖到大开张"的创业精神

江右商帮初创时，其中商人大多为弃农经商的农民或弃儒经商的学者，而安义人作为江右商帮的典型，更是有着江右商帮"挟小本、收微货"的典型特征。虽然安义人大多是靠经营小本生意起家，但是因其人数众多，积极活跃，做事态度严谨，一丝不苟，即便是小买卖也让人不容小觑。安义的门窗产业也是这样，从最初的三五成群外出创业，到现在的特色产业小镇形成，安义门窗遍布全国，在这之中，又有多少像王春华一样，从当初的"早卷夜铺"一路打拼到如今这般规模。安义特色门窗小镇的成功，离不开安义人"从小买卖到大开张"的创业精神。

（四）专人专教，注重人才培养

安义县政企校意见统一，共同创办了全国首家门窗学校，为安义门窗产业后续的高质量发展提供了强有力的智力支撑，为将来门窗企业的发展提供了人才保障，让安义县的门窗企业发展无后顾之忧。

四、小结

本文介绍了安义县历史悠久的古村落群与安义木工门窗之间的历史渊源，讲述了安义门窗小镇的前身——百年商贾小镇，分析了在安义县门窗小镇发展过程中政府的态度以及扮演的角色。从中了解到，安义县的成功受到诸多因素的影响，有勇于奋斗、敢为人先的奋斗精神，有以义制和、和合共赢的经商氛围，有"从小买卖到大开张"的创业精神。

安义县门窗产业的发展并不是十全十美的，即便安义县人民政府出台了许多助力门窗产业发展的积极政策，但是由于没有系统的培训和统一的检验标准，安义人在外从事门窗产业也存在没有经过培训，施工不规范、价格不透明、施工人员安全无保障、噪声扰民的问题，这些问题都亟待解决。安义县政府和当地企业都应重视生产质量和施工质量的提高，规范生产施工标准。安义门窗小镇未来的发展如何？我们拭目以待。

江苏睢宁家具产业农民工创业集群

宁波大学　张天益

一、引言

2010年，阿里巴巴公司主办的第七届网商大会上，沙集镇成了全球优秀网商盛会上独得大会唯一的"全球最佳网商沃土奖"，沙集镇从此名声大噪。一篇篇新闻报道开始从这个曾经无人知晓的"垃圾村"传播开来，沙集镇的东风村一夜之间跃升为全国闻名的"淘宝村"。2006年，东风村第一家网店成立，2008年初达到100家，截至2020年12月，沙集镇网商约有35 000人，网店有45 000家。2018年12月15日，中央电视台《新闻联播》也以3分40秒的时长重点报道了《江苏沙集：一条网线带来的巨变》。"沙集现象"引起了社会各界的广泛关注，"沙集模式"的快速发展，沙集"三剑客"探索的"家具制造+网上销售"的致富模式获得了成功，这不仅推动了本地家具产业从无到有的兴起，提高了农民收入，还解决了"空心村"的问题，农民家庭团聚，安居乐业，幸福指数明显提高。沙集的网络销售方式的发展，主要依靠当地村民的相互模仿来发展规模，"三剑客"的成功经历引起了全村人的效仿，沙集迅速成为"全民淘宝"的热点地区，同时带动周边一系列产业，如木料加工、物流速运、广告传媒等相关产业的规模发展，对促进本地经济增长起到重要推动作用。

二、江苏睢宁家具创业集群的创业史

（一）废弃塑料陷入低谷，环境污染愈加严重

在过去，东风村的村民主要是以务农和外出打工为主，村内人均耕地是一亩地，种田耗费精力，土地又较为零散，不适宜搞规模养殖。从实行家庭联产承包责任制以后，东风村出现了生猪养殖户，然而1997年遭受东南亚金融危机的影响，生猪价格一跌再跌，养殖业的利润空间越来越不可观，养猪业从此一蹶不振。1995年，耿车镇的废弃塑料回收的生意吸引了东风村村民的关注，村民们也纷纷开始做起了塑料回收加工。一开始，他们先到苏南发达地区回收废弃塑料，最多的时候全村有接近1 000人在外地回收，不少人因此成了苏南地区的"破烂王"。2000年开始，农户们开始转型塑料回收附加塑料加工。2005年，全村从事塑料加工的农户达到250户，塑料加工业务在东风村达到最高峰。2008年，国际金融危机的袭来导致塑料加工业务陷入低谷。塑料加工业务给农民们带来收入的提升，但也随之带来非常严重的环境污染问题，从事塑料加工业务的企业面临亏损，没有进一步的成长空间。废弃塑料的行业给睢宁县带来的负面影响是巨大的，很多人因为长期从事塑料行业，缠上了顽疾和绝症，越来越多的人开始另寻出路。

（二）一根网线，一台电脑，点燃家具产业的星星之火

在沙集镇，"三剑客"早已成为家喻户晓的传奇人物，他们创业的成功案例在当地声名远扬。2006年，沙集"三剑客"之一的孙寒从县移动公司辞职，在村里开出第一家淘宝店，销售简易平装家具，陈雷和夏凯相继加入。

孙寒肄业于南京林业大学，早年当过保安，做过服务员，还当过群众演员。后来回到睢宁，在移动公司担任客服经理，每月3 000块钱的工资让村里其他的年轻人羡慕不已。不安于现状的孙寒，觉得自己可以干一番更大的事业。有一天，他决定拿30张电话充值卡在网络上销售，结果2个小时就被抢购一空，这让孙寒大吃一惊，线上两个小时的时间就足以他在线下奋斗一个月了。但是，孙寒因为

倒卖公司用于促销的电话卡，被迫辞职。于是，他决定自己在家开一家淘宝网店，销售一些小家电和小商品。开店一个月，由于利润空间太小，决定开始寻找新的产品突破口。

夏凯是孙寒的朋友，也是沙集镇中学的一名美术老师。夏凯在1997年就花4000多元买了全镇的第一台电脑。2006年，夏凯在淘宝上开了自己的第一家网店，名为"星空家居"，销售小挂件、钥匙扣和搅拌机等。

陈雷是沙集镇领取第七届网商大会唯一的"全球最佳网商沃土奖"的小青年。他为人比较低调，但又非常爱思考，具有果断的执行力。陈雷在沙集镇开了宜家影楼，专门用作婚纱摄影，一年营业收入达15万元。两位好友孙寒和夏凯开网店的经历让他看到了网店的魅力，于是，他不久后也开了一家属于自己的网店。

"三剑客"最初的网店只是尝试销售一些家居饰品，由于销售价格较低，物流成本高，没有赚到什么钱。于是他们开始进一步探索网店的发展规划。但是他们自己都没想到，这让这个贫困县点燃了电商产业的星星之火，成为拥有网店45 000家、个体户加厂9 000家的电子商务沃土和农村淘宝的"电商王国"①。

（三）宜家之行，开辟创造灵感的新天地

2007年某天，孙寒前往上海，逛街时进了宜家家具店，宜家家居整体都是简单、实用、时尚的风格，他一眼便看到了商机。宜家家具受全球人的喜爱，如果能够创造出具有自己特色的"宜家家居"，那肯定也会有销路。他认为简易拼装家具一定有广阔的市场空间。他搜罗全网，发现简易家具在网络上还是个空白，于是就确定了发展方向，在宜家买下两款产品回到睢宁。孙寒、陈雷、夏凯三人决定开始网销简易拼装家具。陈雷运用专业摄影技能，把韩剧中出现的各种简易家具拍下来，夏凯发挥设计特长，参考样品，设计产品加工图纸。三人拿着制作好的图纸给木工师傅让其帮忙加工，然后在网上开始销售。从此一炮打响，网络

---

① 睢宁县沙集镇：从"三剑客"到数万村民淘宝的电商王国，[EB/OL] .http://app.myzaker.com/news/article.php?pk=5bf502cc1bc8e0a25800045a，2018-11-22/2022-02-20.

销售效果非常好。

（四）村民跃跃欲试，"三剑客"倾囊传授

一开始，村民们对"三剑客"的生意不以为然，认为三个毛头小伙子天天对着个电脑，肯定没出息。而后，村民们发现他们取快递的货越来越多，取货的车经历了从摩托车、三轮车到卡车的转变。眼看着"三剑客"的生意越做越大，村民开始动了心，"三剑客"倾囊传授，毫无保留地传授亲朋好友。

由于网店生意具有无法预估的发展前景，孙寒、陈雷、夏凯三人不约而同开始决定带徒弟。孙寒带了两个徒弟，第一个徒弟是王朴。他初中辍学，和哥哥从事废弃塑料生意，从未接触过电脑，孙寒手把手教他打字、背字母。王朴上手很快，在弟弟的协助下，很快两人的网店就步入正轨。徒弟们学会了开网店，徒弟又将生意经传授给亲朋好友，一传十，十传百，顿时人人都可以参与开网店。

2008年金融危机导致南方中小企业受到很大影响，外出打工的年轻人纷纷回乡，当他们看到乡里乡亲之间弥漫着网店热潮，都放弃了外出打工的念头，开始加入网店经营行列中来。自从"三剑客"倾囊相授，越来越多的亲友们想要学习开网店，不仅是东风村，周围村及其他乡镇的村民也都闻风赶来学艺。

王敏是村里从事废弃塑料业的大户，金融危机的袭来，使他的生意越来越难做。看到家具网店的发展势头，他开始考虑转型到网店，准备给两个开网店的弟弟（王跃、王朴）投资，成立股份有限公司，老大出资金，老二老三负责经营和管理。他们已经规划了建厂用地，准备投入200万元盖厂房，装设备，购原料。他们势在必得，想要做大、做强，做出品牌。

刘小林、刘明两个兄弟在筹划多品种经营，他们租用工业集中区的22亩地，在已经建好的3 000平方米的新厂房里，专门生产指接板，为其他网商提供原材料，而自己不从事销售。

（五）工业用地违规扩建，政府规划产业园区

在沙集，无论是规模企业还是小作坊，用地混乱一直都是这个地方无法解决的痛点。很多农民把作坊设在自家庭院里，或者在房前房后的宅基地上建起厂

房，有的甚至把公司建到承包田里。孙寒的美怡家家具有限公司有7亩地的厂区是由3家宅基地合并起来的，准备再次扩大生产规模①。政府也已经认识到这一难题，特地规划网商产业园区，政府出资建设厂房，开通水路和宽带，为各大网商提供更好的服务。2011年，县政府规划东部区域作为电商经济区，东部四镇，包含沙集镇、高作镇、邱集镇和王集镇。沙集镇政府基于政策，给予要素方面的支持，解决产业发展过程中的一些瓶颈制约。沙集镇政府从东风村电商到家具产业集群的产生到形成，基本处于一种完全缺位的状态。缺少了政府的干预，东风村这种细胞式裂变的"山寨"产业才能够成长起来。

（六）家具产品定位低，同款现象铺天盖地

睢宁县家具产品的定位低，与其历史形成有直接关系。家具产业一开始就是从农村起步，都是以单品为主的市场，单品市场门槛较低，需要的设计、研发技术都相对偏低。而从业者多为当地农民，文化程度低，设计研发能力不足，以至于睢宁县只要出现一个"爆款"，全村都开始争相模仿。沙集模式快速普及的主要原因就是简单易复制、细胞式裂变，大部分网店都是模仿热销产品，没有自己设计的产品。随着产业的不断扩张，越来越多的问题都出现了，恶性竞争，家具产品早已没有了价格优势，导致整个家具生产和销售的利润越来越低。另外，还有些不良商家在网上卖的都是质量低劣、偷工减料的家具，直接影响了沙集家具的声誉。简约家具可以说是最适宜网购的产品，对沙集镇来说，也是最适宜加工的产品，这种最天然、最好的结合诞生了自产自销模式简约家具产品体系，这种路径选择是带有偶然性的。目前，这个产品早已出现了问题，单品的销售量已经足够大，但后期想改造却有很大的困难②。针对这样的情况，沙集的网商需要做出很大的改变，需要把家庭作坊转变成现代化工厂，把简单复制转变为制度建设。但是对于文化水平较低、生产技术和设计能力不足的农民来说，是极为困

---

① 新华日报．农民家具出现"井喷"商家欲走出"草根模式"，[EB/OL]．https://m.fang.com/jiaju/bj/news_4557281.html，2011—02—23/2022—02—20．
② 笔者调研访谈记录2021092501示范区座谈会。

难的。

（七）建设万沙集团，推动睢宁家具创业转型升级

万沙集团在沙集打造了家具工业互联网制造中心，占地305亩，计划总投资6亿元，新建厂房12万平方米，集产、供、销、研、售后于一体，通过全产业链的整合，为家具品牌运营提供优质全程供应链服务。万沙集团通过代管、外协、合作等模式，将沙集生产产能实行统一管理、统一标准、统一调配，布局现代化智能设备，一体改善管理水平和工艺流程，有效提高产品质量，降低生产成本，提升整体效能，形成产能优势[①]。家具行业是一个集中度非常低的行业，在1.4万亿元的市场里，最大的家具品牌也就在120亿元左右，品牌集中度很低，在生产加工环节存在规模不经济的状况。

沙集家具产业在过去十多年时间一直都在量变，并没有实现质变。整体销售的渠道都很单一，这跟历史形成有极大的关系。产品定位低，是与农村开始起步的起点有关联，单品市场相对来说起步门槛较低，不需要过多的设计和太高的专业水准，投资不大，适合在农村发展。但是，一个完整的市场，成套的家具所需要的生产技术、研发能力要求都比较高，沙集可能还不具备这样的能力。沙集未来如何转型？就需要通过智能制造来解决柔性化生产和效率之间的问题。未来对家具的需求，必然是定制化、柔性化的需求。过去卖家具的都是传统的经销商，未来则可能是各行各业的新型销售群体，销售场景、销售方式也在发生变化。未来转型需要产业互联网的协调能力，跨车间、跨工艺、跨地域高效协同，来实现柔性化生产。

三、经验及启示

睢宁县沙集镇东风村本是苏北一个靠捡破烂为生的落后农村，在农民网商的不懈努力下，开辟了一条另类崛起的路子。东风村的电子商务应用，不仅解决了

---

① 青芒.睢宁电商家具产业如何转型升级？这家公司走出新路子！，[EB/OL].https://www.sohu.com/a/489640275_121123757，2021-09-13/2022-02-21.

本村劳动力回乡就业问题，在此基础上，还能就地致富，还带动了外村剩余劳动力的就近就业和脱贫。睢宁县的农民网商以自身经历，填补了当地农民从事电商的空白。为什么睢宁家具产业能够成功，将会面临什么样的困难，又该如何转型？

（一）自发动力，自下而上的草根逆袭是睢宁家具电商发展的源头

沙集"三剑客"是最早在沙集开办网商的青年农民，他们具有榜样效应，这种效应是沙集电商发展的关键。"三剑客"面对亲友的上门求教，他们不顾泄漏生意经的风险，义无反顾地倾囊相授，不仅带动了家具的生产，同样带动了家具网销售产业的形成和爆发式增长。农民开网店创业，对个人生活产生了巨大影响，不仅解决了收入和温饱问题，还带来了幸福和快乐，实现了个人价值。沙集家具产业的发展，为农民提供了充分的就业机会，增加了农民致富的机会，进而解决了农村"空心化"的现象①，提升了农民的幸福感，从而改善了农村整体经济环境。

（二）沙集模式的可复制性带来销量的同时，引发同质化恶性竞争的现象

沙集模式快速普及的重要原因就是简单相互模仿、细胞裂变式快速增长。沙集的普通农民没有多高的学历，在几个创业青年的带领下，他们就创造了"奇迹"。"沙集模式"不仅可以复制，而且门槛较低。但与此同时，也带来了很多问题，有的网店为了扩大销量，争取信用额度，不断压低价格，进行市场推广，使得整个家具市场的价格一降再降。缩减了利润空间，一些网商迫不得已选择劣质木材作为原料，产品质量整体下滑，影响沙集品牌的信誉。

---

① 卓祖方. 江苏睢宁：走向国际化的家具制造产业，[EB/OL] .https://www.sohu.com/a/327632749_531786，2019-07-18/2022-02-22.

（三）自下而上发展的电商环境，离不开政府的引导

从沙集模式的成功经验来看，自下而上发展的农村电子商务，要特别重视发挥当地农民网商带头人的榜样作用。政府在维护市场竞争秩序的同时，促进平等合作的行政执法作用，保障各网商间合法经营的权利，鼓励优势农民采取合作共赢的经营模式。政府在促进农村电子商务中最重要的作用，就是提供良好的规制环境。政府应健全必要的法律法规，进一步鼓励农村电子商务市场主体的创新，保障其合法权益。沙集模式的快速发展离不开政府的扶持和引导。沙集电商是自发产生的、裂变式成长，但市场所给予的并不是全部，靠农民自身也解决不了所有事情，还需政府的支持和引导。

（四）农村独有的社会关系推动沙集电商的发展

在农村社会中，世代人都在同一块土地上生活，乡亲之间都极为熟悉，知根知底。农户们在这样的条件之下，也积累了类似的文化、习惯和观念。特别是妇女间闲暇之时，常常都能看到她们都会对村里的一些现象或人指手画脚、评头论足。在这样的环境下，这种口碑效应足以在当地人之间产生一定影响。"三剑客"的模仿风潮，在这样的情况下更容易迅速复制，普通的农民不需要多高的学历、多长的时间培训，也不需要过分依赖资源禀赋、地理优势，就在"三剑客"们的带领下，创造了"沙集"奇迹，加速了沙集电商的发展。

（五）人才成为制约沙集家具电商发展的重要因素之一

沙集电商的崛起，离不开外出务工和返乡大学生，但是始终势单力薄，人才缺口依然很大。目前沙集的网商多是以农民和返乡大学生为主，缺乏企业管理和运营经验、专业技术以及长远的发展眼光。沙集网商已形成一定规模，但是跨越式发展需要高端人才的入驻。只有年轻人多，村庄才有活力，才有利于未来发展。沙集需要的人才和其他电商创业发展的农村不太一样，更需要大城市的高端人才帮助沙集发展得更好。东风村目前已拥有工业化和城市化的发展趋势，让越来越多的知识青年告别城市回到故乡也并非遥不可及。东风村目前既缺乏基本的

技术工人，也缺乏高层次的设计和管理人才。东风村新建的家具加工厂越来越多，掌握技术的工人为数不多，其余都是些杂工。村民们普遍素质较低，没有接受过相关培训，也无法系统地学习相关技术。村庄整体环境比较混杂，基础条件不足，公共服务设施缺乏，东风村在外吸引力不足。

四、小结

沙集电商的发展不仅需要政府的引导和支持，更需要企业和农户的共同努力，营造一个良好的农村电子商务环境。作为政府机构，要不断完善相关的法律法规，整合各领域资源，加大支持力度，引进高技术人才；作为企业本身，借鉴龙头企业的成功经验，取长补短，发展自己的企业特色，塑造产品的品牌形象；作为农户个人，转变思想观念是首要任务，不断提高自己的文化知识和信息技能，增强合作意识，努力实现互惠共赢。信息化带动工业化，工业化促进信息化的模式值得继续传承下去，现在的乡村要有工业，要通过产业互联网解决产业发展问题，乡村有了工业，就有了就地城镇化，才能留住和吸引人才。

曹县演出服农民工创业集群

宁波大学　毕文君

一、引言

近年来，一个曾经寂寂无闻的山东县城——曹县突然火爆全网。

表面上看，有人认为这是"博出位""造网红"的结果。其实曹县是在曹县县长直播卖汉服之后才广受关注的。然而，事实上，曹县是一个有内涵的地方，通过这次关注，人们才注意到曹县原来如此有料——2014年，曹县大集镇所有村庄均被评为淘宝村，是我国唯一一个淘宝村全覆盖的县城。目前，全国共有6 300余家演出服企业，从省份分布来看，山东拥有1961家演出服相关企业，总量位居全国第一。其中，曹县就有1 483家，约占全国的25%，是我国出产演出服最多的地方，且这些企业多半成立已超过5年。曹县的大集镇是全国最大的表演服饰，每年承包了全国70%的演出服，汉服销量占全国的1/3。2019年曹县大集镇演出服及汉服产业一年的销售额达65亿元。

那么，曹县演出服创业集群是怎么一步步发展并成功转型为国内著名的电商创业集群的？农民工创业者是怎样抓住创业机会并不断推动创业集群的形成、发展和转型的？通过该产业的发展，他们的生活状况和社会地位又发生了哪些变化？这都将是本文探讨的重要内容。

二、曹县演出服集群的创业史

（一）薄弱的产业基础，为集群形成铺路

在十几年前，曹县由于远离省内主要经济区，工业基础较为薄弱，长期处于人才、资金单向外流的尴尬境地，当时的曹县还是一个主打劳务输出的普通北方县城。人多地少，剩余劳动力较多，集体经济薄弱，县里的贫困村比比皆是，大家基本上一穷二白①。那时该地区一直以来是以种植业为主，政府支持村民外出打工。曹县大集镇并非服装的原产地。20世纪80年代末，只有当地部分农民开始从事影楼布景、摄影服饰制作等工作，并通过肩挑背扛将服装拿到城市中推销或租赁，但由于市场需求有限，生产规模始终维持在较低水平。尽管在2009年发展电商之前，曹县并未形成演出服产业集群，但是不成气候的影楼服饰加工业开始逐渐向演出服饰转移。这不仅大大降低生产成本，而且可以迎合市场需求，也为之后的产业转型奠定基础，产业链在上、下游不断延伸且呈现本地化聚集的态势。创业集聚通过劳动力集聚、知识外溢和农民收入提高等效应不断吸引熟人加入。

（二）差序格局式传播，创业集群初现雏形

大集镇演出服饰产业的发展看似偶然，其实有其自身发展的原因。在中国乡村，"熟人"社会为电商知识传播提供了交流网络，使得电商知识呈现几何级数传播，此外，曹县本来就有人经营和演出服饰相关的小众商品和实体店铺，互联网的发展也使传统产品的经营可以通过互联网对接到广阔的外部市场。曹县当地网商充分利用互联网的长尾效应，对接广大市场，拓宽传统产业的销售市场，加上"国潮热"之类的文化元素推动，使第一批演出服线上销售者获得了可观的经济利益。在熟人亲身实践的推动下，越来越多的创业者加入其中，呈差序格局扩散开来。由于成本较低、生产便捷、利润丰厚并且市场需求量大、附加值低，村

---

① 陈芳芳，罗震东，何鹤鸣.电子商务驱动下的乡村治理多元化重构研究——基于山东省曹县大集镇的实证 [J].现代城市研究，2016（10）：22-29.

民依托自家住宅，将原本只有居住功能的房屋简单地改造为具备手工生产、网络销售的混合空间，生产成本较低①，很快在网上形成市场。该阶段大致处于2009年至2014年之间，主要模式是家庭工厂，即家家是企业、户户是工厂，家庭小作坊生产是主要的产业组织形式。甚至在今天的丁楼村这种情况依然存在，村里开始发展电商比较早并取得一定成果的大都在县城买了房子，把农村的家用作发展电商的场地，但也有后来创业者依旧采用周爱华的方式进行创业②。

2009年大集镇丁楼村任庆生的妻子周爱华在听到同村的一个朋友讲述"网上可以销售东西"之后，开始尝试在网上销售演出服饰，她原本是棉花厂的下岗女工，下岗之后偶尔为村里专门卖影楼服饰的村民刘宝军代做影楼服装。刘宝军雇村民做衣服，然后带成品去河北、安徽等地推销。周爱华想到，可以买刘宝军的衣服在网上卖，没准能赚钱，便花1 000多元买了台组装电脑回来，照着阿里巴巴的指南注册淘宝店。网店开好后，周爱华就把刘宝军家的服装照片挂了上去。第一单生意发生在任庆生打算重新出门打工之前的一个晚上，那时据开店已经过去五个月的时间了。第一单就这么轻易地赚到几百块钱，任庆生赶紧又拿自己的身份证注册了第二家淘宝店。再加上演出服"不追求品牌、对质量要求也比较低、生产批量小"的特点，很适合这种家庭作坊。一年下来，任庆生的网店就净赚七八千元，比外出一年打工挣得还多。到2012年，利润翻了近10倍。那一年，任庆生花6万元买了辆五菱宏光，成为村里第一个有车的人家。2015年任庆生开了自己的第一家天猫店。

演出服装的制作仅需简单的布匹原料和缝纫设备，所需资金相对较少，因此开设网店的技巧便成了电商项目能否快速扩散的关键。早期创业者经历了相对漫长的摸索阶段，成功运营网店的系统性知识对于后来者而言，门槛相对较高，但乡土社会促进网店所需技能的传播：任庆生的亲戚们也参与进来。2011年，任庆生开始找自己的嫂子和姐姐来帮着一起做衣服，她们也开了自己的淘宝店。任

---

① 罗震东，何鹤鸣. 新自下而上进程——电子商务作用下的乡村城镇化 [J]. 城市规划，2017，41（03）：31-40.

② 李硕. 电子商务作用下的曹县丁楼村空间重构研究 [D]. 山东建筑大学，2020.

庆生说："我姐姐当时结婚多年，没出去工作，她就把我的衣服带回家去做，那时候基本上谁开网店，都是先去自己的亲属家拿货。"相邻村庄在听到丁楼村有村民开网店获得不错的收入时，便纷纷效仿，群众开始自发创业。退伍的李凡彬回老家过年，看到很多小伙伴做淘宝挣到了钱，就也试着开起了淘宝店，邻居手把手教如何开店、上传图片、回复旺旺咨询等。2013年，这个消息传到邻近孙庄孙学平的耳朵里。任庆生之前在孙庄村做电工，平时和孙学平关系不错，孙学平听到任庆生做电商挣钱就向他请教，了解到"电子商务带来的巨大潜力，收入是当时村主导产业（蔬菜）的几十倍甚至上百倍"之后，村党组研究后将村庄进行再一次转型，由种植蔬菜转向做淘宝，当然刚开始村民都不理解，受到了很大的阻力，但他并没有放弃，而是带着村里的年轻人，去隔壁村学习做淘宝。当时的网络销售平台不像现在这么多样，初售者把淘宝作为主要的网上销售平台。他说"我让他们看，你也玩电脑，人家也玩电脑，人家电脑叮咚一响黄金万两。"孙庄成为在继丁楼村和张庄之后的"淘宝村"之一，是在第二届"中国淘宝村"高峰论坛上被评为"淘宝村"的。类似的案例在大集镇不胜枚举，大多数农民在刚开始做电商的时候都是采用从别的店里拿货代销的方式，这种方式也被称为"丁培育"模式，"丁培育"模式是指丁楼村丁培育所采用的销售方式，丁培育因发展较早，规模较大，除了自己开网店销售之外，还把自己的货物拿给其他电商运营者售卖。2013年全国第一届电子商务村评比出19个"淘宝村"，后来又追加一个张庄，一共有20个，那个时候大集的孙庄和张庄就在其中，占全国的1/10，接触电商早对以后的产业发展也起了非常大的推动作用。该阶段，集群地理临近式的圈层扩散，呈现出"就地化、高聚集"的产业空间分布特征[①]。

当然，淘宝村之所以能在曹县大集镇发展起来和当地政府对待新生事物的态度密不可分，发展初期最需要的就是宽松的营商环境，如果农民工创业集群从一开始就按十分规范的方法发展，那么很有可能在发展之前就被扼杀了。曹县政府

---

① 杨彬，王林申，巩科麟.淘宝村的辐射特点及其空间响应——基于山东曹县淘宝村的研究 [J]. 安徽建筑，2020，27（11）：7-8+109.

在接到派出所的汇报，说有两个村不少老百姓在加工演出服，存在很大消防隐患的时候，并未急着否决该产业。虽然在一次下乡调查时看到中小规模的农户网商为了尽可能降低中间成本，在家庭的住屋或自搭庭院存放这些货品，但是并未因此堵塞该产业的发展出路，而是深入调查之后再决定。比如2013年，时任大集乡镇党委书记的苏永忠，在检查消防安全过程中，他发现演出服网上售卖的形势很好，认为这是难得的机遇应该大力扶持，马上成立了电子商务发展办公室，整修道路、改造电网、建设电商产业园，还颁发"重点保护企业"牌子的方式承认该产业的合理性，这样明确的态度增加了后来创业者加入的积极性。

（三）产业蓬勃发展，多因素驱动集群发展

随着创业集群的发展，其产生的影响越来越明显。2014年之后，不同的行为主体陆陆续续参与其中。他们以不同的方式为创业集群发展添砖加瓦，演出服集群也在不同要素的驱动下前进。

1. 政府政策引导集群形成发展

政府在演出服创业集群发展初期采取了包容的态度，在创业集群形成规模之后采取了一系列措施进行引导和扶持，以推动创业集群的壮大和形成，在政策上先后出台了一系列文件，比如2013年出台《关于加快电子商务发展的实施意见》，2018年出台《曹县电子商务发展扶持政策》《电商直播三年计划》等文件健全了农村电商政策支撑体系。具体做法体现在以下两个方面。

首先，体现在金融服务上，当地电商创业利息比较低，放款速度也比较快。演出服用的农商贷利息远低于一般信贷利息，政府基本上还有补息，当地只要想创业，资金不再是无法解决的问题，有合作的几家银行加上各种贷款产品都能够满足创业者的需求。贷款金额多则几百万元，少则几十万元，像大集和e裳小镇[①]这种集群发展的重点，省里也有一些奖助指标。为打破传统贷款流程长、时间久的困局，2018年12月，县政府与浙江网商银行签署《"数字化普惠金融项目"战

---

① e裳小镇：曹县县级电商产业园。

略合作协议》。截至目前，网商银行在曹县在2018年的12月份签订蚂蚁金服网商贷，从2018年12月到2021年12月，三年时间总共发放贷款130.97亿元，累计服务人数10.34万人，单个个体电商户贷款额度达152万元，这也是全国最大个体电商户贷款额度，真正实现了"310"模式，即"三分钟申请、一分钟到账、零人工干预"的神速度。每年三十多个亿还是非常大的，这些服务为附近原料进货这些资金抵押较高的产业大开方便之门。

其次，是人才引进与培养。孙庄村委会工作人员表述孙庄每月都会组织一次培训；曹县政府在人才服务方面也做了非常多的工作，不仅仅引进因工作和学习在外的本地人返曹创业，以及引进在外从事电商或者和电商产业相关的人，还吸引了很多外省对电商感兴趣的人才来曹县创业。比如1992年出生，毕业于山东财经大学的张志军，2013年到曹县，大概有十年时间了。此时，曹县政府提出了"双培养"工程，把年轻的电商带头人培养成党员，让创业集群内的佼佼者进入村两委、让对电商不熟悉的党员参与电商，从而使很多年轻的高层次人才都参与到当地演出服集群中来。2020年村干部换届总共换了158个村干部，其中五个新调整的村庄，换届之后选出的干部有1个90后和8个80后，换届平均年龄小、换届速度快成为这次换届最大的特色。随着演出服集群的形成，当地90%的产业都发展起来了，和演出服集群相关的产业链条日趋完整。

2. 市场需求成为集群发展的催化剂

大集镇演出服创业集群的迅猛发展也和市场需求息息相关。中国演出产业以及文艺汇演、广场舞比赛、儿童表演等活动的迅速增长，均为演出服饰产业提供了巨量的市场需求。另外，由于演出服饰使用时间短、使用次数少，对于服装质量、材质面料等方面的要求相对较低，这也在一定程度上契合了乡村产业发展初期产品低价低质的特点，较低的生产要求和较大的市场需求推动集群不断向前发展。

3. 配套设施落地为集群发展提供便利

由于大集镇、安蔡楼镇等服装产业集群镇需要的布匹数量较大，所以吸引柯桥布行落地大集镇，并吸引顺丰、邮政、申通、圆通、韵达等27家物流公司在此设立网点,在大集淘宝产业园区设有两个分拣中心,新冠疫情期间这几家大的物流公司分拣高达165万单,最多的一天出单量高达60万单。另外,基础设施的完善也是创业集群发展不可缺少的动力。随着道路的修建维护,使其交通较为便利,在演出服销售旺季的时候,家家户户把包裹往门口一放,不用管,物流车每两个小时过去收一回,十分便利。因此也造成了一个奇怪的现象,丁楼村的人富裕起来以后,为了孩子上学便利在县城买房,晚上在县城居住,白天回村里上班(经营网店)。上述多种因素的共同作用,促使大集镇依托电商平台带动演出服集群快速发展。甚至曹县其他乡镇依托原有特色产业建立相应的创业集群,还带动木制品产业集群和农副产品产业集群的发展,大集镇的成功经验促使发展电商的热潮迅速蔓延。

集群式发展,在发展过程中也产生了诸如线上产品同质化、产品质量参差不齐、侵权等问题,仅凭线上简单的交易规则,并不能解决系统性的难题,越来越多的行动者角色参与其中,创业集群必须做出一些转变才能保持发展活力。在这一阶段,服饰产业集群已经逐步完成人才集聚、商业集聚、物流业集聚等,规模企业不断涌现,技术创新引领区域品牌和竞争力不断升级,表演服产业集聚趋于完成,特别是大集镇呈现电子商务村、电子商务镇、电子商务产业园区等创业集群场所,这些创业集群出现的同时,也吸引了大量人才返乡,随着返乡农民工和大学生以及其他人才的加入,创业集群内部不断汇入新鲜血液,为集群长远发展提供源源不断的动力。当地政府为了更好地提升区域电子商务产业的竞争力,采取一系列推动技术创新、助推产品升级、管理创新的支持性政策与措施,引导和帮助企业建立演出服和汉服品牌,推动产品销售,从而更好地提高创业集群内部的竞争力[①]。通过一系列措施该集群发展取得不错的成果。目前,曹县培育出电商企业5 000余家,2021年总销售额高达276亿元,网店6万余家,带动35万人创业就业,吸引5万余人返乡创业,仅大集镇就有3 000余家,并且700名大专以上毕业

---

① 梅燕,蒋雨清.乡村振兴背景下农村电商产业集聚与区域经济协同发展机制——基于产业集群生命周期理论的多案例研究 [J].中国农村经济,2020(06):56-74.

生从事电商上下游业务。曹县亿级店铺发展到6个，千万级店铺发展到100多个，天猫店2 000余个，阿里巴巴跨境电商企业发展到235家，亚马逊跨境电商企业发展到77家。

（四）满足发展需求，推动创业集群转型

随着产业规模的不断扩大，市场竞争日趋激烈，大集镇演出服集群企业主动转型升级，服饰产品的种类实现从演出服饰到汉服的延伸，并在汉服中高端市场占有一席之地。在涉足汉服前，曹县曾是国内最大的演出表演服饰加工基地。其实在2020年之前曹县就已经涉足汉服产业，不过当时主要面向低端消费市场，2019年全县汉服电商销售额近19亿元，从事汉服生产的电商企业达到286家[①]。近年来曹县汉服飞速发展，2020年曹县汉服的销量占到汉服市场的1/3，并以此确立汉服市场"三分天下"的地位。演出服向汉服转型很难说清是谁最先开始的，自电商发展以来，受新冠疫情影响演出服需求量下降；受汉服热的影响，汉服的需求量上升。曹县县长穿汉服带货便是其中的典型事例和推动剂，让演出服销售不畅的电商从业者看到了新的发展方向。这时，集群的发展状况已经深深嵌入到当地的发展之中，当地政府为推动集群的发展采取了一系列措施，还诞生了一些促进集群发展的首创政策和做法，从执政方式的变化就可以清楚地看出，曹县专门成立电商工作领导小组，书记、县长任双组长；曹县政府实行部门联动服务为产业转型提供动力，与电商息息相关的行政审批、协商监管、行政执法的三个部门都是全天候。其中有两个比较有代表性的事例。第一个是与行政审批相结合的例子，就是开展天猫店"回家"活动，从2020年8月到现在，在县行政服务大厅专门开辟绿色通道，对在外电商企业回迁业务优先办理，明确迁入流程，优化简化办理程序，促进在外电商企业尽快回迁，充分享受曹县的便捷服务和良好营商环境。大集镇演出服和汉服集群原本就在各种电商平台上售卖，为什么被称为回归呢？是因为原来电商行政审批比较困难，曹县电商发展过程中达到了天猫店标

---

① 郭通，王晓新，臧宾. 可复制的"曹县模式"[N]. 菏泽：菏泽日报，2021-08-13（005）.

准的很多店铺都是以空壳的形式在浙江或者江苏上市，就是他们生产发货地都还是在大集镇和安蔡楼镇，但网店的注册地在浙江和江苏；另外一个部门联动创新是和与市场监管局结合，在曹县建立快速维权中心，这一部门设立的最大好处是方便群众，比如一般来说，申请专利去知识产业局办理，从曹县到北京需要花费6个月零8天，但是这个权利转到曹县之后最快只需10天，像演出服、汉服之类产品的一种爆款，就需要两三个月的时间，如果按一般程序去申请就会给商家造成一定的损失，专利申请时间从180天提速到10天，只是其中的典型事例之一。

另外一个典型事例是电商办和法院结合，专门出台《关于为促进曹县电子商务创新发展提供司法服务和法治保障的意见》，由于大集镇演出服创业集群是在熟人带动之下发展起来的，大家都互相模仿甚至复制，对知识产权并不了解，在前期遇到的侵权比较多，但是遇到这种法律纠纷、法律诉讼事件的时候，当地政府采取的措施是"坚决不封店"，即如果商家被起诉了，当地政府就用抵押或前置的方法来代替封店，从而在集群内部创立一个非常好的环境。此外，为了促进曹县电商企业转型升级、做大做强，曹县还聘请中国社科院、商务部、中国人民大学、浙江大学、南京大学等全国著名高校和科研院所的电商专家学者成立了"曹县电商发展专家咨询委员会"，在顶层设计上为曹县电商发展出谋划策。

受新冠疫情影响，演出和各类聚集性活动减少，2020年部分演出服为满足市场需求，开始转向汉服生产。曹县人深知，做好汉服不仅要传承经典，还要在传统与现代之间找到一个平衡。所以他们在汉服的设计上不遗余力地进行大刀阔斧的创新。如今，曹县的汉服店主拿几个设计专利是再正常不过的事情，早晚有一天，这些专利汉服将走出国门、走向世界。目前，大集镇的汉服也从原来的单纯模仿、改良南方服装低端路线演变成走中高端路线的原创。这一转变带来的直接效果则是产品的提档升级和利润的攀升，在与村民的交谈中，他们普遍表示汉服的利润要远高于演出服，不同汉服利润也不同，演出服集群内的企业大多开始了不同程度的转型之路。集群除维持中低端产品生产之外，还设计了高端定制汉服。以淘宝为例，销售排名前十的最低价格才19.9元，价格最高的仅204元，曹县约有汉服及上下游相关企业2 000多家，原创汉服加工企业超过600家，大集镇的汉服也正在从原来的单纯模仿、改良南方服装低端路线演变成走中高端路线的原创。恰逢近年汉服市场隐隐崛起的势头，2021年汉服市场规模为63.6亿元。

三、经验及启示

（一）主要经验

1. 发挥熟人网络复制效应，知识技能传播促进集群快速扩张

曹县电商源于农民的草根创业，兴于农民的全员参与，一店带一户、一户带一街、一街带一村、一村带一镇，最终汇集成推动电商发展的强大合力和持久活力。在发展过程中，我们可以看到熟人的带动在其各个发展阶段的推动作用。在创业初期，最先创业的农民工把自己的经验和技巧传授给自己的亲戚、朋友和邻居，利用自家庭院作为场地，使创业氛围以最低的成本在乡土社会中迅速蔓延开来，在地方形成浓重的创业氛围，吸引越来越多的人返乡创业[①]。如今，大集镇形成了从原料、服装到配件的完整产业链条，可生产约3 000种各类款式的服装，成为中国为数不多的演出服产业集群，吸引了7 000多名外出务工人员返乡创业，其中有数千人来自周边乡镇，不少江浙商户也来此创业。据了解，目前全镇电商销售额超100万元的网商已超1 000户。电商产业直接带动全镇2万多人从事演出服饰加工行业，吸引周边村庄及乡镇近万名村民来此就业。在创业集群转型之后，把创业集群内部经营的佼佼者引入村两委，继续发挥村庄能人的带动作用，为产业集群进一步发展赋能，推动创业集群转型升级。

2. 坚持市场的主体地位，发挥引路人的作用

创业集群在发展初期需要更多的是包容，他们虽然可能会在某些方面存在一定的问题，但是总体上发展势头很足。它是未来产业发展的一种方向，这个时候适合包容型的管理方式，宽松的发展环境可以为创业萌芽和集群进一步发展打下基础。曹县就是这样，当地政府虽然看到，家庭式厂房存在很大火灾隐患，但并

---

① 邢婷.曹县成就了汉服，还是汉服成就了曹县[N].北京：中国青年报，2021-09-07（007）.

没有关停，在后来"坚决不封店"的政策中也体现了类似的做法，有人说这是对当地产业的一种庇护，但其实其中更多的是对市场发挥主体作用的尊重。强劲发展势头集群，一定程度上反映了市场对该产业的认可。其次，产业升级要不断加入新鲜血液和完善配套设施。当淘宝镇因复制而壮大的同时也为以后发展埋下隐患。政府的引导和服务以及重视人才也是创业集群蓬勃发展的动力之一，政府从推动创业集群发展技术、资金、人才三个要素出发，前期侧重对创业者的扶持，后期则侧重于人才引进和培养。一方面搭建平台和研究机构合作并发展电商相关的职业教育；另一方面，把电商做得较好的青年人引入党组织和村委班子中来，发挥党员的带动作用，对于电商这种新鲜事物来说，年轻人更容易取得新突破。在电商产业中，政府当好引路人，在制度创设、人才引培、基础设施配套上下功夫，最大限度激活各类市场资源，切实培育电商发展的良好生态，持续推进电商发展[①]。

3. 发挥各类人才的能动性，推动创业集群转型升级

曹县农民工创业集群不断转型的过程中，当地农民工的培育和各类人才的回归发挥着重要作用。大集镇已累计有700多名大学生、7 000多名外出务工人员返乡创业、就业，其中包括14名硕士研究生、2名博士生，还有海龟和退伍军人以及外地年轻人等各类人才[②]。这些人才在曹县生根发芽，推动当地传统产业不断转型升级。据统计，目前全镇有1 000个年销售超百万元的电商户。在谈到现在淘宝谁做得最好时，任庆生回答道："现在一些年轻人也做得十分出色，有些已经超过他了。"集群能人不断带来新事物，推动集群内部企业不断学习新知识和技能。虽然创业初期大多数人都愿意把自己的技能技巧分享给"熟人圈"的人，但是在发现过程中由于产品同质化严重，产生竞争是不可避免的。引进从全国各地而来的返乡农民工和大学生更容易推动集群内部创新，推动集群走差异化的道路，形成家家有特色的发展趋势，并为适应现代市场标准要求和得到消费者认可

① 崔艳红. 曹县淘宝村实践经验与启示 [J]. 中国商论，2019（24）：18-19.

② 马铭悦. "北上广曹"是个什么梗？ 探访"宇宙的中心"曹县 镇里村村做电商，每天下午4点之后堵车 [J]. 中国经济周刊，2021（10）：96-98.

创造条件，使创业集群创立服饰的品牌成为可能。

4.不断完善设施建设，充分利用集群资源

充分发挥演出服产业集群的作用，从而建立并巩固集群的相对优势，提高集群竞争力。随着产业集群的发展，服饰相关原料、辅料、绣花、物流等产业链条在大集不断聚集，随着电商的发展，当地快递量递增成为电商物流快递的汇集地，还拥有服务上门和菏泽地区价格最低的优势；大集镇孙庄辅料市场基本上可以满足电商从业者的所需，从头饰到各种成衣布料再到脚上的袜子和鞋子应有尽有。集群内部形成的成本优势和高效合作模式是其他地区所无法比拟的。

（二）启示

纵观创业集群发展壮大是由多种因素共同作用的，想创业的人是在综合考量之后加入创业队伍的，根本在于集群产业自身能够为创业者带来可观的经济收入，因为该产业符合时代发展的潮流，能够在一定程度上满足创业者对未来的期待。和演出服相关的服饰从20世纪80年代末就开始发展，但是当时并没有使当地依靠该产业富裕起来，所以更多的人选择了外出打工。从第一家介入网络平台，在经过一段时间获得可观收益后，吸引越来越多的人加入。在创业集群形成规模之后，完善企业发展所需的基础设施必不可少，集群内部同质化严重、产品创新能力不足时，从引进人才和培养人才同时发力，集群才能发展下去。只有根据市场需求不断调整，创业集群才能充满生机和活力。

以农民工为主导的草根创业，经过从集群内部相互学习，借助传统电商平台以批量生产、低价销售占领市场。为适应市场发展需求而转型，虽然集群内部经过一段时间的发展已经打下了一定的基础，并带有很强的模仿能力，但是产业的转型不仅需要量变，也需要质变，政府和行业协会作为集群的引路人，在集群发展方向上给予指引并引进高人指点迷津，从而为集群发展注入活力。

四、小结

从鼓励外出务工到倡导返乡创业，当地人才不断回归；从内部模仿到开始原创之路，产业转型之路如火如荼，曹县服装产业集群在不断向前发展。紧跟市场动态，不断调整产品和销售途径对集群里的每位创业者甚至相关人员都十分重要。在牢固的制造基础上，虽然很多学者对曹县服装创业集群依靠低价还能走多远产生了疑问，但根据市场的需求，"低价走量"和"高端定制"共存将是集群未来一段时间的发展之道。集群内部很多电商从业采用了走量和定制两手抓的做法，既做演出服又做汉服、既做低端服饰又做高端定制，以应对高利润所带来的高风险。曹县农民工创业集群的发展之路虽然并非全是坦途，但每当遇到困难，集群内部成员都在积极寻找新的出路，抓住各种机会把产业集群推向一个又一个发展高峰。当演出服销售受阻时，产业集群内部成员能充分利用产业链完整、制造能力强的优势，转而开拓汉服的制作和销售之路，在经过两年的深耕之后就占领了1/3的市场。大部分创业人员文化程度相对较低，最初做汉服并没有注意到版权问题。当问题产生时，集群内部创业者开启了原创之路，当地政府为避免这种情况再度出现和司法部门合作，在外部市场的刺激和内部创业者不断学习下，促使曹县演出服集群不断突破自我，成功转型。不断学习、紧跟市场、完整的产业链、较强的制造能力等因素推动产业集群转型。此外，通过创业，一些集群带头人不仅富了口袋，还在一定程度上提高了社会地位，两会代表任庆生、孙庄村委会成员孙佳康是其中典型代表。

从曹县电商的发展历程来看，尊重群众的主动性和创造性是产业集群发展的动力来源，政府的引导、集群抱团发展以及不断吸纳新的知识和技能是集群发展活力的来源。相信集群经过不断地转型升级，将充满活力。

广东军埔服装农民工创业集群

宁波大学　陈奕楷

一、引言

提到创业集群，人们的第一反应是上海那样的繁华城市。然而，在中国南方的广东省揭阳市，有一个占地仅千亩，人口四位数的小村庄，家家户户都有一个车库。很难想象，淘宝等网络平台上数量过半的服装都是从这一个个小车库中生产出来的。这个村庄就是军埔村。

军埔村在2008年面临着产业单一，产业衰落等多项问题，村庄里基础设施建设欠缺，年轻人都想着"逃离"村庄，这个时候的军埔村存在这各方面的问题。然而转机就发生在2008年，在外务工的军埔村村民黄海金等人突发奇思异想，回到家乡试图创业，军埔村当时还是以食品加工为主要产业，而黄海金等人却冒着风险开办了第一批网店。这一大胆的举动在当时有了不错的反响，从此军埔硬是凭借乡村式的人际关系，把握住了财富的钥匙，开启了独特的创业之路，成了广东省第一个"最美淘宝村"。

军埔村从零开始，在有了第一批网店后，网店的数量每年呈指数倍增长，如今月成交量破亿元，实现区域致富。笔者将对军埔服装创业历程分阶段进行整理，结合农民工的本质特性与现实基础，总结归纳出具有实践意义的农民工创业道路，为农民工创业在我国形成集群提出有现实价值的建议，满足能够帮助农民工实现有效脱贫的理论需求。

二、广东军埔服装农民工创业集群创业史

（一）穷山恶水，问题频出是军埔

在早期军埔村转型以前，军埔村还是一个经联社，下属于大寮村。由于不是政府直接干预管辖村内事务，财务混乱、土地归属混乱、干部贪污等问题应运而生，然而村委对此不闻不问，导致其威信尽失。久而久之，村民不服管教，村委名存实亡，军埔村成了揭阳79个问题村中的一员[①]。

在当时的军埔，最为发达和盛行的就是以加工饼干为主的食品加工业。当时有40多家饼干厂，可这种粗放型的小作坊工业模式极其容易受到市场的冲击，于是，军埔村面临产业衰落的问题，经济发展受到阻碍。

（二）推倒重来，星星之火的军埔服装电商

1. 打工人回乡，尝试开网店做老板

不管是中年的工薪族还是刚毕业的学生，抑或大字不识的农民工，都想着要逃离军埔村这个落后的地方。但是吃文化亏的农民工在外向来都不会一帆风顺。2008年，黄海金在外务工，由于广州的十三行房租较高难以承受，他毅然决然地带着同乡的农民工兄弟回到了军埔村。但人总要吃饭，没了工作的他在打工的时候也长了不少见识，于是在当时互联网还没有普及的军埔村做出了一个大胆的决定——开办网店。这时，军埔村的产业都是加工业和制造业，没人知道网店是什么概念。

黄海金的创业是把军埔村的传统产业完全推倒重来，凭着打工赚来的一点小钱作为本金，将村里的破旧厂房进行改造。让大部分村民都没有想到的是，黄海金的网店采取将实体店批发和网上营销相结合的经营模式居然在军埔村创造了令人羡慕的收益。这个消息在军埔村的"熟人圈"很快传开，服装批发走进军埔村的生活。

[①] 布谷鸟. 军埔淘宝村：一个赌约，几千万！[Z/OL]. https://www.sohu.com/a/133161288_652865, 2017-04-10/2022-01-22.

2. 有样学样，众村民步入服装批发创业道路

军埔村的村民都看到了黄海金的创业成果，但"阶层固化"的思想又禁锢了他们5年。虽说有了"第一个敢吃螃蟹"的人，但大部分村民和农民工还是选择稳扎稳打、脚踏实地打工。在2013年，初中毕业就在外务工的农民工许冰峰，放弃了每月一两千元的工资回到军埔村，看到淘宝店生意非常红火，就有样学样地开始了自己的服装批发创业之路。

许冰峰没有什么条件，就把自己家当作淘宝店的据点。在他的淘宝店里，客服是他的哥哥和弟弟，父母则负责给他"打下手"，在成堆的衣裤里找出对应的尺码进行打包装袋。一旦遇到不懂的地方或者不熟悉的领域，许冰峰就会向同村的黄海金或是黄伟鸿等人请教，再去解决问题。在得到了前辈们的帮助后，许冰峰的淘宝店创业也逐渐步入正轨。在他的眼里，军埔村的网店产业发展是他人生和命运的转折点。许冰峰说，在军埔村他的家庭条件并不好，而且家里欠下了一屁股的债，兄弟三人的衣食住行都非常简陋。但是在开始做网店生意之后，他们不仅还清了债务，生活水平也迎来了极大的改善。

开设淘宝店带来的改变终于被军埔村靠着每月两三千元工资过活的农民工们重视起来。

3. 外出者纷纷返乡，军埔服装批发逐渐壮大

同是2013年，看到村里人的淘宝店生意一片红火，许壮滨也从广州回到军埔村开起了淘宝店。许壮滨也属于早期进行电商创业的青年农民工之一，他的情况和许冰峰非常相似，应该说，像他们这样的贫困户在当时的军埔村并不少见。

同样是打工的农民工，没有资金，许壮滨只好在家中开设淘宝店，把车库当作仓库，自己做客服，做销售。在当时还没有形成激烈的竞争，但由于品牌专利、法律知识和电商创业经验的缺乏，许壮滨的服装淘宝店在起步阶段就遇到了困难。有一次，他在处理网上的订单的时候，突然收到了扣分警告。一脸蒙的许壮滨从没干过什么违背良心的事，他费尽千辛万苦才找到了原因，原来是他在淘宝店上挂的照片并不是自己拍的，而是从别人那里"偷"来的，对方因为"看不顺眼"而投诉了许壮滨。由于不懂这行的规矩，许壮滨只好忍气吞声地接受

处罚。

随着在军埔村开设淘宝店做服装批发的人越来越多，军埔服装批发的规模扩大，但是像许壮滨这样的情况时有发生。

（三）创业"长征"路，军埔历经的风雨

1. 不懂法不是不犯法，品牌成难题

有了黄海金成功创业的先例，在外务工的黄埔村农民工纷纷返乡，联合当地的农民或工厂向黄海金学习创业。然而，由于多数的创业者是学历较浅的农民工，其缺少一定的法律意识和品牌观念，完全模仿淘宝其他的电商进行经营。在一次采访中，许壮滨说："用了别人的图片，被投诉，导致封店、扣分，有很多的事情需要处理。"同村的许冰峰同样缺少品牌意识，在许壮滨的好心提醒下，才没有再给自己的产品贴上别人的商标，而是去注册了自己的品牌。像冒用盗用别人品牌的行为在创业初期的军埔村司空见惯，做出这样违法的行为不是村民们知法犯法，而是不知法才误入法律的误区。

2. 从业素质不高，做上了次品

在军埔服装这条产业链中，当成本一定时，产品的质量和数量呈负相关。当外部需求大于供给，为了提高生产规模和销售利润，产量的增加往往造成质量的降低。军埔村同期创业的谢晓迟因为忽略对包装的把控，导致销量有所下跌。部分店家以为，服装卖出去以后就和他无关，可是网络可以通过平台将客户的反馈直接呈现出来，体现为店家的口碑，使其营业透明化。如果因为质量被控差评的话，其口碑就会变差，该店销量和营业额会有所降低，让村民们吃了不少苦头。

3. 你追我赶的压价，谁也别想"好过"

军埔村作为一个村落，同乡间是一个传统中国农村社会的特殊社会网络关系圈，人与人之间信息交换频繁。2008年军埔村的黄海金作为"敢吃螃蟹的第一人"，放弃在外打工回到军埔村创立了当地的第一批网店。从2009年至2014年，军埔村从最初仅有的十多家实名注册的淘宝店增长至四千家淘宝店，每一年电商数量都呈现出几何倍数的增长①。而外部需求的增长速度滞后于供应的增长，导致行业内部形成压价等恶性竞争，营造了恶劣的营销环境。黄作宏曾经说过，食品市场的高需求与村里产品的低档次是最明显的矛盾，这直接导致了村里的产品在外没有市场。此外，同行同业间的恶性竞争行为在导致军埔村食品厂倒闭的原因中占据主要地位。

类似的恶性竞争也发生在服装产业。由于军埔村大量的创业者涌入服装生产批发的行业，又缺乏成文的行业规范，许壮滨与许冰峰等人早对同行恶意压价的行为感到头疼。黄作宏说，真正击垮军埔村淘宝产业发展的不是外界市场，而是村民们的恶性竞争行为。但是在这样一个没有规范的市场下，大家即使都知道其中的危害，却都只能硬着头皮地一次次打价格战。

4.要想"爆款"，就得"爆肝"

黄伟鸿说，做电商品牌最重要的，也是最核心的就是要做"爆款"，也就是做他们这个行业那就一定要紧跟潮流，甚至是走在潮流的前面。所谓"爆款"，就是在当时的潮流下比较受欢迎的款式。然而现如今潮流的更替非常迅速，一件"爆款"的产品周期往往只有几个月，甚至更短。"有时候，一个月要换两次风格，非常辛苦。"许壮滨说。对此，投入创业的黄伟鸿、许壮滨等人不得不日以继夜地设计新款式，参与培训，学习新的设计手段和技艺。在那个时期，黄伟鸿能够成功的原因之一便是对市场和潮流有着出色的判断和捕捉能力，尽管如此还是会有失手的时候。"有点像赌博。"黄伟鸿说。有时他自己满意的款式会堆砌在角落，而并不被自己看重的款式却会意外成为"爆款"而畅销。最让他印象深刻的是一件夹克，只不过是在旧款式的基础上对口袋稍做修改，却意外夺得了销量桂冠。

---

① 谢乔.广东揭阳军埔淘宝村的崛起——基于淘宝村创业者创业学习角度[J]中国集体经济，2019，（01）：23-24.

（三）改变，军埔新的开始

1. 青年创业者打响"改革第一枪"

早期创业受到打击的许壮滨并没有一蹶不振，他痛定思痛，决定全部推倒重来。因为学历约束，而他不具备有关知识，便报名参加电商培训，还向创业已经步入成熟的黄伟鸿等人学习创业经验，深入了解互联网，全部服装都由自己设计，不再去模仿别人，标签、标识全部按照国家的规定标准来做。"有了品牌，我们有了市场竞争力。"在改造后，许壮滨的淘宝店在军埔村做出了名声，他开始登录注册阿里巴巴，准备做批发商。为了提高产量的同时还能保证质量，黄伟鸿曾在工厂足足蹲守了一个月，把控每一个环节的制作工艺。甚至，还曾为了保证袖口线头不起球，自掏腰包增加了一道质检工序。谢晓迟为了能够将品牌做好做大，加大了包装方面的成本投入，早期的创业者都在以自己的方式突破创业上的障碍。

2. 先行者榜样引领村民少走弯路

军埔村的创业者大多从事同一个服装产业，相通点较多。当某一个刚起步的创业者遇到品牌纠纷、质量低下问题的时候，早一批创业者会积极地伸出援手。最初是黄海金，他将经验带给了年轻的黄伟鸿；然后是黄伟鸿，他会毫不吝啬地提醒后来加入的许壮滨在进行电商创业时应该注意哪些事项；许壮滨在稳住自己的脚跟后，又提醒许冰峰去注册自己的品牌。当前，军埔村越来越多的村民和返乡农民工都加入电商创业的行列，每个人都能得到"前辈"的帮助，在前辈的基础上把军埔服装业这条道路越走越宽。

3. 为创业者们保驾护航的"和事佬"老黄

黄作宏是黄伟鸿的父亲，他出身农民，自己开办了一家饼干厂，经营数十年。黄作宏在同黄伟鸿打赌输掉以后，心甘情愿地帮儿子"打起了工"，从前把饼干厂腾出一角用来放衣服，后来衣服占到一大半，到最后饼干被挤到一个角落。黄作宏现在非常支持黄伟鸿的创业，不仅如此，他还积极地帮助黄埔村的农民、农民工创业者们进行协调。揭阳市出台相关扶持政策，他及时向广大电商户宣传；村里宽带网络的落地工作，他牵头动员村民并义务奔走落实；他在规范电商产业发展以及帮助解决电商户遇到的各种问题的时候挺身而出，积极推动成立军埔村电商协会；外地客人来军埔村参观考察，他主动当起了讲解员……

在军埔村发展电商产业初期，随着大量网店扎堆出现，打价格战、仿造他人品牌、以次充好等问题频现，为此，黄作宏当起了"和事佬"，他不厌其烦走访多家网商大户，向广大商户述说恶性竞争的危害，并向他们说明可以采取打造独立品牌的解决思路，呼吁大家签署联名的有关反抄袭和规范竞争的倡议书。黄作宏等人的努力为这个时期军埔村的电商产业发展起到了保驾护航的作用。此外，为更好地帮助外来电商户解决场地问题，黄作宏还无偿把自己的老房子免费提供给他们开办网店。"正是有了老黄这样一群人的大力支持，军埔村的电商产业才能发展如此快速。"军埔村党的总支书记许文新对此是这样说道[1]。

黄作宏在军埔村当地有一定的名声和影响力。他是人大代表，为了规范军埔村服装电商创业，将军埔服装的品牌和名号推向全国，他义无反顾地加入整顿电商行业的队伍。

也是在黄作宏忙里忙外、走街串巷的努力下，军埔服装创业路上的一个个"死结"被逐渐解开，如果还有几个靠自己不能解开的"结"，再向政府求助。

4.政府积极引导军埔服装健康发展

在创业者们和黄作宏的努力下，军埔服装正向着一片光明的前途奔进。军埔服装创业集群逐渐形成，其在全国服装产业和市场上具有相当的影响力。为了将其打造成一个真正意义上国际化、面向世界的创业集群，能够带动地区经济发展，减少贫困人口，助力国家脱贫事业，揭阳市政府对此出台了系列的扶持政策，具体如下。

2009年9月8日，揭阳市政府发布《关于促进我市纺织服装产业发展的意见》，旨在加快产业聚集发展增强核心竞争能力，稳定和开拓国内外市场，促进产业健康发展，优化产业发展软环境。

---

[1] 蔡晓惠.当好"热心代表"擦亮电商名片——记市六届人大代表黄作宏[N].揭阳日报，2021-1-25（1）.

2011年5月30日发布《关于成立揭阳市国家纺织品服装产品质量监督检验中心（广州）揭阳服装产品分中心筹建领导小组的通知》，加强对当地包括军埔服装产业的质量把控，保证军埔服装在质量和口碑上达成统一的优质性。

2013年普宁国际服装城公开表示将在揭东区锡场镇军埔村以投放资金的方式，以1 000万元在此成立电商服务公司，揭阳市召开"电商第一村"建设推进工作会议，要求市直有关部门和各行业协会集中优势资源，全方位开展扶持工作，促进"电商第一村"的全面建设；同年11月，根据市政府主要领导的指示精神和市交通运输局的要求，为方便揭阳军埔电商村村民出行及促进商贸往来，市交通部门会同市公交公司，多次深入军埔村进行实地勘察，并结合公交车8路车的运营情况，同该村村委会共同商讨，最终确定了该路车在军埔村的行驶路线和班次。下一步还将进一步优化线路，完善相关配套设施，提升服务质量，助力军埔电商建设①。

在市委、市政府的帮助下，军埔村网络通信实现了光纤入户覆盖率百分之一百。在此基础上通过建设电商培训中心，开展覆盖全市辐射至周边地区的"全渗入式"的免费培训课程，帮助农民工和村民掌握技术，拥有自己开网店的能力。

2018年1月1日下午，揭阳市揭东区统计局和揭阳市揭东区锡场镇人民政府联合主办"揭阳军埔电商发布"启动，目的在于落实市委、市政府的揭阳电子商务发展"8610"计划和"一基地二大赛三工程"相关要求，通过项目实施，更好地宣传推广军埔服装等电商创业集群，扩大其综合影响力以提升揭阳军埔服装等电商核心竞争力。②

揭阳市电商办多次召开"一周一讲"活动，指导军埔服装电商创业集群进行精准营销，有效促进网店流量和成交量，推动揭阳军埔服装农民工创业集群的平

---

① 潘一兵.军埔电商村通公交车了 [N].揭阳日报，2013-11-10.

② 揭阳市揭东区统计局.揭东区举行军埔电商发布启动仪式 提升揭阳军埔核心竞争力 [EB/OL].http://www.jiedong.gov.cn/jyjdtjj/gkmlpt/content/0/369/post_369649.html#5373，2018-01-02/2022-01-23.

稳发展[1]。

如果前期的军埔服装依靠的是黄海金等农民工的实力和运气，一直壮大下去的军埔服装靠的一定是揭阳市政府的推波助澜，以及政府对于农民工无限创造力和可能性的信任。始于一人的机缘巧合，盛于政府的推波助澜。

（四）涅槃重生，焕然一新的军埔村

1. 创业者们富起来了

在得到揭阳市政府及有关部门的扶持后，军埔村的资本（资金、交通运输、知识技能等）实现了从无到有，从少到多的转变。在帮助前期以黄伟鸿、许冰峰等创业者的成果的同时，由于优渥的政策条件和区位优势，吸引大量军埔村在外务工的农民工返乡，携手当地的农民和厂商加入"互联网+服装"的以农民工为主导的创业集群。大幅提高了军埔村以家庭为单位的人均收入水平，改善了其生活水准。村民们的幸福感和获得感都得到了充分满足。

2. 搭上"高速"的军埔发展有多快

在得到多方扶持后的军埔村进入高速发展的新阶段，2013年7月，看到希望的揭阳市政府在揭东区成立创建"电商第一村"办公室。中国联通公司看准发展时机推波助澜，重点推进军埔村电子商务网络建设，以"中国联通全国电商第一村"的高标准进行规划和建设。军埔村的快速发展为其提供了更多的战略优势，同年在锡场镇成立了电子商务协会并且与义乌市青岩刘村缔结为"电子商务战略合作伙伴"。

在2013年12月，军埔村的村民早早地开始准备，在"双十一"购物节的延续——"双十二"购物节当天军埔村的家家户户灯火通明，村里车来车往拉着销往中国各地的服装，最终实现成交额1 000万元。这一优异的成绩给军埔村将军埔村带上了更大的舞台，为其提供了更多的机会，在12月27日，军埔村在首届中国"淘宝村"高峰论坛上被授予中国"淘宝村"称号，成为广东省首个荣获这一桂

---

[1] 揭阳市人民政府.军埔："一周一讲"精准化营销 [EB/OL]. http://www.jieyang.gov.cn/xwdt/qxbmdt/content/post_81628.html，2014-07-28/2022-01-18.

冠的村庄。

得此殊荣的军埔村继续保持着自己的优势，在2015年军埔村被评为"省电商示范基地"、2016年入选杭州G20"中国主题"宣传方案。2020年9月26日，揭阳市军埔村在第八届中国淘宝村高峰论坛上荣获"最美淘宝村"称号，是广东省唯一获此殊荣的乡村。

从2012年的第一批网店到2020年的"最美淘宝村"，军埔村在一次次的改革推进中走向国际。

3. 星星创业之火，终于集群燎原

出生于1993年的农民工许冰峰已经在线上开了3家阿里巴巴、3家拼多多、4家淘宝店，线下有3个档口，生活得到了极大改善。

在这之后，军埔村的电商户达到400多户，涵盖大约2000人。合计开设网店5000多家，直接或间接帮助农民工及周边村民就业10万余人，培育出周边网店3万多家。

军埔服装业已经由一个个相对独立的淘宝店发展为一个趋向统一的创业集群。最早一批创业者中的黄伟鸿、杨鹏佳、黄鸿旭和许锐东，为了实现更高的效率和经济效益，单干的四人决定合作，开创了"YES潮"服饰，产业规模和产值都得到扩大。之后许壮滨和许冰峰等十余人的产业产值相继得到提高，几人的创业行为在当地形成了初步的创业集群。广东揭阳的军埔服装创业集群在定义上属于农民工创业集群。许壮滨等人的电商创业历程，也反映了军埔电商发展的历程。2014年"双十一"当天，军埔村的淘宝业务交易额达5 000万元，全年交易额更是高达16.8亿元。在最近及几年，军埔村有逾80%的家庭从事电商活动，根据已有数据统计有网店1万余家，实体网批店500多家，在2019年交易额达到了100亿元。军埔村的影响辐射到周边10千米的范围20多个村，帮助群众参与就业超过40万人，形成了大范围的军埔服装创业集群。现阶段，军埔村已有6家常驻快递公司，而周边地区则建有7家快递公司的分拨中心。据不完全数据统计，这一创业集群每日发出约50万件快递订单。国家邮政局于2020年7月发布了2020年上半年邮政行业运行情况，揭阳市快递业务量排名全国第七位，和省会城市广州市并列为"中国快递示范城市"①。每一个惊人的数据都在指向一个事实——军埔服装农民工创业集群已经完全形成且成熟。

（五）成熟的军埔——新问题，新展望，新方向

1. 库存积压风险大

军埔服装可以说在国内行业内无人不知，但也仅限于国内。当国内需求饱和的时候，行业发展就会受到阻碍。军埔服装以批发为主，其庞大的产量很容易造成市场"膨胀"，造成商品积压、滞销，给厂商和经销商都造成亏损，这成为军埔服装的一大难题。

2. 为了军埔，创业者们心系远方

哪怕是已经取得了成功（揭阳市军埔村的服装创业集群年销售额已经过亿元，实现全村脱贫），军埔村在国内的市场也已经有了一席之地，成熟的创业集群也已经形成，然而这些对于早期的创业者——黄伟鸿、许壮滨等人来说还是不够的。他们还是会时常对自己产品的质量亲自进行监督和审查，绝不偷工减料，依照黄伟鸿父亲黄作宏的话来讲"诚信经营是非常重要的"。对国内行情也会去关注把控，投身于产业的每一个环节。"YES潮"服饰聘请了10名同村的青年，如果让他们想要自己创业开店的话也能够得到老板的支持。"大家一起把蛋糕做大，对我也是好事。"黄伟鸿说。对于他们来说，能够看到始于自己的这个创业集群不断壮大，走向全国，乃至走向世界，可能就是最幸福的事情。

2. 政府助力，走向国际市场

为了响应国家政策构造"一核一带一区"和"打造世界级沿海产业带"，揭阳市将利用本市优势，必须坚定不移地秉承科学发展观，牢记深化习近平总书记"绿水青山就是金山银山"的发展观念，并且稳固强化传统产业的优势，以服饰产业集群为例，征求推进"个转企、小升规、规进高、高上市、创品牌、提存

---

① 揭阳市揭东区人民政府. 揭东这个淘宝村厉害了！这项产业带动揭东电商经济加快发展~[EB/OL]. http://www.jiedong.gov.cn/zwgk/zwdt/jddt/content/post_486378.html，2020-10-10/2022-01-26.

量"。以提高企业技术手段以及产品产出质量为中心推动产业升级。在创业集群的产业中选取1～2家重点企业进行扶持，培育龙头企业，带动中小型企业发展，推动创业集群的升级，培育高质量品牌。支持企业多元化布局国内外市场，鼓励企业发挥广交会等平台作用，开展揭货展销活动。到2022年，计划每年培育"小升规"企业至少100家以上，"个转企"企业至少300家以上①。

既然国内没有足够大的市场留给军埔，那就要把目标放到国外。军埔服装正在努力将自己打造成一个跨国创业集群，为了达到以上目标，揭阳市主要采取两项措施：一是打造产业发展平台；二是加强引领产业发展。

三、军埔服装农民工创业集群的经验及启示

（一）利用好人际关系网

揭阳军埔服装农民工创业集群充分利用了其所具备的人际关系网（社会资源）。揭阳军埔服装农民工创业集群是以农民工为主体的创业集群，明显缺乏社会资源中的物力、财力。军埔村早期的创业集群以家庭为单位，在家中经营小规模的电商淘宝店，对场地空间的要求较低，纵观其发展全过程，起到关键作用的是社会关系。

美国社会学家格兰诺维特提出，"强关系网络"和"弱关系网络"二者可用于划分个人的人际关系网。强关系网络指人们与同质性较强的个体交往，在情感上有紧密联系，例如血缘亲戚间的联系；而弱关系网络则表现为人们与异质性较强的个体交往，关系不够紧密，例如政府、企业之间的关系②。

---

①　广东省人民政府.主题：打造世界级沿海产业带 [EB/OL]. http://www.gd.gov.cn/hdjl/zxft/wqft/dsft/2020/content/post_3252855.html，2017-04-10/2022-02-01.

②　林南.社会资本：关于社会结构与行动的理论 [M]. 上海人民出版社，2005-02.

表3　军埔服装农民工创业集群创业中的典型强弱关系

人员	事件	关系类型	依据
黄伟鸿	向黄作宏借钱	强关系	血缘
许壮滨、许冰峰	向黄伟鸿学习创业	强关系	同村近邻
黄作宏	召集签署"倡议书"	强关系	在当地具有威信、声誉
军埔村	接受政府政策扶持	弱关系	政府对民众，客观性强
军埔村	和外企联合形成集群	弱关系	依靠共同利益维系

（资料来源：作者根据公开资料搜集整理。）

在军埔服装创业集群发展初期，以黄伟鸿为例，他向父亲黄作宏借钱作为创业的启动资金。黄伟鸿与黄作宏之间是父子关系，为典型的强关系。在理性层面，黄作宏认为黄伟鸿的创业存在风险不愿借钱投资；在感性层面，即强关系中的情感联系发挥作用，让黄作宏愿意借钱给黄伟鸿"试一试"。再看许壮滨和许冰峰的创业过程，其中先创业的黄伟鸿和黄海金帮了不少忙，作为"同行"，他们之间应当属于竞争关系，同样是出于强关系中的情感联系作用，让他们能在竞争中还愿意出手帮助对方（不考虑对自己的创业是否会产生阻碍，社会上的企业竞争多以能获得最大的自身利益进行合作）。在军埔服装陷入抄袭风波的时候，黄作宏以身作则站了出来，挨家挨户地签署倡议书，最终才稳住了军埔服装的发展。黄作宏在人口仅千人的军埔村中拥有声望和威信，在当地人眼中是"大哥"，创业者们能够被"签署倡议书"这种手段约束自己的创业行为，依靠的就是社会关系中的强关系。可以看出，强关系理论贯穿军埔服装创业集群的整个起步阶段，直至揭阳市政府开始干预。

这时军埔服装创业集群初具规模，政府也看到了希望决定扶持投资。政府对创业集群的投资形成的扶持关系是一种弱关系。政府和军埔服装创业集群的创业者们几乎没有血缘关系，也不属于同乡的亲戚朋友，是靠投资和产出当中的利益维系关系（双方都能够获得利益的合作共赢）。政府出台的政策，开办举行的活动和项目建设，全都是基于能够从中获得效益的前提下采取的行动。

在军埔服装创业集群发展到成熟，靠情感维系的强关系作用影响开始衰弱，其规范作用渐渐消失，对创业集群的限制作用逐渐明显。在这个阶段，要想继续发展、拓展创业集群的规模，必须建立广泛的弱关系（企业与企业、企业和政府、集群与集群等）。

（二）充分发挥农村的集群优势

军埔服装发展状况良好的优势体现在品牌效应、提高产能、降低成本、完善基建等方面。揭阳军埔的服装的突出优势是其批发价格低，主要是因为当地形成了一条完整的产业链，早期服装的设计由创业者自己设计，或是邀请同村的人协助设计，可以避免聘请高薪人员参与设计；服装的生产在自家车库或是当地厂房改造的基地中生产，军埔服装多做服装的批发和销售，生产的产品相近，可以共享集群带来的基础设施；最后又有创业者自己负责在网店进行宣传销售，实现生产销售一体化，节省了中间商的转差成本。军埔服装集群中快递业务发达，由于集群村民的商品可以同时运输，最大限度将运输成本进一步降低，最后的优势反应在销售价格低廉，提升了该创业集群的市场竞争力，使军埔服装业在行业内突出重围。

集群的产生和发展存在合作与竞争，良性合作可以推动集群内部的基础设施建设，共享设施，有效降低集群的运作成本。广东揭阳军埔服装创业集群是一个专业性产业集体，从事专门的服装制造和批发产业，在影响范围内具有主导作用。在创业集群的形成后期，军埔服装创业集群中存在部分"从生产到销售"于一体的完整的产业链，以家庭为单位，每一个车间都是一个服装的生产基地，同时还是一个销售点和批发点，生产效率高，并且引起质检部门关注，使质量更有保障。申通、中通等快递企业入驻，提高商品运输效率，降低运输成本，容易打造具有影响力的优质品牌，利用品牌效应，增提升军埔服装的综合竞争力和市场占有率。

（三）灵活多变，学会多产业交叉结合

2019年揭阳市实现地区生产总值2 101.77亿元，其中第一产业增加值186.62亿元，位列于次要增值比重的第二产业增加值818.89亿元，占据主导增值比重的第三产业增加值1 096.26亿元。三次产业结构比重为9∶39∶52。

揭阳军埔村在发展服装零售产业的时候，第二产业制造业和第三产业零售与批发产业紧密结合，真正做到前厂后店，集生产和销售于一体，减少创业成本，提升产业效率，培养创业竞争优势。在创业集群形成的过程中，可以充分利用产业分布和发展优势，有效利用区域优势产业，结合单个或多个次优产业进行全方面的综合交叉发展。

（四）快速反馈市场需求

揭阳军埔村的服装电商是典型的"前厂后店"销售模式，能够最及时地对市场一线的动态情况进行反馈，看准市场的动向。早期军埔服装以内销（国内批发销售）为主，销售路径单一，由于"互联网+"模式的影响，军埔发展开始与国际接轨，发展外销（向国外批发销售），拓宽销售路径和范围，提升自己的市场竞争力。关注市场风向，对产品做出及时的更新和改变，以适应产品受众的消费需求。

（五）启示

一个创业集群的形成在前期以依靠地理资源、区位优势和社会强关系为主。创业本身存在风险，政府、企业等社会弱关系依据现实情况决定是否投资合作，当收益低于投资带来的风险，社会弱关系就难以发挥作用。社会弱关系会在更大程度上受到社会条件的制约，强关系则受到的是情感上的影响。在基础相对比较薄弱的情况下，强关系相较于弱关系所能发挥的作用更加明显。在中后期，创业集群的成熟扩大必须依靠社会弱关系的建设，社会弱关系给创业集群提供更多的资源和发展的空间。值得关注的一点是社会资本的积累：集群内部的文化、奖励机制等会影响集群内部的社会资本积累，即集群的外在形象、履行社会责任、集群能力会影响集群外部的社会资本积累。欲快速积累集群的社会资本可以重点从以上提到的几个方面入手。

四、小结

军埔服装业是典型的农民工创业集群成功案例，向我们展现了农民工如何脱贫致富、摆脱阶级禁锢。军埔服装的早期创业者充分利用农村人际关系网，真正掌握"先富带后富"，在不断扩大创业集群规模的同时，严行改革，把握集群发展方向，成为农民工形成创业集群可学习对象。但是军埔服装业在当前阶段的发展仍然存在问题，创业人员素质有待提高，农民工群体对法律知识缺乏，业务能力较弱；产业内部发展水平存在较大的差距，容易加深产业矛盾。"互联网+"时代依托于互联网交流，农村人际关系网——"熟悉网"的优势影响逐渐变小，得不到充分体现。为农民工有能力维持集群发展，军埔村委或揭阳政府相关单位可以开展普法教育，通过提供法律援助等途径帮助农民工进行电商行为的创业。通过兼并、整合分散在产业内部的弱势落后个体，制定统一规范进行引导，降低产业内耗。当今市场强关系的作用不断削弱，在以弱关系为主导的市场经济下，农民工该如何维持创业集群的发展，以及政府在其中扮演怎样的角色，依旧值得思考。

安溪铁艺家具农民工创业集群

宁波大学　周俐甸

一、引言

铁艺家具是指经过艺术化加工的以金属元素为主要部件或特殊装饰，与其他非金属元素相结合的一类家具类型。广义上来讲铁艺家具是指为满足人们生产实践所必不可少的一类器具，而狭义的铁艺家具则指向在社会生活中满足人们较高层次生活质量所需的一类器具。

自改革开放以来，安溪的家具产业由其传统的较为柔软的竹编家具以及藤编家具渐渐转变为流行的较为坚硬的铁艺家具，但他们并没有完全革除竹藤编织工艺，而是将竹藤编制工艺融合到铁艺家具的生产中，从而产生了以藤铁工艺为主要制作工艺的铁艺家具。

与单纯的竹藤编织家具相比，藤铁家具的可塑性及耐用性较高，金属元素的加入使得原先的竹藤编织家具突破了造型和颜色的局限，让家具具有更高的观赏性与艺术性。阿里统计研究数据显示，安溪铁艺家具近一年的线上交易规模已经超过200亿元，占全国铁艺家具交易的90%，远超其他铁艺家具产业集群，颇有一骑绝尘之态。更令人惊讶的是，如此交易庞大的一个铁艺家具生产基地之中，具有大规模独立生产能力的厂家却很少，大部分工厂都是由安溪本地的农民工三五个人合作独立创业的小工厂。那么，安溪的铁艺家具产业是怎样产生的，又是如何发展成如今这般规模的？让我们一探究竟。

二、安溪铁艺家具创业集群的创业史

（一）藤铁工艺初兴起

1.冶铁传统历史悠久

根据历史记载，早在宋元年间，安溪的冶铁行业便已在全国范围内小有名气，宋应星在《天工开物》一书中曾写道，当时全国的冶铁行业分布可以用"西北甘肃、东南泉郡，皆锭铁之薮也"这一句话概括，而安溪就是当时泉州境内最大的铁矿开采与冶炼之地。北京大学考古文博学院考古团队的调查研究，也印证了安溪早在宋元年间便已有集中冶铁的记录，有安溪县尚卿村较为年长的村民口述，传说此地曾经遍布冶铁窑炉，围绕着尚卿村的后山上，更是遗留着许多不知何时便已被开凿过的古代矿井。安溪县得天独厚的自然矿产条件，便注定了其在冶铁上的非凡成就，"铁矿石是从四周近山开采出来，且有不少露天矿，容易开采，运输路程近的燃料有山林，就近采伐烟火弥天铁流滚滚，这就是当年青阳铁场的景象。"[①]这般丰富的矿产资源，是安溪藤铁工艺诞生的一个重要基础。

2.编织技艺千年传承

安溪的竹藤编织技艺历史悠久，早在五代十国时期，《安溪县志》《五代初建安溪县记》中便已有关于安溪竹藤编织器具的相关记录。唐朝末期安溪的竹藤编织才真正流传开来，宋元年间，安溪的竹藤编在唐朝末年的基础上，渐渐普及，竹藤编的农具、茶具、生活用具也渐渐出现在大众视线。随着安溪竹藤编的不断发展，安溪县中从事竹藤编的手艺人也渐渐多了起来，工艺水平也得到了较大的提升。

晚清至民国时期，安溪竹藤编更是成了许多家庭中家庭副业的首选，有着较好的市场与发展前景。直至20世纪70年代，安溪的尚卿公社先后创办了竹编车间、竹编工艺厂等来支持安溪竹藤编技艺的发展。至此，安溪的竹藤编织技艺算是达到了一个较为圆满的地步。

---

① 叶清琳.《安溪文博留墨》[M].福建：福建人民出版社.2011.

安溪完善的竹藤编织技术，为藤铁工艺的产生奠定了重要的工艺基础，也进一步推动了藤铁技艺的产生。

3.藤铁工艺的产生与传播

虽然现在的安溪县为了保护环境而缩减冶铁产业，但传承了千年之久的冶铁技术和在安溪家喻户晓的竹编技艺并没有在这历史的长河中被湮没。在此，不得不向大家介绍一位安溪名人——陈清河。一提起陈清河，知道的人对他印象最深的应该是他是一名竹藤编织技艺的传承者，但他发明了藤铁技艺，将藤艺与铁艺相结合的事迹却鲜有人知。20世纪70年代，陈清河于厦门工艺美术学校毕业后，回到老家安溪，专门生产热水瓶竹壳，当时没人能想到，后来这竟然成了一个全新产业的起点。后来几年，陈清河致力于开拓研究，不断完善技艺，提高竹藤编的实用性和艺术性。直到上世纪九十年带初，一个"用藤皮藤芯编织成篮身，以钢筋为把手，铁线环绕把手化为葡萄藤，铁皮剪成葡萄叶，钢珠焊成葡萄串，继而彩绘着色，栩栩如生。"[①]的"葡萄篮"出现在了那一年的广交会上，"藤铁工艺"就此享誉中外。

这一"葡萄篮"在广交会上的出现，使得初创的"藤铁工艺"一下子便走进了欧美等国际消费者的眼中，更是在我国的沿海省市中广受追捧，自那以后，广交会甚至特地为此设置了"藤铁工艺"的专门展区，为宣传销售藤铁工艺品提供更好的环境。

（二）铁艺家具正当时

安溪的藤铁技艺在全球都可谓是独树一帜，安溪县更是先后有了"中国藤铁工艺之乡""世界藤铁工艺之都"等荣誉。最初的藤铁工艺品"葡萄篮"首次出现在1991年广交会上，便在国外引起了轩然大波，安溪的藤铁技艺也深受外国人的追捧，安溪人更是从中看到了商机，开始了铁艺家具的生产销售，由于铁艺家具制作学历要求低且竞争压力小，让许多当地的农民工都闻风而动，拖家带口加

---

① 赖珊珊 曾世彬 . 你好！我是"世界藤铁工艺之都"——安溪 . [DB/OL]. 你好！我是"世界藤铁工艺之都"——安溪 _ 陈清河（sohu.com）.2019-08-27/2022-02-17.

入了铁艺家具生产制作的行列之中。最初在安溪完成加工的铁艺用品大多都会被销往国外,后来,随着电商平台的崛起以及在安溪电商平台和货运交通的逐渐完善,一批年轻的安溪小伙子便开始将这些铁艺家具通过电商平台在全国范围内进行销售。这时安溪的铁艺家具制造才算是内外兼通。再后来藤铁工艺越来越受到国内消费者的追捧,安溪县的人们就开始研究更多的藤艺与铁艺的结合,在以往的竹藤编家具中加入铁艺元素,将藤艺与铁艺融合于家具之中,成就了安溪县非同一般的铁艺家具产业。在此,我们引出一位靠铁艺发家的传奇人物——吴辉扬,用吴辉扬的话来说,由于他的文化水平不高,他在经营淘宝电商之前做过工资最高的工作就是焊工。2006年,吴辉扬投资失败,欠下了高达386万元的债务,这在当时简直就是一个天文数字,所以他只好先跑路。为了还债,他去做焊工,又去厦门机场开过垃圾车,又去开拉集装箱的牵引车。但尽管他夜以继日地工作,他依旧觉得无法将债务还清。直到2010年,吴辉扬知道自己的表兄弟在淘宝上卖铁艺家具小赚一笔时,便决定回家向表兄弟学习,打算自己开一个铁艺家具售卖的店。他先是在表兄弟的店里边一边帮忙一边学习他们的技术,直到他认为自己已经掌握了经营淘宝店铺的方法之后,才开始独立经营一家淘宝店铺。最终,他依靠售卖铁艺家具还清了贷款,并表示不可思议。

吴辉扬在独立经营自己的网店并依靠卖藤铁工艺品成功赚到"第一桶金"之后,便将眼光放至全世界,在那时,他就发现安溪马赛克市场在国外已经有了十几年的历史了,非常成熟,而国内的马赛克市场却可以说是一片空白。发现这个家具市场的经营漏洞之后,吴辉扬便决定对自己的淘宝店铺进行转型,将国外热门的马赛克桌椅与安溪特有的藤铁工艺相结合,做起了马赛克藤铁桌椅。最初他表示:"我印象最深刻的是一个比较挑剔的客户,他对我们款式不太满意,要求我们去做了一些改进前后改动了半个多月,自己贴了1 000多块才卖他500块。"乍一听,好像吴辉扬自己还亏了不少,但出人意料的是,这被顾客来回刁难的马赛克产品一放到网上进行销售,便成了吴辉扬店里的爆款,直到现在。2015年时,吴辉扬还清了所有债务。后来吴辉扬还在自己的淘宝店铺里发表寻人启事,希望找到当年那位"刁钻"的客户,更是因为这寻人启事上了微博热搜,这位

"刁钻"客户可谓是吴辉扬淘宝店铺转型经营成功路上的强大助力。正是因为吴辉扬对顾客要求的注重，以及对产品坚持不懈的研究与改善，其淘宝店才有了转机，真正扭亏为盈，生意蒸蒸日上现在，吴辉杨在马赛克藤铁家具市场上早已"功成名就"。他面对采访者曾自信地说："现在马赛克（桌椅）网上的店铺，所有的链接都是我在卖的。整个网络上（马赛克桌椅）市场几乎都是我的。"正是吴辉扬及其团队对产品质量的不懈追求，对潮流时尚的关注追随，才让他在短短几年之内便扭亏为盈，还清巨额贷款甚至开上了百万豪车。

像吴辉扬这般依靠铁艺家具加工实现发家致富的人在安溪县并不算少数，即便安溪县早已放弃了冶铁工业，但是从千年以前便流传下来的冶铁铸铁技术却并没有随之消失在安溪县的经济发展之中。安溪具有较为完善的铸铁技术，安溪的铁艺制作产业链也非常完整，这意味着安溪可以在本地进行从原材料到消费品的制作而不依靠其他地区，这也大大地提高了他们铁艺家具制作的效率，降低了中间环节存及储运输的成本。安溪并没有大规模的工厂，更多的是以家庭为单位的小作坊，每一个小作坊都只负责家具生产的一个小部件。通过邻里间的合作、分工式的生产，使得生产加工在保持较快的速度的同时，更加灵活多变，可以更好地适应互联网的需求，这是安溪铁艺家具生产所特有的，是我国境内其他铁艺家具生产基地都难以相提并论的。安溪依靠铁艺家具制作而发财的人渐渐多了起来，大家发现在家靠铁艺也能赚钱，于是越来越多的安溪人也渐渐加入了这一行业，这让铁艺家具制作在安溪愈来愈受欢迎，铁艺家具也成了安溪除茶叶以外的特色支柱产业，对安溪的经济发展起着重要作用。"据不完全统计，尚卿乡各类藤铁家居工艺企业近千家，各类加工点2 000多个，从业人员2万多人，各类工艺品网店上万家。"①淘宝的数据更是显示，安溪铁艺家具近一年的销售额达到200亿元，占有了超过90%的中国铁艺市场。

---

① 子莹．"十八线"村庄成外省人口流入地 安溪铁艺家具天猫618增速第一[DB/OL]．"十八线"村庄成外省人口流入地 安溪铁艺家具天猫618增速第一——天猫——快科技（驱动之家旗下媒体）——科技改变未来（mydrivers.com）.2021-06-16/2022-2/17.

（三）政策支持少不了

近20年来安溪铁艺家具产业的快速发展，离不开安溪县政府的大力支持，安溪县政府为了扶持安溪铁艺家具产业的发展，先后推出了一系列的扶持政策（见表4）。

表4　安溪县政府对于藤铁家具产业的政策支持

时间（年）	政府措施
2002	安溪获得"中国藤铁工艺之乡"称号，安溪县政府工作报告中指出要千方百计扩大出口，这为安溪铁艺家具的销售提供了更为广阔的途径。
2003—2004	在安溪县的政府工作报告中指出，安溪要依靠"工业强县"而铁艺家具的生产与制作作为安溪的特色工业，得到了安溪县人民政府的大力支持。为此，安溪县人民政府出台了《关于扶持茶叶、藤铁、服装鞋帽企业做大做强出口创汇的奖励办法》这一激励政策，鼓励更多的人投身于藤铁铁艺家具产业之中。
2005	安溪县人民政府主张突出产业聚集，规划建设藤铁工艺的专业加工区，旨在提高其藤铁工艺产业的整体竞争力。在经济体制方面，安溪县人民政府决定放手发展民营经济，努力将"安溪人资本"转化为"安溪资本"，这在一定程度上放宽了个体户对铁艺家具制作经营的局限，推动了更多的安溪人投身于铁艺家具产业。"工业强县"依旧是安溪加速发展的基本策略。
2006	安溪县政府致力于产业升级与调整，"以茶业、工艺业、建材冶炼业三大特色产业为重点，从延伸配套、整合提升、品牌发展、自主创新四方面入手，着力推动产业转型升级，形成规模效应，提高市场竞争力。" 为铁艺家具行业的发展提供了良好的经营环境。
2007—2009	安溪县致力于紧抓新型工业，通过强化政策支持和推动产业升级的措施，为铁艺家具产业营造了良好的经营环境，藤铁工艺的发扬壮大更是大幅提高了铁艺家具的艺术性与观赏性。
2010—2011	安溪县人民政府围绕第三产业发展，着力提升物流行业在安溪的发展，致力于实现货运物流在安溪的全覆盖，这对安溪铁艺家具走向全国乃至全世界都有着巨大的影响。

续表

时间（年）	政府措施
2012—2015	安溪县对接电商发展，大力支持电商经营，着力建设"淘宝村"这让铁艺家具直接销往全国各地成为可能，通过支持电商发展，组织建设"淘宝村"，安溪县的许多村都实现了脱贫致富，摘掉了贫困村的帽子。在这一年，安溪县人民政府坚持"扶强龙头，助力小微，帮扶企业发展壮大"的政策方针，成功举办了首届中国（安溪）家居工艺文化博览会，突出了安溪铁艺家具制作在全国范围内的重要地位。安溪县政府坚持帮扶小微企业发展，支持创新商业模式，"继续做好'淘宝镇''淘宝村'和茶多网、弘桥智谷等项目服务。鼓励茶业、家居工艺企业做好电商文章，大力支持跨境电商加快发展"，为铁艺家具在网上的快速发展提供了强有力的政策支撑。
2016—2021	安溪政府成功组织举办了两届中国（安溪）家居工艺文化博览会，努力打造中国淘宝镇、淘宝村，推进竹编制作技艺列入国家级非物质文化遗产名录，加快家居工艺产业与文化创意结合，努力建设家居工艺文化产业园、尚卿藤云文创园建设，加快"世界藤铁工艺之都"申报进程，加大对文化创意大师培育、品牌建设以及市场拓展的力度，启动"藤铁工艺之都品牌中国行"，争创"互联网+家居工艺"省级链条化试点项目，加强政策支持，推动工业企业"退城入园"改造提升，促进产业集聚、产城融合。依托"藤铁工艺之都品牌中国行"，支持企业组团展销推介，打响安溪藤铁工艺品牌；加快藤云工艺园、云鹤电商产业园、家居工艺文化创意园、创意基地、码雅文化园等建设；持续用好电商赋能、扩大内销等手段，提升行业市场竞争力。

（资料来源：作者根据公开资料整理。）

近年来，安溪县人民政府还多次举办与家居、藤铁技艺有关的博览会，进一步开拓了安溪铁艺家具的销售领域，同时加大宣传力度，让安溪的铁艺家具被更多的人欣赏，安溪政府通过大力支持电商行业在安溪的发展，拓宽了安溪铁艺家具在网络上的销售途径，降低了因运输存储等因素所导致的高成本。通过电商模式经营，顾客与厂家的沟通也变得更加顺畅，减少中间商赚差价，实现了安溪与电商行业的互惠互利。

（四）站上互联网的风口

聊到网络销售，不得不再提一次吴辉扬，他创业之初便选择在淘宝上开网店，更是依靠淘宝创业，还清了300多万贷款。那么，电商究竟有什么好处？

它的优势又在哪里呢？让我们进一步了解电商对安溪铁艺家具行业发展的推动作用。

电子商务与传统商务方式相比，具有反应迅速、成本低廉、效率较高等特点，电子商务的出现促进了企业内外信息的沟通，打破了企业内外信息沟通不流畅的沟通壁垒，突破了原有传统商务方式中交易的时间与空间的局限，有效地提高了企业管理的能力和运营效率，降低了企业运营成本，有利于企业提高市场竞争力并扩大行业影响力，更加贴近消费者，是连接企业与消费者之间的沟通桥梁，在为消费者提供更多更灵活的选择权的同时，也让企业能够更多更快地接收到消费者对该企业产品的意见和建议。"电商如此下沉到村里，为解决村里最后一公里问题，安溪在2018年一年内建立300个物流站点。"尚卿乡副乡长阮学敏在记者采访时曾说过。

藤铁技艺始于安溪尚卿乡，铁艺家具产业也在尚卿乡的带领下渐渐成为安溪第二大特色产业。"如今在尚卿，过去的竹编工艺厂已改建为藤铁工艺博物馆，而厂里原来的工人不少不断成长，实现了转型，有的成了企业家，有的成为电商。产自尚卿的藤铁工艺产品，早已从原来单一的竹编、藤编，发展到铁、藤、木、金属、陶瓷、树脂等二十多个品种。不仅如此，尚卿目前已有各类藤铁家居工艺企业近千家，各类加工点2000多个，从业人员2万多人，已形成从产品设计、模具加工、铁艺生产、木材制作、防锈喷漆、抛光打磨到电商营销、包装物流等完整的产业链条。"①

安溪人坚持走可持续发展道路，紧跟时代的潮流，在电商行业初入安溪之时便带着铁艺家具涌入其中，随着电子商务这一销售模式的兴起，安溪的铁艺家具行业也迎来了新气象。电子商务的到来拓宽了安溪人民的创业思路，人们发现，仅靠一根网线、一台电脑，再加上一颗肯吃苦耐劳的决心，在家也能赚到钱，其中，吴辉扬便是一个很好的例子，他欠债的前几年走南闯北所赚来的钱也不如后

---

① 陈士奇，章丽香，刘伯怡.安溪尚卿：千年炉火炼就"藤铁第一乡".[J/OL]泉州.安溪尚卿：千年炉火炼就"藤铁第一乡"——泉州网 | 泉州晚报社 泉州新闻门户网站（qzwb.com）.2021-04-21/2022-02-17.

来他回家后经营淘宝店铺盈利后一年的所得。

像吴辉扬一样的电商经营模式其实早在2009年便已在安溪县崭露头角，随后，这种网络销售藤铁工艺品、铁艺家具产品的模式如雨后春笋般冒出，欣欣向荣。"从2009年开始，仅在短短几年间，灶美村就有308户人家陆续开了1150个网店，灶美村也在2013年被评为全国首批'淘宝村'，而尚卿亦在之后被评为全国首批19个'中国淘宝镇'之一。"①尚卿乡更是有"家家户户都出电"即家家户户都从事电子商务行业的说法。

相关统计数据显示，安溪县现有相关工艺企业两千多家，其中大中规模企业74家，现有相关加工点三千多个，直接从事藤铁工艺业的人数约占总人数的12.5%，而受益于藤铁工艺行业的人数占安溪人口总量的33.3%。

到现在为止，安溪县总计有36个淘宝村、7万多人从事电商、百余家企业的网络销售总额超过500万元。其中，安溪铁艺家具近一年交易规模更是高达200亿元，收割了全国近90%的用户对铁艺家具需求。

三、经验及启示

（一）继承传统，推陈出新

在了解安溪铁艺家具农民工创业集群时，笔者了解到，竹藤编技术是安溪人自古传承下来的古老技艺，对于生长在安溪这片土地上的安溪人有着特殊的意义，早在千年前，竹藤编便已走到了安溪人的身边，陪伴着他们走过了上千年的风光岁月。在这近千年的岁月里，安溪人创造竹藤编、利用竹藤编、发展竹藤编更是完善竹藤编的技术。在便利了他们的生活的同时也为他们带来了生计。

后来，随着冶铁业的兴起，安溪一带发现了数量巨大的铁矿，其中更是不乏直接暴露在空气中的天然露天矿，随着冶铁技术的渐渐发展，安溪的铁矿也派上了用场，安溪更是一度成为中国古代的冶铁中心，更是有"西北甘肃、东南泉

---

① 陈士奇，章丽香，刘伯怡.安溪尚卿：千年炉火炼就"藤铁第一乡".[J/OL]泉州.安溪尚卿：千年炉火炼就"藤铁第一乡"——泉州网 | 泉州晚报社 泉州新闻门户网站（qzwb.com）.2021-04-21/2022-02-17.

郡，皆锭铁之薮也"之说，这无不显示着安溪曾经冶铁业的辉煌壮大，即便现在安溪冶铁行业并没有当初那般如火如荼，但自古传承下来的属于安溪人的冶铁炼铁技术并没有因此而失传，而是以铁艺这一种脱离了生存而更加趋于艺术的方式留在了安溪人的身边，代代相传，不断发展完善。

陈清河将铁艺与藤艺相互结合，创造出了全新的藤铁技艺，在广交会上博得了消费者的眼球，藤铁工艺品也由传统外贸途径销往海外。

（二）营销手段的创新

随着电商行业以及货运物流在安溪的发展完善，安溪人也开始将安溪的铁艺家具由传统外贸转向国内国外兼顾，依靠完善的电商网络平台和货运物流网络，克服了交通上的不便利将安溪的铁艺家具销往全国各地，成功实现了营销手段的创新转型。

（三）不甘人下的创业精神

"诈骗之乡"这个名头伴随了安溪不少时光，但从诈骗这一事件上，我们也看出了安溪人对过上富裕生活、脱离打工生活的热切希望以及安溪人不甘人后的精神。这种精神引导到铁艺经营的正道之上，迸发出不竭的创业精神，他们不惧网店经营的艰辛，虽然没有很高的文化水平，但是都在努力做好自己的事，坚持将网店经营下去。这才让安溪铁艺家具在快速变化的互联网世界占有了一席之地。

（四）抱团互助的地方文化

当陈清河发明出藤铁技艺时，并没有独占这一创意，而是与大家一起分享、相互沟通、交流学习，就是这样安溪藤铁工艺品才能够大量生产。同时，安溪以分工式的加工合作方式生产铁艺家具，无形中增加了厂家与厂家之间的沟通。此外，还可以带动自己身边的亲朋好友一起创业就业，抱团取暖、互帮互助。

四、小结

本文就安溪铁艺家具市场的发展展开分析，了解到安溪竹藤编技艺的历史悠久，伴随着安溪的发展；领略到独属于安溪的丰富自然矿产资源，甚至一度成为全国的冶铁中心；追溯到藤艺与铁艺的结合过程，安溪成为"世界藤铁技艺之乡"；也看到了安溪人民发展铁艺的艰辛历程，分析了安溪铁艺家具行业的形成给我们带来的启示，如继承传统、推陈出新、营销手段的创新、不甘人下的精神、以及抱团互助的地方文化等。类似于安溪的特色产业集群在我国并不是个例，通过对安溪铁艺家具产业的形成与发展的分析，我们可以从更加严谨的角度分析其他的特色集群，给予解决问题的思路与方法。安溪铁艺家具的快速发展，少不了安溪人们互帮互助、相互学习借鉴、沟通有无的良好习惯，但一个产业的发展不可能是一帆风顺的，在通往成功的道路上总有许多挫折与阻挠。现在安溪的铁艺家具制作仍是以家庭小作坊为主，小作坊缺少专业化的训练以及规范化的操作，尽管村民们相互之间会有沟通交流，但缺乏统一的操作规范，家具质量也因不同的制作方法及技术水平而参差不齐，难以有一个统一的操作标准和价格规范。希望安溪县人民政府多组织铁艺家具制作者间的沟通交流学习，邀请具有较高能力的人分享自己的制作方法，鼓励大家一起学习铁艺制作以及安全知识。同时，由于小作坊居多，虽然安溪的铁艺家具市场可以满足许多不同顾客对于自己家具的个性化定制，但以家庭为单位的小作坊不能也没有能力满足大批量的家具定制，这样势必会让一部分的家具市场流失。建议安溪政府运用财政手段，鼓励人们创建具有较大规模的铁艺家具生产厂，加强市场监管力度，避免村民的高报价、乱报价。此外，越来越多的安溪人进入了铁艺家具制作的市场，竞争越来越激烈，难以避免恶性竞争。相信安溪政府也会促进行业规范，严厉打击恶性竞争，形成健康竞争的家具市场体系。接下来安溪的铁艺市场将会有怎样的改进呢？让我们拭目以待！

沧州化妆刷农民工创业集群

宁波大学 李章阳

一、引言

随着经济的发展和科技水平的不断提高，美妆行业随着短视频行业一起不断兴起，而化妆工具则是美妆行业的一个重要分支，作为日常化妆工具之一的化妆刷也进入了千家万户。值得一提的是，国产化妆刷不断出现在消费者手中，国产化妆刷品牌的数量也在不断增多并呈竞争愈演愈烈的趋势。如果我们对这一行业有所关注，不难发现，沧州化妆刷是国产化妆刷中的佼佼者，都说"中国刷子千千万，河北沧州占一半"，它的话题出现在各大App中，相关文章数不胜数，也成为美妆博主安利视频中的常客，沧州也因此获得"中国化妆刷之乡"的名号。

二、沧州化妆刷创业集群的创业史

（一）化妆刷的前世今生

简单观察化妆刷，会发现它由刷毛和刷杆组成，这似乎很容易让人联想到中国的毛笔，而细细追溯其渊源，化妆刷与毛笔也的确是"同根生"的兄弟。毛笔是中国传统的书写和绘画工具，其自商朝出现之后不断发展演变，根据其工艺产地来划分，可分为文笔、宣笔、川笔、湖笔、太仓毛笔、蒙笔及长康毛笔等，由中国来制造化妆刷似乎是水到渠成的事，可以说是一种文化的传承与创新。

不过，虽说是文化传承，化妆刷却不是在中国人手中改造而成的，而是在东亚几经辗转才回到中国。毛笔在唐朝时传入日本，之后日本各地有越来越多的人掌握了制笔的方法，当时一个只能靠农业生产生活的贫穷的小镇——广岛熊野町，在农闲时期购入并掌握了制笔方法且不断发展，成为至今有180年历史的名副其实的日本笔都，全日本80%的毛笔都出自这里，大名鼎鼎的国家级传统工艺"熊野笔"也产自这里，由毛笔创新而来的化妆刷也就应运而生。

以著名化妆刷品牌竹宝堂的发展历史为例，昭和27年（1952年），竹森一男开始了创业，他创建了笔之里工房，一个专门制作熊野町的传统工艺——面相笔的笔头的家庭工业；他的儿子竹森铁舟在面临毛笔需求大量缩减、家庭产业面临危机的情况下，终于说动父亲于昭和46、47年（1971、1972年）成立竹宝堂股份有限公司，凭借制作面相笔的经验，开始量产化妆刷等工具，在怀有创造精神的苦心经营下，竹宝堂逐渐成了日本殿堂级别的化妆刷企业。

在这样的基础上，化妆刷不断发展与创新，在企业和大众的共同推动下，日本化妆刷产业的规模越来越大。

（二）别人的代工厂

化妆刷产业的规模越来越大，然而不像其他化妆工具一样，可以用机器流水线般地简单制造出来，它的每个步骤都离不开大量的人工，化妆刷制造因此不可避免地成为劳动密集型产业，于是随着经济的发展和产业的转移，日本化妆刷在20世纪80年代转移至当时正在积极拓宽海外贸易的韩国。

韩国在当时获得了大量外国资金和技术的青睐，经济迅速发展，一跃成为"亚洲四小龙"之一，生活水平的不断提高必然带来对多元消费的追求，人们越来越渴望变美，女性各方面的要求和欲望则更加强烈，于是韩国的美妆行业如雨后春笋般不断涌现，化妆品店铺出现在大街小巷，因此化妆刷产业也毫无疑问地在韩国逐渐规模化，化妆刷被大规模生产了。

韩国加足马力不断生产化妆刷的同时，产生了与日本同样的问题，寻找下一个转移地来降低成本、提高效益似乎迫在眉睫，中国成为他们的选择之一。20世纪90年代，天津凭借地域优势，成为当时北方重要的对外贸易发展区，主要承接日本、韩国等国的产业转移①，根据《韩国企业在中国的投资》一书，当时韩国的大部分工厂集中在渤海一带。

于是在20世纪90年代，凭借得天独厚的地理位置，距离韩国较近、周边城市丰富且濒临渤海的河北省沧州市，得到了成为韩资化妆刷企业代工厂的机会。

此外，属于暖温带大陆性季风气候的沧州，光热条件好，雨热同期，动植物资源丰富，树木茂盛，牛羊马饲养普遍，物美价廉的动物皮毛资源恰恰为制造化妆刷提供了充足原料。再者，笔者在上面提到了毛笔的一些产地，其中蒙笔虽不比湖笔出名，却也是毛笔的一个重要分支，其名源自秦朝大将军蒙恬，产于河北省衡水市侯店村，河北省衡水侯店因此也成为与浙江湖州齐名的毛笔之乡，书法大家不少，因此，同样位于河北省的沧州在早年便拥有成熟的制笔技术，制造毛笔和制造化妆刷在一些步骤上是相似的，于是它在成为韩国化妆刷的代工厂时，制作化妆刷的工艺可谓是"手到擒来"。

1992年8月24日，中韩正式建交，签署了一系列关于贸易和投资的协定，韩资企业在中国投资建厂的政策条件逐渐放松，韩国的劳动密集型工业不断向中国转移，中韩"经贸热"一浪高过一浪，中国成为韩资企业的代工厂，再加上沧州市本身制作工艺成熟，交通便利，资源丰富，人工成本低等优势，使之成了韩国化妆刷企业的黄金代工厂，沧州像一块巨大的海绵不断承接着韩资的巨浪，无数代工厂如候鸟迁徙般成批出现。在中国政府的税收和租金的优惠政策支持下，和新、宝胜、成原、安进、三星等大型韩资刷具制造厂陆续落地沧州，成为沧州化妆刷产业早期发展的核心力量。②

"忽如一夜春风来，千树万树梨花开"，沧州就这样成了别人的代工厂。梳毛、墩杯、压管、滴胶……制作化妆刷的工艺并不冗杂，但几乎完全离不开人工，这样的代工厂为人们提供了养家糊口的岗位，当地许多人在化妆刷工厂里打

① 沐九九.比曹县还牛，两个不知名的小县城，悄悄卖出中国过半的化妆刷，[EB/OL]. https://baijiahao.baidu.com/s?id=1707775413533092722&wfr=spider&for=pc，2021-08-11/2022-01-20.
② 蒋效妹.化妆刷的"少女时代"[J].商界，2019年（7）：80-83.

工，其中包含康绍兴、朱爱琴等之后在中国化妆刷领域做出重大贡献的人。

（三）自己的品牌

尽管代工厂数量越来越多、规模越来越大，制作化妆刷的技艺越来越成熟，却没有一个自己的品牌诞生，而是一直在为别人打工，人们也并没有觉得这样的模式有什么问题。

到了2003年，沧州取消了对韩资工厂免租免税的政策，再加上中国的劳动力成本也在不断提升，韩资工厂的竞争力越来越小，一大批本土工厂开始崛起，曾经辉煌的韩资制刷厂，如今只留下了不足一半。[①]然而，韩资企业虽然撤离了，却永远地留下了化妆刷制造技术，更留下了一股改变年轻人心态和命运的无形力量。

2005年的一个晚上，康绍兴独自一人在阳台惆怅地抽烟，因为他所在的韩资化妆刷厂因经营不善而破产倒闭，他失业了。朋友们鼓励他自己创业，他有所纠结，毕竟当时韩资工厂纷纷撤离和倒闭，没有人清楚地知道化妆刷行业的未来是明是暗，他不知道自己的厂子是否会面临与它们同样的命运，但他最终还是决定创业。

2006年，在康绍兴和其他6个同事的共同努力下，中国的第一家国产化妆刷工厂——兴源制刷厂在沧州青县建立。在之后的几年时间里，凭前工厂老板弟弟接下的大工厂订单，兴源制刷厂给香奈儿、MAC、丝芙兰等国外品牌做起了代加工，规模虽然不断扩大，但本质上还是外资企业的代工厂，并且此时的康绍兴还是没有意识到这种模式的缺点，觉得没什么不对。

出人意料的是，兴源制刷厂建立后淘宝上一下子出现了各式各样的化妆刷店铺，质量参差不齐但价格十分便宜。"那些外资工厂有大量残次品，当地人就把它们拿出来挂到网上贩卖，标价在专柜售价的三折甚至更低。情况恶化后，有的

---

① 吴琼，周依铭. 取代韩国工厂 河北这个县城撑起国产化妆刷半边天，[EB/OL]. https://www.toutiao.com/a6995868197903843877/?channel=&source=search_tab，2021-08-13/2022-01-20.

工厂甚至专门生产'假'尾单，吸引贪图便宜的顾客"①，这是康绍兴的原话，这显然对像兴源制刷厂这样的工厂造成了不小的冲击。好在2008年之后当地工商部门和淘宝开始整治假货现象，沧州化妆刷的销售逐渐规范化。

直到2008年，全球金融危机爆发，市场动荡不安，韩元大量贬值，许多工厂倒闭或者出逃，兴源制刷厂也亏损了大量的钱财，此时康绍兴终于认识到此种模式下，工厂不仅只能拿到一只化妆刷的小部分利润，更将面临风险不受自身控制的被动境地，于是创建自己独立品牌的想法出现在他脑海中，之后想法付诸实践，他在2011年注册了"艾诺琪"商标，开通了淘宝店铺，并于2014年正式进入交易市场。

宝胜代工厂的第一批工人朱爱琴也凭借多年的打工经历掌握了制作化妆刷的重点技术，她相信自己能够做出不输大牌品质的刷子，于是在2014年，她创立了"琴制"品牌。

关于做自己的品牌，值得一提的是在他们二者之前，兴源制刷厂隔壁的末然率先创立了"受受狼"这一化妆刷品牌并上线淘宝，同时开通名为"攻攻羊"的社交账号，发布彩妆科普内容并带货自家化妆刷，算得上第一批"网红美妆博主"。②

到今天，沧州化妆刷发展迅速，其中青县更是如此，"中国刷子看沧州，沧州刷子看青县"，民间一直流传着这样的说法，青县化妆刷产业的发展也确实喜人。《财经》记者的一份资料显示，截至2020年底，青县全县共有化妆用具企业141家，包括15家外资企业，以化妆刷生产为主；从事化妆刷生产、配套产品生产及销售的企业和加工点不少于1 000家；从业人员约1.6万人，2019年实现营业收入15亿元以上，出口3530.8万美元，占全县全年出口总额的36%③，化妆刷产业的发展极大地推动了全县经济，让青县逐渐出现在世界的大舞台上。

---

① 蒋效妹.化妆刷的"少女时代"[J].商界，2019 年（7）：80-83.

② 小虹帽的冥想盒.一把化妆刷的东亚之旅 [EB/OL]. https://www.toutiao.com/a6743820555718099406 2/?channel=&source=search_tab，2019-10-04/2022-1-20.

③ 吴琼，周依铭.取代韩国工厂 河北这个县城撑起国产化妆刷半边天，[EB/OL]. https://www. toutiao.com/a6995868197903843877/?channel=&source=search_tab，2021-08-13/2022-01-20.

（四）今日的努力

故事延续到数字化浪潮不断涌来的今天，如果墨守成规就难免在竞争中被淘汰，为了沧州化妆刷有更好的发展，各个方面也都为此进行了努力。

1.网络营销与电商直播

"大家好，今天博主要给大家推荐的是超级平价的沧州化妆刷……""学生党看过来，一百元搞定一整套化妆刷！""沧州化妆刷，大牌代工厂！用更低的价格买到同样的体验！"越来越多人追求美的今天，教大家变美的美妆博主应运而生，如果你对此有涉猎，那么当你打开各大视频图文的社交互动性App时，你可能也刷到过这样的安利视频。博主安利的方式是多样的，可以是图文也可以是视频，可以挂链接也可以指路旗舰店，可以推广已有的产品也可以搞新的联名，网红因其突出的美貌或者巧妙的化妆技巧使粉丝产生信任感，进而产生粉丝经济效应，大众愿意为此买单。

另外，博主到店体验并展示真实场景也是一种有效的推广手段。笔者曾在哔哩哔哩观看过一位名为"露露黄了"的UP主的视频，在视频中，他来到青县兴源制刷厂，向大众展示化妆刷的制作过程，让大众了解到人工制造化妆刷的不易，其中创始人康绍兴也在视频中出场，他的样子十分亲切，视频中不乏夸他的弹幕，就这样，"艾诺琪"无形之中给大家留下了好印象。

更值得一提的是，当今中国电商零售额不断上升，于2021年超过50%并持不断上升趋势。资料显示，主播李佳琦能在5分钟内售出15 000支口红，更是在2019年的"双十一"购物狂欢节创造了总成交额10亿元的纪录；在全世界拥有诸多粉丝的"文化使者"李子柒也在同年"双十一"总成交额突破了8 000万元。①沧州化妆刷当然也离不开电商卖货，如艾诺琪化妆刷淘宝旗舰店销量最高的刷子已经月销2万多件。

---

① 胡翼青.透视"种草带货"：基于传播政治经济学的视角 [J].西北师大学报（社会科学版），2020，57（05）：29-36.

2. 自身责任感和不懈的追求

一个产业的发展离不开自身的努力，在历史悠久、家国情怀越来越强烈的中国尤为如此。在人们不断高呼"国货崛起"的今天，在国产货和外国货效用无明显差异时，一个国家的消费者会出于民族情结对本国产品产生偏爱，在某些具体情境（如钓鱼岛事件、中美贸易战等）中，该意识更为明显。[①]因此，一个企业自身产品的质量和它对社会的贡献与其生命力有着密切关联，如国货鸿星尔克、蜜雪冰城等为河南洪灾捐款后，"任性"消费者冲进他们的直播间将商品买断货，销售额大大提升。沧州化妆刷也很好地做到了这一点，除了坚持不懈追寻最初实现财富地位提升的心愿，不断向外国品牌学习、不断培训熟练员工、积极研发新产品，在北京华远大厦隆重举行中国青县美妆文化产业园研讨会暨战略合作签约仪式等以外，它还心系家国，在河南洪灾暴发后，青县化妆刷行业协会第一时间发起捐款号召，各成员企业积极响应，踊跃为灾区捐款，为河南抗洪救灾助力[②]，更有多家淘宝旗舰店参与了"爱心宝贝"活动，在日常生活中尽到自己的微薄之力，这样的企业无疑会唤醒消费者的国货意识。

3. 政府的助力

每个地区产业的发展都离不开政府的大力支持和帮助，沧州化妆刷也不例外。例如，在2020年11月13日，青县召开"青县化妆刷行业协会"成立大会，让大家通过协会的作用，达成"互利互惠、互帮互助"的共识，达到群策群力、共同发展的目的。国家税务总局青县税务局也在2020年产品出口受新冠疫情影响时提出：为落实落细减税降费政策，推行出口退税全程"非接触式"办理，打出"提速提率、云端网办、容缺办理"组合拳，努力稳住外贸进出口基本盘等[③]，

① 王婷、伏洁、丁泽尘."国货意识"对大学生购买意愿影响研究 [J].统计与管理，2021，36（12）：9–14.
② 沧州市人民政府.青县化妆刷行业协会：彰显责任担当 为河南抗洪救灾助力，[EB/OL]. http://www.cangzhou.gov.cn/cangzhou/c100122/202108/bf3d27d1396e4b5abf064d7e6349b05c.shtml 2021–08–10/2022–01–20.
③ 沧州市人民政府.国家税务总局青县税务局："一对一"帮扶 助力外贸出口企业稳步发展 [EB/OL]. http://www.cangzhou.gov.cn/cangzhou/c100122/202008/d92e00e998554225bf184c96d7288e37.shtml 2020–08–18/2021–01–20.

助力小企业走向国际。

（五）危机与挑战

然而，提及沧州化妆刷，人们最多的形容词还只是"平价""大牌代工厂"等，虽已具备较大影响力，却不能说是冒尖水平。人们愿意花几千块钱买欧美日韩等品牌的化妆刷，却不愿意花同等的价钱买沧州化妆刷。常常看到有人吐槽沧州化妆刷品控不行，质量参差不齐，或许因为品牌效应，沧州化妆刷尚未建立真正的高端品牌。

另外，沧州化妆刷也时刻面临着危机。比如行业乱象不可避免，抄袭、恶意竞争、相互抹黑。"大家都在一个县一条街，你来我往都很友好，有几个老板还是从兴源出去的呢，谁家有新产品都会互相学习、提意见"[①]，即使青县化妆刷行业协会会长康绍兴这样说这类现象却还是层出不穷，影响了沧州化妆刷的口碑。又比如制造化妆刷行业高水平人才的紧缺，沧州青县地理位置偏僻，进来的人少、出去的人多，不说年轻人都想去大城市闯荡，就是留在县里的人也有不愿做这个的，再加上培训一个制造化妆刷的新员工所需要的时间并不短，厂里的人似乎呈现从业越来越短的趋势，更难的是，"高水平人才"确实难找，设计、制作、推广、销售，各方面都需要别出心裁的办法，那样才能在一个相似的团体中脱颖而出。再比如沧州化妆刷其实并不是不可替代的，据笔者查阅资料发现，河南鹿邑也是化妆刷之乡，原材料更为丰富，劳动力和租金更便宜，甚至小企业也更多，虽然现在鹿邑还只能算是沧州的一个原料产地和一个更加低端的化妆刷制造地，假以时日，说不定沧州就会被赶超，到时它发展之路只会更难走。

总之，沧州化妆刷想要成功还有很长一段路要走。

三、经验及启示

在中国，从替外资企业打工到本地自身形成产业集群的例子并不少见，但是

---

① 蒋效妹.化妆刷的"少女时代"[J].商界，2019年（7）：80-83.

像沧州化妆刷这样成为大名鼎鼎的地方特色产业，最终形成众多独立自主并具有较大影响力的品牌却并不多见。沧州从武术、杂技之乡转变为如今"人人都有两把刷子"的化妆刷之乡，细细想来，绝非偶然，以下是一些经验和启示。

（一）因地制宜，借助传统资源形成集群

原料充足、交通便利、地理位置较为优越，都是沧州自然拥有的得天独厚的条件，沧州也借此成了制造毛笔的地方。然而，有些地方土地贫瘠却偏偏只发展农业，有资源不用非要发展与自身不符的产业，这样显然违背了规律。

之后，沧州依然凭借这些自然条件和制作毛笔与制作化妆刷之间的相通之处承接了韩资企业，形成了化妆刷产业集群。所谓集群，永远是既有合作，又有竞争。一方面，合作是前提，古人言"人多力量大"实在有理，孤身一人再厉害，也无法将一个产业上的所有部分都充分学习并完成，互补互利成了必要，之后降低成本、提高效率的优势就显现出来；另一方面，竞争是必要的，集群内的产业本就趋同，如果不竞争便只能如一潭死水，终有一天会腐烂发臭，竞争则如一泉活水，激励着人们不断创新发展，也使得人们在制定战略时小心谨慎，避免被趋同产品替代，久而久之，会形成一种大企业带动小企业并出现龙头企业的良好局面。总之，集群内的竞争与合作不断促进产业链的完善与升级，促进着产业规模的不断扩大，促进基础设施和支撑体系的完善，促进龙头企业和品牌效应的形成，它既是地区经济发展的主导力量，也是国际经济竞争的战略性力量。

（二）乘时代东风，把握机会发展经济

"逆水行舟，不进则退"，企业不努力把握住时代的风浪就要被其他竞争者超过，使自己处于不利地位。如果说20世纪七八十年代的中国理解了世界和时代的特点，把握住了改革开放浪潮，那么20世纪90年代的沧州也乘着改革开放的东风，把握住了中韩建交后承接新产业的机会，把握了之后韩资企业悄然离场的时机，把握住了政府助力的机会，成了独立自主的产业集群，更把握住了如今数字化和信息化特点下的机会，毅然决然加入"互联网+"的电商热潮，向世界各地输送着中国制造的东西，并不断向世界顶级品牌追赶，努力让世界看见沧州、看见青县，抓住时机使沧州化妆刷的发展达到了事半功倍的效果，而假如错过时机，沧州化妆刷产业的发展恐怕会停滞不前直至被淘汰。这就启示我们要学会变通，当机会来临时，一定要借国家、社会、团体的力量，顺着风浪勇敢前行。

（三）转"危"为"机"，下岗工人变身创业者

从毛笔制造到化妆刷制造，看似大同小异，其中却包含了传统文化的创造性转化、创新性发展，更包含了创业者们渴望改变、不断追求更高的财富地位和社会地位的美好愿望与追求。在日韩企业进入中国时，沧州人们勇于改变，放弃农业进入工厂工作；在日韩企业撤离时，他们敢于改变，从打工人成为创业者；在数字化浪潮来袭时，他们勇于改变，从实体经济变成粉丝经济、电商经济，形成创业集群，创建特色小镇，这一次又一次的化"危"为"机"造就了沧州化妆刷。

时代在不断发展，即使国家和人民都在不断追求着共同富裕，拥有智慧或金钱的人依旧越来越富，贫富差距一天天拉大，这是大社会里按要素分配的必然结果，却并不是每个人的必然结果，只要敢于改变，坚持奋斗，即使是固若金汤的阶层也能被颠覆。沧州化妆刷农民创业集群就是最好的例子，他们实现了财富地位的提高，并不断追求更加美好的未来。若是有一天人人都画地为牢、不敢改变，甘愿固化在一个阶层做懒虫，那必然是个人走向堕落的开端，是企业走向没落的开端，更是国家走向衰亡的开端。

综上所述，一个成功的创业集群要把握好国家、企业和个人三者的关系，实现致富的"最优解"。

四、小结

沧州化妆刷作为农民工创业集群的杰出案例，是促进乡村振兴和共同富裕的有益探索，是国家与个人的有机合作，是人们追求美好生活、提升财富地位的勇敢表现。创业者们在创业过程中乘时代之东风，勇于改变、不屈不挠，更富有对社会的崇高责任，推动沧州化妆刷产业在不断发展中走向规模化和多样化，这无

疑为化妆刷产业和其他美妆产业的进一步发展和其他地域的创业集群提供了经验和启示，很好地促进了乡村振兴。

然而，在其高速发展的过程中，也不可避免地存在一些需要反思和继续完善的地方，例如，产业链的进一步升级调整，基础设施的完善和更高水平人才的征集，机器生产和人工劳动能否平衡，化妆刷集群能否成为化妆工具集群，由金钱至上、恶意竞争和虚假宣传等导致的质量问题能否改善，能否真正建成像欧美日韩那样有巨大品牌效应的品牌，更加细化的消费需求能否满足等。

笔者相信在个人需求不断膨胀，信息化、数字化浪潮不断涌来，国家管理日益完善的机遇与挑战并存的今天，沧州化妆刷产业必然会为上述问题的解决不断努力，让沧州化妆刷产业实现可持续发展，源源不断地为农民增收和共同富裕做出贡献，期待沧州化妆刷在世界的舞台上发出自己独特的光辉。

第二部分　服务业农民工创业集群

桐庐县民营快递业创业集群

宁波大学　张雲清

一、引言

在万物互联的社会，我们的生活已经离不开快递。提到当下的快递业，必须把注意力集中在一个地方，那就是桐庐。在这之前，你可能没有听说过这个小县城的名字，但你一定知道申通、圆通、中通、韵达等快递龙头的名号。而就是这"三通一达"四家占据快递行业近半壁江山的民营企业，他们的老板竟然全部来自同一个地方。这让我们不得不好奇，是怎样的地方培育了如此多的能人，又是怎样的机遇使得他们改变自己的命运，甚至改变一个地域的历史呢？

桐庐县在钱塘江尽头，山清水秀，美不胜收，丘陵起伏，景色宜人。作为浙江省杭州市辖县，桐庐县位于浙江省西北部，分水江和富春江在这里交汇，形成壮观的景象。与其说这里是如画的美景，不如说画中不能尽其真实之美。几十年前，这个小县城也是以农耕为主业，有着传统乡土社会的典型特点——日出而作，日落而息。由于村民生活贫困，他们只能依靠当地的自然资源来维持生计，与外界的交流非常有限。作为中国快递业的发源地，桐庐并没有什么得天独厚的条件。但从桐庐这片土地走出来的民营快递企业家，都具有一种勇于拼搏、坚忍不拔、团结爱乡的精神。正是这种宝贵的精神，使得他们敢于当"吃螃蟹的第一人"，成为全国民营快递业的发起者和领航者；正是这种宝贵的精神使得他们亲友互助，形成了合力强大的"桐庐帮"；也正是这种宝贵的精神感染了村里的许多人，带动他们走向快递行业，促进了当地经济的飞速发展。一带十、十带百……如今，无论在哪一个城市，若问干快递的是哪里人，做网点老板的也好，做快递公司负责人的也罢，大都会回答来自桐庐。数以万计的桐庐村民走出深山和耕地，拥有了更多机会和选择，摆脱了贫困，重获自己的价值和尊严。

二、桐庐"三通一达"农民工创业集群创业史

（一）夹缝生存创新生，稳扎稳打谋发展——民营快递业的从无到有

出生于桐庐县钟山乡夏塘村的聂腾飞，家境贫寒，父母体弱多病，一家人的收入只能勉强度日。为了供考上中专的弟弟聂腾云上学，初中毕业的聂腾飞自己走出大山来到杭州，希望早点工作以减轻家庭负担。起初，聂腾飞来到母亲住过院的117医院门口摆地摊，后来碰巧有印染厂招收工人，便进入印染厂工作。在这里，他遇到了同乡詹际盛和陈小英——当然，也是后来同他一起奋斗改变命运的人。

机遇在此时到来——邓小平南方谈话后，国家鼓励发展对外贸易，许多公司如雨后春笋般涌现。其中，外贸公司占有相当大的比重。这些企业往往需要将报关单运送到邻近的港口城市，以便办理出关手续。当时，杭州的外贸报关单就需要送到上海，然而作为当时国内唯一一家快递经营机构EMS需要3天才能将快件寄送到位，可以说是一点也不"快"了。可见，当时的外贸公司急需速度快的运输机构来解决他们的燃眉之急。有需求就有市场，聂腾飞和工友詹际盛敏锐地发现了这一商机。当时往返沪杭的火车票价格是30元，他们每单收100元的话，一趟就可以挣70元，若是碰巧可以同时运送多份快件，那利润可是巨大的呀！这么一算，两人立马来了劲头，成立了专门帮客户"出差"的物流服务公司——盛彤公司，也就是申通快递的前身。此后，他们的生意迅速红火起来，仅有沪杭之间的网点已经远远不够了。为了缓解人手紧张的问题，聂腾飞把准妻子的哥哥陈德军以及父亲母亲都喊来帮忙，毕业后的弟弟也到下属网点上班，壮大了民营快递的"第一支队"。

在当时，信件等相关物品的运输受到较大的限制。在1986年颁布的《中华人

民共和国邮政法》中，有明确规定：信件和其他具有信件性质物品的寄递业务由邮政企业专营（第八条）。此外，国务院邮政主管部门所属的邮政企业必须是全民所有制的公用企业，负责经营邮政业务（第三条）。这些法规为邮政行业的经营和管理提供了明确的法律依据，并对相关企业的组织形式和职责分工进行了明确规定。这就意味着他们这种私下运输的行为是违法的，是一种不正规的"地下交易"，一度被视为"黑快递"。用"猫和老鼠"来形容当时的邮政部门和民营快递业之间的关系再恰当不过了。邮政部门隔三岔五就到网点突击检查，为了保护快件，民营快递经营者可谓是煞费苦心，又是绕路又是倒车，能想到的办法都用上了。而这部1987年颁布的邮政法一直实施到2009年，在这十几年里，民营快递业的正当身份一直没有得到承认，可谓是在夹缝中生存。不仅如此，当时的交通条件也是一个大的挑战。与现在四通八达的铁路网和公路网不同，当时只有少数大城市有火车停靠站点快递的送达要靠小汽车、摩托车、自行车甚至步行。不同快件的配送方式不同，也就给接货和送货造成了极大的麻烦，毕竟转手次数越多，被查到的风险就越大。资金短缺、交通不便、部门追查等，刚刚落地的民营企业注定要接受一次极大的考验。

"合抱之木，生于毫末。"要想在如此艰难的环境中生存下来，离不开亲朋好友、邻里乡亲的"抱团取暖"。民营快递"第一支队"初获成功的消息传回了桐庐县，许多村民被他们敢闯敢试的精神感染，纷纷来到城市里打拼，从事快递行业。结束读书生涯的戎如会走出家乡，踏实拼搏，在民营快递领域一步步闯出了自己的一片天地；原本从事农业种植的邓德庚被聂腾飞创业的故事感染，只身加入了盛彤快递，见识到了外面的世界；被聂家兄弟称为"老舅"的同乡，不仅在他们资金困难时出手相救，更是放弃已有生意跟着他们从事快递业，给予初创业的聂家兄弟不小的支持。但就在这个发展的关键当口，一则坏消息传来：1998年，聂腾飞在从杭州前往宁波送件的路上遭遇车祸罹难。毫无疑问，这对于新兴的民营快递业是一个巨大的损失。但是，民营快递并没有因此停下前进的步伐。1999年，聂腾飞的弟弟聂腾云创立了"韵达快递"，离开了申通；2000年，曾在申通担任财务的张小娟和她的丈夫喻渭蛟一起来到上海闯荡，成立了"圆通速递";2002年，从事木材生意的赖梅松受同班同学陈德军影响，在上海创办了"中通快递"；2003年8月，徐建荣在上海创办了"汇通快递"……[①]

迅速涌现的新生快递品牌在增强民营快递行业实力的同时，也带来了不同品牌之间明潮暗涌的竞争。民营快递该如何破解发展困境，他们之间又会发生怎样的爱恨情仇，让我们来一探究竟。

（二）千磨万击还坚劲，雏凤终有涅槃时——民营快递业从非法到合法

与聂腾飞共同创办盛彤公司后，詹际盛便离开公司单干，并且于一年后创办了天天快递。聂腾飞去世后，申通快递缺少了主要领袖。在这时，聂腾飞的妻子陈小英得到兄长陈德军的支持，成了申通快递的主要力量。不久之后，聂腾飞的弟弟聂腾云离开了申通，于1999年8月在上海市虹口区溧阳路成立了韵达货运有限公司。2000年，喻渭蛟创建了圆通快递，而他的妻子张小娟则是陈德军的初中同学，之前在申通快递从事财务工作。2002年，与陈小英兄妹相熟的赖梅松在上海创立了中通快递。至此，"三通一达"的局面正式形成。值得一提的是，这几家快递公司的老板之间关系密切，或为亲戚，或为同学，或为朋友，而且都来自同一个县城——桐庐县。

作为国内早期发展起来的民营快递公司，"三通一达"采用加盟方式进行运作。这种方式最大的优势便是容易形成规模效应，因为网点的加盟不仅扩大了经营的地域范围，也增加了公司的人手。在这个过程中，桐庐县的父老乡亲们便发挥了重要的作用，许多村民来到城市，加盟到"三通一达"的下属公司网点。但加盟式运作也有极大的弊端：一是管理困难。由于各个加盟公司是独立个体，盈利来源是他们工作的绩效，所以很多网点与总部的联系并不紧密，上面的信息很难向下传达。二是同行之间盲目打价格战。由于快递行业提供的服务同质化严重，又没有明显创新，各个企业都想通过低价吸引客源。而这种方式不仅使得自己的利润降低了，更是引起了"三通一达"之间的矛盾冲突。毕竟，谁也不想少

[①] 孙侃. 中国快递桐庐帮 [M]. 北京：红旗出版社，2014：37-38.

赚钱，要从别的品牌抢客户，自然少不了一些明争暗斗。

正当各个品牌之间的竞争愈演愈烈时，一个人的举动实现了快递行业不一样的发展，他就是喻渭蛟。2005年春节前夕，妻子张小娟在淘宝上购买了一件皮大衣，然而直到年三十仍未收到货物。而就是这个小小的"烦恼"，让夫妻俩发现了淘宝物流中存在的商机。当时淘宝刚刚成立两年，并没有很出彩的成绩，但夫妇俩却看准了其中的机遇。春节过后不久，喻渭蛟便前往杭州拜访马云，以商量合作机会。当时马云还不是现在的"马爸爸"，但是商业定力也是十足的，他告诉喻渭蛟，要谈合作，你就要把价格给我压到最低。于是，在当时中国邮政系统每单22元，其他桐庐帮民营快递每单18元的均价下，喻渭蛟一咬牙开出8元每单的最低价格，最终与马云达成了合作，这也使之成为快递行业最早与淘宝开展合作的企业。①但是，这一举动引起了桐庐帮其他企业的不满——把价格压到那么低让他们怎么赚钱？喻渭蛟却不为所动，因为他看好电商平台的未来，相信庞大的订单数量能够弥补在单价上让步的损失。事实也证明，喻渭蛟的坚持是对的，后来许多快递企业纷纷与淘宝达成合作，淘宝业务成为这些企业的大宗业务。②

不仅行业内部竞争不断，外部大环境也使得民营快递的发展受到阻碍。由于没有获得合法地位，民营快递业一直笼罩在计划经济的阴影之下，国有邮政独大的地位依旧难以撼动。由于无法可依，快递市场出现了种种乱象——缺少统一的收费标准、同质化竞争、不诚信经营等。在乱象丛生、经营困难的情形下，桐庐帮人士对于推动国家相关政策法规修订具有不可磨灭的作用。2005年8月1日，圆通速递成为中国工商委员会物流专题组的会员，同时喻渭蛟被任命为该专题组的常务委员。在中国邮政业第一部行业标准的出台过程中，喻渭蛟多次参加评审会议，为这一关键标准的出台提供了许多建设性的意见。③2006年，邮政系统进行了改革，将政府机构与企业分开，以减弱邮政专营权，并引入竞争机制。由于改

---

① 电商报."桐庐帮"快递风云录, [EB/OL]. https://baijiahao.baidu.com/s?id=1628337982553652511&wfr=spider&for=pc. 2019-03-18/2022-01-25.

② 于静."桐庐帮"的江湖杀 [J]. 名人传记（财富人物），2017（09）：74-79.

③ 孙侃. 中国快递桐庐帮 [M]. 北京：红旗出版社，2014：87.

革涉及多方利益，改革效果可能没有达到预期。但毫无疑问，邮政改革迈出了这一行业发展的关键一步。

2009年2月，中国快递协会在北京成立，桐庐多名人士担任该协会重要职位。然而，如果要说到民营快递业内具有重要影响力的事件，那还是要看2009年10月1日新版《中华人民共和国邮政法》的正式实施。在民营快递业生死存亡的关键时刻，数十位民营快递企业的代表联名向相关部门反映当前邮政行业存在的问题。邮政专营权的范围界定、邮政行政许可以及快递企业进入门槛等问题，都是急需解决的一系列难题。最终，在万众期盼下，新版《中华人民共和国邮政法》终于正式颁布实施。赖梅松、陈德军、聂腾云、喻渭蛟……几乎所有快递从业者都深深松了一口气，被压榨和四处躲藏的日子终于结束了。2010年10月，桐庐荣膺"中国民营快递之乡"称号，这标志着民营快递业将迎来全新的发展篇章。

"穷则变，变则通，通则达"，桐庐第一军团凭借敏锐的洞察力、果断的决策力、草根的忍耐力，紧贴时代脉动，抓住经济发展的机遇，迈出了民营快递的第一步，也实现了我国货物运输模式的迭代。

（三）因时而变求合作，绝处逢生开新局——对资本无序扩张的回应

随着互联网金融的快速发展，"三通一达"在快递行业的主导地位逐渐被挑战。直到2013年底，一家名为蜂网投资有限公司的企业在上海注册成立，其四位股东则为申通、圆通、中通和韵达，都是业内名号不小的企业。很多人非常好奇，虽然这四家快递的老板是同乡，但在近几年的发展过程中，为争夺市场也是拼杀得异常激烈，怎么会突然联手成立公司呢？事实上，成立"蜂网"既不能算是寻求新突破的策略，也不是他们想要一心携手团结的表现，而是面对资本扩张的无奈之举。2013年5月，阿里巴巴集团和其他几家公司联合宣布启动"中国智能物流骨干网"项目，由此成立了菜鸟网络科技有限公司。包括圆通快递、申通快递、中通快递和韵达快递在内的每家公司都投资5 000万元，并持有菜鸟1%的股份。马云表示，"菜鸟不会生产快递盒，阿里巴巴也不会做快递，我相信很多

快递公司可以比我们做得更好"。事实也是如此，马云的确没有直接从事快递行业，但他却借机掌握了快递行业更为重要的东西——信息源。菜鸟在本质上其实是一个数据平台，既包括淘宝、天猫等"上游"商业平台，也包括像"三通一达"等快递企业为主的"下游"物流平台。在这样的平台体系中，阿里巴巴负责提供资金、数据和相关技术，物流公司则负责具体的运输活动。可以说，阿里负责提供"智慧"，物流公司则提供劳力。从菜鸟驿站的设立我们就可见一斑，菜鸟驿站首期1 000亿元投资就大于"三通一达"资产总和。无需入驻投入、提供可接入物流公司的相关运营系统并定期提供培训服务……菜鸟驿站的投入使用立即吸引了很多物流公司。①而一旦物流公司加盟菜鸟，他们所有的单据信息都会进入阿里的系统。随着加盟规模的不断扩大，菜鸟掌握的快递相关信息就越多，从而拥有了话语权。虽然菜鸟的最初想法是通过平台的建立弥补其物流服务短板，但现实可能演变为菜鸟掌握物流行业的控制权。而到那时，"桐庐帮"便可能成为为其"跑腿"的企业，从而丧失发展的主动性。

我们再来看蜂网，其定位描述如下：通过对快递产业链上游产业进行投资，整合和融合快递资源以及上下游资源，构建一个集约化的投资平台，以推动快递企业在智能快递、物联网和云计算等方面的应用。②但上述合作模式并没有什么实质性动作推出，诸如统一快递装备、运输服务外包、建立集成快递系统等业务根本无从谈起，也难怪有人评论"桐庐帮"貌合神离了。

"三通一达"遭遇的困难和挑战，正应了那句古话——物极必反。电商平台为其带来发展的机遇，但也带来了不小的挑战。新兴平台的冲击、劳动力成本的上升、人工智能的发展……一系列的新挑战对"三通一达"提出了新要求。我们可以看到，现有快递公司很少注意技术以及流程上的创新，对于员工的管理也做得很不到位。另外，作为劳动密集型企业，快递行业对于廉价劳动力的依赖也是

---

① 刘蕙.菜鸟网络商业模式创新研究 [J].商业研究，2017（01）：19-26.
② "三通一达"联手组建蜂网公司带给行业哪些启示？ [N].现代物流报，2014-08-15（B03）.

一个问题。随着我国人口红利①逐渐消失，劳动力资本优势将越来越不明显，这无疑是对以大量廉价劳动力为产业基础的快递业的极大冲击。更重要的是，快递行业竞争加剧的现实使行业增长红利难寻，相互抢夺市场份额进行整合是大势所趋，顶层玩家的合纵连横也将更进一步，"大鱼吃小鱼"的残酷现实将会上演。

想要在残酷的竞争中存活下来，就必须重视资源的整合、重视云计算和物联网的应用，进行大刀阔斧的改革。以申通为例，最近两年，申通总部在转运中心直营以及场地等基础建设和产能扩容方面，做了大量实质性的工作，开启了转型之路。一方面，其加强了转运中心、自动化设备、车辆运力等基础设施的建设，另一方面也加强了技术研发，全面革新技术能力，实现全链路、全流程的数字化。在数字化转型方面，申通实施了"All-In-Cloud"战略。作为"三通一达"中首家将全部业务系统搬到云上的快递企业，申通快递通过引入云原生技术，实现了技术全面升级。上云后在首次应战"双11"流量洪峰时，依然做到了从容面对，并且降低投入成本30%。不仅如此，申通还积极拓展国际业务。2020年，申通国际累计开拓了超过103个海外网点，国际服务业务已经覆盖了美国、日本、韩国等45个国家和地区，还与多家跨境电商达成了合作，如Ebay、Wish、AE、Lazada、Amazon等。新业务的拓展，既是检验申通全网协同能力和运维能力的一次大练兵，也暗示了申通接下来的走向，即更看重融入和协同整个阿里生态。

作为桐庐快递，甚至是整个快递江湖的"老大哥"，申通的江湖地位随着市场竞争的更迭而浮沉。但不可否认，申通人从上到下都憋着一口气，依然敢干，依然想赢。千帆过尽，几经沉浮。身处大变局中的申通，经历了易主的成长阵痛之后，能否大浪淘沙出真金？我们拭目以待。②

---

① 人口红利，是指一个国家的劳动年龄人口占总人口比重较大，抚养率比较低，为经济发展创造了有利的人口条件，整个国家的经济呈高储蓄、高投资和高增长的局面。

② 快递物流人的江湖．变局当前，申通何去何从？[EB/OL]．http://www.wuliujia2018.com/html/88810.html. 2021-04-30/2022-01-27.

三、经验及启示

桐庐系快递的发展已有近30年，在这个过程中，机遇与挑战并存。自白手起家突破国内民营快递企业"零"的市场格局，到抓住电商平台机遇实现快速发展，"三通一达"的创业集群历程极具典型性。那么，桐庐快递业有何经验可寻，又可以给我们带来哪些启示呢？

（一）顺应时代潮流，勇抓市场机遇

"三通一达"的成长离不开两个时代，一个是"邓小平时代"，一个便是"电商时代"。这两个时代为民营快递的发展提供了政治、经济土壤，为其带来机遇的同时，也带来了不小的挑战。

20世纪90年代，正是我国经济社会转型的关键时期。1992年，邓小平发表南方谈话，解决了改革姓"资"还是姓"社"的问题，我国经济体制由"有计划的商品经济"转变为"社会主义市场经济"，许多沿海城市成了对外开放的窗口。[①]国内经济土壤的变化，极大地促进了海内外贸易的发展，上海便是其中的先行者。可以说，聂腾飞最初选择在上海打响民营快递的"第一枪"，也是与其经济环境分不开的。民营快递业务发展的重要领域——起初的报关单、后来的工业产品运输，都离不开经济的自由全面发展。当然，这个时代开创自由之风的同时，也存在一定的束缚。在当时，民营企业作为新生事物，依旧受到社会和市场的众多质疑。以民营快递业为例，在其最初十几年的发展时间里，桐庐人士都是打着"黑快递"的名头从事快递运输事务的，用东躲西藏、绝地求生来形容毫不为过。但即使在如此恶劣的环境中，桐庐人也未曾言弃。有人查公司，他们就不断变化据点；有人半路拦车，他们就转换交通工具。这种不言弃、肯争先的"桐庐精神"，使得他们抓住了市场经济的机遇，实现了"新生"。

进入21世纪，民营快递的发展逐渐与一个名词——电商平台的兴起相关联。电子商务平台的兴起，使得货物买卖的成交数量成倍增长，这也激发了对快递行

---

① 傅高义.邓小平时代 [M].冯克利，译.北京：生活·读书·新知三联书店，2013：1-21.

业的需求。我们最熟悉的，应该就是"双十一"狂欢节了。自2009年淘宝首次推出"双十一"节日促销以来，我国的"网购节"规模日益扩大，形式也越来越多样化。"双十一""女神节""双十二""年货节"等平台节日营销的出现，其实从另一个侧面反映了我国电商的飞速发展。2021年11月1日，全国共揽收快递包裹5.69亿件，同比增长28.5%。11月11日，提升至6.96亿件，是日常处理量的2.3倍，再创历史新高。"双十一"期间（11月1日—16日），快递业务量达68亿件，同比增长18.2%，日均揽收包裹超4亿件。[①]"电商"这班便车被喻渭蛟率先发现，此后便带着一波又一波快递企业飞速成长，给快递行业创造了巨大的红利。

不论是民营快递的从无到有，还是聂腾云、喻渭蛟、陈小英、陈德军等人的光鲜逆袭，都离不开一双善于捕捉机遇的眼睛和一种坚韧不拔的品质。一个企业只有顺应时代发展的新潮流，发现社会中的问题和需求，才能掌握市场，在竞争中脱颖而出；一个人只有凭借一种敢闯敢拼、不怕吃苦的精神，一步一步踏实干，才能改变命运，实现人生的逆袭。

（二）重视社会资本，发挥集群效应

创业过程中需要考虑创业环境，其中包括必要性环境和支持性环境。必要性环境包括技术、融资、劳动力等环境，而支持性环境则包括制度、文化环境和社会资本等。虽然资金可能是农民工创业转型的重要障碍，但社会资本往往是创业活动中最重要的战略资源。因为相对于城市而言，农村地区拥有的支持机构比较少，但又有较强的社会联系，所以说，社会资本尤为重要。

罗伯特·帕特南指出："信任、惯例以及网络这样的社会资本存量有自我强化和积累的倾向，是社会运行的良好润滑剂。"[②]桐庐快递的发展很好地验证了这一判断。当聂腾飞想要成立公司之时，却遇到了资金紧张的难题。他本想邀请当时干木材生意已经小赚一笔的周柏根入伙，但当时木材市场很是火热，周柏根

---

① 中华人民共和国国家邮政局.2021年11月中国快递发展指数报告.[R/OL].2021-12-03.
② 张文宏.社会资本：理论争辩与经验研究[J].社会学研究，2003（04）：23-35.

并没有同意。①但是，得知聂腾飞创业遇到困难后，周柏根毫不犹豫就把钱借了出去。在当时民营快递业丝毫看不到未来之时，为何周柏根会借钱给聂腾飞？显然不是为了利益，而是基于村民之间的相互信任。在那个时代，依旧具有乡土社会的典型特征，左邻右舍关系是非常亲密的。可以说，正是这种村里人之间的相互信任，才使得桐庐快递得以快速生长。后来，像喻渭蛟、赖海松、陈德军这样的桐庐人士也在聂腾飞的直接或间接影响下，纷纷进入新兴的快递行业打拼，"三通一达"的局面形成。值得一提的是，最初快递行业的影响并没有那么广泛，民营快递在南方的发展速度远大于北方，即使这样，很多城市的民工可能并没有这个勇气，进入一个新领域闯荡。而桐庐县的许多村民却在这个关键时刻，纷纷加入民营快递的大队伍中，一是想要走出大山，摘掉贫困的帽子；二是因为聂腾飞等人干快递致富的消息在村里传开了，大家都觉得这条路可行。可以说，正是这种乡里情结促使许许多多的桐庐农民走入快递业，也为"三通一达"业务的扩张打下了坚实的劳动力以及沟通基础，从而实现了其快速扩张。

如今，在我国快递行业头部品牌中，韵达、圆通、申通、顺丰四大品牌的市场占有率位列前四。2020年韵达全年实现件量141.82亿件，占全行业比重达17%，圆通全年实现件量126.48亿件，占比15.2%，申通全年实现件量88.18亿件，占比10.6%，顺丰全年实现件量81.37亿件，占比9.8%。

快递市场存在着明显的马太效应②，韵达、圆通、申通、顺丰四家企业占据了快递行业的半壁江山。回顾"三通一达"的发展历程，起初村民们那股冲劲至关重要。那时候大家就只有一个信念：我要改变。这种坚持，使得他们在一开始可以吃苦受累，可以不要多高的工资。只要有微光，他们就能一直干下去，使得"三通一达"在初始之时，以较低的成本实现扩张，使得自己的公司更具凝聚力。

---

① 朱晓军.快递中国 [M].重庆：重庆出版社，2016-3.
② 马太效应，是指强者愈强、弱者愈弱的现象，常用来形容经济领域的两极分化现象。

（三）培养核心优势，回应资本冲击

2017年的物流大会上，马云指出："未来的物流公司应该注重技术、人才和管理，而不应该停留在表层问题。"许多媒体将其解读为马云认为大多数快递公司在组织、人才、信息技术、眼光和格局等方面存在不足。其所言虽然有一定的道理，但是却透露出一种介入的心态。2019年，陈小英分两次将36.5%的申通股份卖出，而接受股份的正是马云的阿里巴巴，可以说，如今阿里巴巴是申通的最大股东。显然，随着电商平台的不断发展壮大，许多企业都希望抢占更大的市场份额。此前淘宝就有规定，入驻淘宝的商户不得入驻京东等其他平台。2020年下半年，京东与申通暂停合作的事情闹得沸沸扬扬。事情的起因是京东物流想要入驻阿里巴巴旗下的电商平台，结果京东物流提出入驻要求后，作为申通东家的阿里巴巴不同意，于是双方的合作不了了之。[①]这揭示了我国经济发展过程中存在的一个问题：以互联网为基础的数字经济发展日益兴盛，在取得成绩的同时，也有一些企业依靠自己在行业中的支配性地位，强制拉拢客户、限制竞争、无序扩张。这不仅阻碍了正常的市场竞争，更影响了整个经济社会的秩序。[②]国家也意识到了问题的严峻性，开始逐步打压垄断资本。在2020年12月举行的中央经济工作会议上，习近平总书记强调了加强反垄断和防止资本无序扩张、提高监管能力、坚决反对垄断和不正当竞争行为的重要性。2020年11月2日，中国人民银行等相关机构对蚂蚁集团的高层马云、井贤栋、胡晓明进行了约谈，此次约淡以及后续处罚可谓是打击垄断势力的第一枪，为资本市场敲响了警钟。

"打铁还需自身硬"，政策环境固然重要，实现自身的跨越式发展仍是快递行业甩不掉的难题。对于"三通一达"等企业来说，最重要的是实现新的突破。从供应链上端的仓储，到供应链末端的配送；从局部运送成本过高，到配送稳定性差，运送全过程都需要科技的加码。可以说，阿里巴巴就是赢在技术，赢在人才。快递企业也应该加强人才培养机制，通过岗上培训或者是特招吸引优秀人

---

① 王荣华.我国快递业健康发展的思考——基于京东暂停与申通合作事件的分析[J].中国市场，2021（35）：172-173.

② 姜奇平.强化反垄断和防止资本无序扩张[J].互联网周刊，2021（01）：8.

才，为技术突破和管理优化做好人才储备。

四、小结

本案例聚焦快递之乡——桐庐县，梳理了民营快递业从无到有、从非法到合法的全过程，并且对当前传统快递业的市场痛点做出了分析。在这其中，有一种品质贯穿桐庐快递发展全过程，那就是桐庐人敢于冒险、肯于吃苦、坚持不懈的精神。靠着这股精神，"三通一达"不断壮大；也正是靠着这股精神，数十万农民翻了身，实现了人生的逆袭。从桐庐走出来的快递老板们用亲身经历告诉我们：创业不是有钱人的专利，也不是有权人的特权，而是有头脑、肯拼搏的所有人的广阔天地。只要勇敢地抓住机遇，并以不放弃的精神坚持下去，谁都有成功的可能，谁都能改变自己的命运。这也是案例背后隐藏的意义所在。

桐庐系快递发展遇到的一个核心问题是如何与资本共舞，这是其机遇，亦是其挑战。若要把民营快递与资本市场的关系时期做一个划分，一个是电商平台萌芽时期，一个便是数字经济兴盛之时。在前一个时期，电商平台的发展使得订单数飞速增长，为快递行业带来巨大利润；但在后一个时期，数字平台利用自己的支配性地位，对快递市场产生了不小的干扰。如何将这种影响降到最低，笔者有以下几点看法：一是完善反垄断相关法律法规，让相关主体不敢垄断、不能垄断；二是加强对金融市场的监管，采取定期约谈等形式，建立固定检查机制；三是促进快递业与"城市大脑"的融合，将快递行业接入政府管控范围内。但是，如何防止民营快递在资本市场中"迷失自我"，如何实现农民工人生的改写，如何使得更多的农民工创业者有机会创建新的"三通一达"，仍需进一步思考。

溧阳电梯产业农民工创业集群

宁波大学 姜皓晨

一、引言

溧阳市位于江苏省常州市的西南部，距离安徽、浙江两省不远，且距离长江三角洲经济轴心上海只有约200千米，凭借便利的交通位置，经济腹地十分开阔。改革开放以前，依托于气候条件与地形优势，溧阳的传统农业较为发达，水稻种植业、渔业、蚕桑业、茶种植业尤甚，是当地典型的鱼米之乡。改革开放后，得益于长三角地区快速发展所带来的广阔市场与先进技术，溧阳市迈向了工业化，机械制造、化工、建材等多领域迸发活力，溧阳在改革开放新时期成了传统农业地区快速工业化的典型。

在众多工业产业中，今天的溧阳尤以电梯产业引人注目，常被冠以"电梯安装之乡"的美誉。溧阳的电梯安装企业承接安装了中央电视台彩电中心、天安门城楼、上海东方明珠电视塔等多个国家重大工程。立达、申菱、申芝等，一家家业内顶尖的电梯工程企业在这里生根发芽，无数电梯人在这里付出了血、汗、泪，造就了溧阳电梯安装在我国一枝独秀的局面。据估算，在高峰时，溧阳人包揽了全国70%的电梯安装市场份额。[1]而今，溧阳的电梯产业正朝着电梯的安装、生产、销售、维护及人才培养综合性产业转型。"百米高楼非一日筑成"，溧阳的电梯工程发家史，是从筚路蓝缕走向辉煌的创业史，溧阳电梯人亦是改革开放

---

① 周伟林.新形势下的溧阳电梯人 [J]. 中国电梯，2014，25（24）：45-47.

初期溧阳农民工创业的典型。一代又一代电梯人开拓创新，锐意进取，谱写了广大农民智慧和勤劳的赞歌。

二、溧阳电梯产业农民工创业集群的发展史

溧阳电梯产业，起源于溧阳电梯安装业。依据时间和发展策略的调整，大致可以将溧阳电梯产业的发展划分为三个阶段，即起步阶段、变革阶段和升维阶段。这三个阶段分别对应：溧阳电梯安装产业的从无到有，电梯安装产业的规范化与现代化，从电梯安装产业到电梯安装、生产、销售、维护及人才培养综合性产业的转变。事实上，由于现实中经济态势复杂多变以及创业历程的曲折性和反复性，这三个阶段并不是泾渭分明的，在此只是出于方便描述溧阳电梯行业整体发展趋势的考虑所做的分类。而在溧阳电梯安装业发展过程中，出现了一批又一批推动整个产业发展的标杆性人物，在成熟的现代企业出现之前，个人的推动作用相对于企业经营时期更大。因此，本文在成熟企业出现之前，选择以个人作为描写切入点来叙述这段历史；在成熟的现代企业出现之后，由于整个企业往往不再是一家之言，且往往代表着一种共同文化和普遍思潮，便选择以企业整体作为描写切入点来叙述产业的发展史。

（一）起步阶段：溧阳小伙上海打工做吊装工程起家

1978年12月，党的十一届三中全会提出"对内改革，对外开放"的政策，一场轰轰烈烈的改革运动就此在华夏大地上拉开帷幕。也正是这一年，以史晓敏为首的三位溧阳农民，走出家乡来到上海，在上海电工师傅的指导下，安装了溧阳人的第一部电梯。上海是改革的前沿阵地，亦是彼时的工业基地。怀揣着对大城市的期望与对自我价值实现、物质生活富足的梦想，千千万万的农民奔赴进城，掀起了轰轰烈烈的"民工潮"。在这里，"溧阳电梯"的历史卷轴被打开。

真正为溧阳电梯产业打开第一扇门的人叫沈梅根。他于1937年出生在溧阳蒋店乡合心村，因家境贫困，没有读完小学。1954年，不满18岁的沈梅根到上海成为吊装工程队的学徒，他在这里锻炼出了极佳的交际能力和组织能力。打拼多年

后，1963年，沈梅根回到家乡的生产队，一边务农，一边利用手中的技术，召集一队帮手，在农闲时为父老乡亲挖井。1978年，由于需要抚养三个孩子，生活压力巨大，沈梅根叫上了原先打井的老伙计，再次启程前往上海，为一些工厂企业打井疏井，提供辅助工业用水和生活用水。凭借早年的实践经验，工程作业十分顺利。在一次工作中，沈梅根偶然发现了工厂的烟囱存在烟囱灰堆积的现象和严重的锈蚀问题。在沈梅根话里话外的引导下，工厂的老板要求沈梅根想办法给烟囱捅灰并涂装油漆。然而，接到任务的沈梅根没有急于开工，而是凭借多年在上海打拼的经验和话术四处游说，在多家旧工厂揽到了共计一百多座烟囱的油漆和捅灰工程。喜出望外的沈梅根回到溧阳，召集了村里的8个人，以蒋店公社合心大队起重安装工程队的名义奔赴上海。借助沈梅根在先前工作中偶然发现的爆竹除尘法，工程队快速且出色地完成了所承接的工程。第一年下来，工程队有了近10万元的收入，为工程队之后的发展奠定了经济基础。

1979年年后，沈梅根听说同乡人史晓敏在上海虹口区江湾镇承接了一家出版单位的货梯安装工程，倍感新鲜，一有空就前往他们的工地探访。经过长时间的接触，沈梅根觉得电梯工程大有搞头，于是在征得史晓敏同意后，派侄子姜和平前去帮工学艺，并且支付了其生活实习的费用。姜和平机敏能干，又吃苦耐劳，师傅乐意将自己安装电梯的心得和经验传授给他。经过两年的探索式学习，姜和平成了溧阳工程队里的第一位电工师傅，也是溧阳电梯行业史上首位入门级的电工。[①]作为溧阳普通农民向技术型工人转型的典例，姜和平体现了彼时农民进城务工人员对拥有职业技能傍身以增加自身竞争力的朴素愿望。

时间回到1979年，虽然彼时沈梅根对电梯安装仍然一窍不通，但是他非常明白，随着改革开放，国家经济逐渐崛起，电梯安装一定会成为一门新兴的热门行业。并且，由于电梯安装工作辛苦，常年在外，上海本地的工人常常不愿意从事，这就为沈梅根的外来务工团队提供了机会。沈梅根一面派出人手现场学习，

---

① 史雅. 少年就入行，自谓打工王——记溧阳申菱电梯有限公司重庆作业部部长姜和平 [N]. 溧阳日报，2019-5-27（8）.

一面又凭借着多年打拼锻炼而来的人际交往能力联系到了两位原先在上海电梯安装队工作的退休老技工。在上海师傅的牵线搭桥下，不久工程队就获得了首笔业务——为广东湛江海军422医院安装一台重型电梯。沈梅根为此专门在工程队中抽调了人选，由此前拜师学技术的姜和平归队带班，并以高薪聘请上海师傅进行传带帮。在沈梅根的不断推动与上海师傅的指导下，工程队很快掌握了电梯安装技术。沈梅根与溧阳人的电梯安装事业就此大张旗鼓地开始了。

在沈梅根的影响下，几乎全蒋店乡的剩余男性劳动力都加入了电梯安装的大军。起初，由于口音、文化等差异，上海工人并不怎么待见这些普通的外来工人，不过好在沈梅根具有非同寻常的交际能力。沈梅根有个特殊习惯，每天外出工作时，他必定西装革履，夹着在当年十分流行的黑色公文包。在一口流利的上海话加持下，所有人都相信他是一个地道的上海人。每次外出时，沈梅根都会在外衣口袋中准备若干不同档次的香烟，见到什么人，就递上什么烟，攀谈一会儿，连保安也不例外，他的每次到来都颇受欢迎。[1]由此一来，许多电梯厂家都不再把这支溧阳来的安装队当外人，而是与上海本地工人统一称为上海师傅，安装队的业务也随之越来越多，作业面越来越广。

随着沈梅根率领的队伍在上海逐渐风生水起，安装队急需一名财务人员。蒋店合心大队的领导第一个想到的合适人选，就是曾在大队的鱼苗队从事贩销的黄明洲。黄明洲到了上海后发现，历经十年动乱的上海，此时百业待举。虽然处在改革开放的前沿，但各项配套政策措施都还远未跟上，税务登记管理十分混乱，多头管理、分散管理十分严重[2]，做财务工作的黄明洲不得不四下奔波。不过，黄明洲也因此得以与上海工商业各界和各级政府频繁接触。随着时间的推移，黄明洲逐渐在与上海工商业和政府的频繁交往中，锻炼出了对行业形势的研判能力。20世纪80年代中前期，随着国家对电梯行业着手规范化管理，从前安装队以村级组织为内核的较为混乱的生产和管理模式，由于专业性的匮乏，可能面临生

① 溧阳市电梯商会.溧阳电梯人物志 [M].南京：江苏人民出版社，2019：16.
② 溧阳市电梯商会.溧阳电梯人物志 [M].南京：江苏人民出版社，2019：20.

存空间不断被挤压的局面。黄明洲明白，是时候变革了。

（二）变革阶段：从上海转战溧阳，从乡间作坊跃向国际企业

1980年6月，四川省广汉县向阳乡开展了一场影响深远的改革，并在全国首先摘下了人民公社的牌子。随后，全国的人民公社逐渐退出历史舞台，我国迎来了大力发展乡镇企业的热潮。与此同时，在1983年，黄明洲返回溧阳开办了溧阳电梯厂，对外承接一些电梯零配件的制作与电梯安装等业务。黄明洲恰到好处地赶上了乡镇企业热潮，许多溧阳电梯人也做出了同样的选择，回到家乡开办工厂和企业。到了1984年，溧阳的电梯安装企业，较大的已有三家：溧阳电梯厂（即后来的立达安装工程有限公司）、溧阳电梯修配厂（即后来的飞达电梯工程有限公司）和常协电梯工程有限公司。[1]随着企业生产渐入正常轨道，黄明洲明白，由于溧阳电梯厂知名度低、技术薄弱，想要把家乡的电梯产业做大做强，就迫切需要与技术先进、知名度高的老牌电梯安装企业进行合作。然而，彼时的溧阳电梯厂规模并不大，上海电梯厂这样的大国营厂不大可能躬身与其合作。在多次奔走协商之后，黄明洲最终找上了上海沪西电梯厂——一家上海的街道办企业，并与其联营。溧阳电梯厂从此挂牌上海沪西电梯厂溧阳分厂，从事电梯安装及整梯制造，并借上海沪西电梯厂的品牌拓展市场。[2]正是这一看似不经意的转变，为"溧阳电梯"此后的发展、完善与壮大铺平了前进的道路。直到1987年3月14日，我国第一部由国家制定的电梯标准，即《电梯制造与安装安全规范》（GB7588—1987）终于发布，这份文件随后于1987年12月1日开始实施[3]，这意味着在全国实行许可证管理制度，电梯制造及其安装企业必须获得国家颁发的生产许可证后才允许进入市场。原先的工程队经营模式被彻底挤占生存空间，早日在外打拼的溧阳电梯人因而纷纷返乡。于是，黄明洲于1987年趁势成立了较此前溧

① 王瑞丽.寸草豪情——溧阳安装工纪实 [J].中国电梯，2005，16（20）：30-35.
② 谢卫."立达"创始人，"大王"来相称——小记原溧阳市立达电梯集团公司董事长黄明洲 [N].溧阳日报，2019-2-25（11）.
③ 恩旺，刘子金，张淼.中国电梯行业的技术发展与趋势 [J].建筑科学，2018，34（09）：110-118.

阳电梯厂规模更大的溧阳立达电梯厂，并通过早几年积累的管理和生产经验，第二年便拿到了国家建设部颁发的生产与安装许可证。然而，尽管获得了国家建设部的技术认可，溧阳立达电梯厂作为后起之秀，相比上海等地区的部分技术成熟的老牌国营电梯厂，仍然面临着员工技术素养差、设备条件落后的难题，这也就意味着立达在市场中受制于技术领头企业，难以打入高端市场。于是，黄明洲重金聘请上海江南造船厂、上海重型机械厂的退休职工来当师傅，以改进机械制造技术；设备落后，就设法压缩其他开支以支付设备迭代费用。20世纪90年代，为了解决人才需求矛盾，黄明洲联系上了县职工业余学校，出资派员开设出专门的培训班级，头两年就培养了160多名专业技术人员。

20世纪90年代，我国的电梯产业前景一片大好，早在1992年我国电梯拥有量就已居世界第四位，实际装有电梯量在12万台以上[①]，目前这个数字还在惊人攀升中。然而，原先被黄明洲指望为"靠山"的上海沪西电梯厂，由于经营不善倒闭。因无法承受市场份额的损失，黄明洲在1995年几番奔波于中外合资的上海三菱电梯厂，希望能够给他们做配套。在考察了立达电梯厂的实力后，上海三菱不仅给了充足的零部件加工业务，还给出了全部的安装业务，诞生了一个新的联营公司——溧阳申菱电梯工程有限公司（以下简称"溧阳申菱"）。

在上海三菱公司先进的经营理念影响下，溧阳申菱做了两个在溧阳电梯行业首创的改革：一是把过去电梯安装工程队队长由承包制改为年薪制，把曾经的承包队老板变成企业的管理者；二是建立企业自己的信息管理平台，使用电脑系统对员工统一管理。[②]这样一来，加强了原承包队老板对企业整体盈亏的责任感，二来避免了企业对基层员工动向难以充分掌握的窘境，管理更加紧凑，效率也有所提升，这也为同期的许多电梯企业指明了道路。

彼时的溧阳申菱与其背后的立达公司凭借着与上海三菱的长期合作关系，品牌效应越来越强，也获得了越来越多与国际公司合作的机会，学习到了外企更为

---

① 许诺，陈鹏.电梯历史回眸与发展展望 [J].工程建设与设计，2004（01）：21-22.
② 王瑞丽.感知安装——电梯安装之乡经营者素描 [J].中国电梯，2005，16（22）：26-29.

先进的安装工艺。例如，现在溧阳申菱仍在使用的电梯安装几何放样法，就是学习并改进日本工艺的产物，这种技术在当时将几天的工作时长成功缩短至半个小时。[①]1994年，立达承接了上海东方明珠电视塔内全部电梯的安装工程，至此立达在高层电梯细分市场上已经具备了国际一流的技术水平。1995年，立达成功打入澳门市场。2000年10月，立达首次走出国门，远赴葡萄牙进行电梯安装作业，从此着手开辟国际市场和国内高端市场。

然而，即使是立达这样市场宽广的大型企业，在21世纪之初仍然遇到了又一次变革的压力。压力不是来自企业本身，而是来自电梯安装产业自身被不断压缩的盈利空间。

（三）升维阶段：溧阳电梯产业将驶向何方？

步入20世纪90年代后，国家对电梯质量的把控更加严格，对于相关企业而言，电梯安装所需的设备、培训成本有所增加；而在21世纪之初，随着市场行情进一步向买方倾斜[②]，上游电梯制造商对于安装成本的控制加强、不断下压报价，加之市场流动性加强的影响，电梯安装企业的竞争愈加激烈；同时，由于员工对于提高薪水、加强安全保障的呼声不断加强，电梯安装企业的运转成本居高不下，使得这些安装企业的生存空间十分有限。这也就意味着在现有的竞争环境下，这些旧的电梯安装企业和电梯零部件加工企业必须加紧向制造业上游突破以争取利润，但困难重重。溧阳本就存在不少中小型的电梯制造商，如飞达电梯公司。在外资企业纷纷进场后，飞达类的小品牌电梯生产成本高，技术含量低，缺乏竞争力，只能在市场竞争中节节败退。在1999年，飞达电梯已有高达400万元的负债，直到抛弃电梯制造，专注于电梯安装后情况才有所逆转。[③]

21世纪10年代，事实上仍具有较强的电梯整机制造力量的溧阳电梯企业已经

---

① 史雅.时代弄潮儿，慧心逐梦人——记溧阳申菱电梯工程有限公司原副总经理许阿松 [N].溧阳日报，2019-7-10（12）.

② 周伟林.新形势下的溧阳电梯人 [J].中国电梯，2014，25（24）：45-47.

③ 溧阳市电梯商会.溧阳电梯人物志 [M].南京：江苏人民出版社，2019：141.

寥寥无几，其中比较突出的有溧阳立达集团、申芝电梯有限公司和溧阳人在重庆开办的中韩合资企业重庆威斯特电梯有限公司，这三家企业无一例外都在研发攻坚上花费了大量的财力。以目前坐拥几十项相关专利的申芝为例，光是在研发新工艺方面，申芝从1999年创立起每年都至少要投入200万元[①]；同时，申芝与相关科研院所展开合作，并通过引进专业技术人才以完善自己的研发团队。

对于溧阳的电梯产业而言，这几家企业向供应链上游的成功转型，盘活了原先因高强度竞争而出现颓势的电梯安装产业。2014年2月10日，为了加强溧阳电梯整机制造企业与安装企业等产业的合作，在时任别桥镇党委书记唐洪祥的建议下，溧阳市电梯商会在溧阳市别桥镇电梯产业园成立。[②]同年，由常州市委统战部、常州质量技术监督局等部门联合开展的"同心"工程在溧阳签署了《促进溧阳电梯产业园发展合作协议》。[③]这次政企合作，跟进建设了溧阳电梯产业研究院以加强溧阳电梯科研创新能力，并且设置了溧阳市场监督管理局别桥分局以促进企业规范生产。

在人才培养方面，自20世纪90年代起，溧阳立达电梯厂就已经尝试开设专门的电梯职业学校。而在2008年，经溧阳市教育局原纪委书记的推荐，尚菱电梯有限公司与溧阳市天目湖中等专业学校合作开办了电梯培训专业。在学校和企业的精心打造下，天目湖中专电梯专业得以快速成长。2010年5月，电梯学校首次校招活动举行，世界500强中的三菱、奥的斯等公司和全国电梯行业各大公司也闻讯而来，首届电梯专业的学生被预录一空。[④]2014年，溧阳市电梯学校在天目湖中等专业学校挂牌，溧阳的电梯人才培训规模达到了全国前列。

如今，20世纪七八十年代溧阳单调的电梯安装产业已经升级转型为集电梯安装、生产、销售、维护及人才培养的综合性产业，这也意味着溧阳电梯产业的重

① 溧阳市电梯商会.溧阳电梯人物志[M].南京：江苏人民出版社，2019：119.
② 宋林珍.溧阳市电梯商会成立[N].溧阳时报，2014-2-17（B2-B3）.
③ 常州市人民政府.溧阳市："同心"工程助力溧阳电梯产业发展[EB/OL].2014-09-24/2022-2-15.
④ 史雅.建人才摇篮，训业界新军——记南京尚菱电梯有限公司总经理宋锁华[N].溧阳日报，2019-10-28（12）.

心已经在一定程度上出现了向供应链上下游拓展的趋势。

三、经验及启示

溧阳电梯产业历经40余年发展，从单一的电梯安装产业逐步发展到如今集电梯安装、生产、销售、维护及人才培养的综合性产业。本文对溧阳电梯产业发展历史中积累的经验做了部分归纳。凭借优越的地缘关系和传统资源积累，溧阳发展电梯产业具有得天独厚的优势，但是这些因素要真正能够对产业发展产生影响，则必须以人的主观能动性为前提，只有因地制宜地利用好已有的优势条件，才能使产业得到发展。

（一）抢抓时代机遇

自1978年12月党的十一届三中全会提出"对内改革，对外开放"的政策以来，中国经济发展就走上了快车道。改革开放之前，电梯以货梯为主，主要用于材料与产品的垂直运输，应用规模并不大。改革开放后，随着国民经济稳步发展，高层建筑逐渐变多，客梯需求量大大增加，为溧阳电梯产业提供了宽广的市场支撑，并且这类市场需求在当下还远远没有趋于饱和，我国近几年电梯保有量的增长就可以作为例证。

溧阳恰为苏、浙、皖三省交界处，距离南京、上海、杭州、宁波等地域性的发达城市较近，提供了广阔的市场空间。虽然电梯安装行业受地域限制较小，工程队可以轻松地到很远的地区进行作业，但在改革开放早期，信息流通并不像互联网时代这样顺畅，从工程信息的发出到安装队响应往往会有几天的延迟，同时，由于地理位置比较有优势，电梯制造商以及电梯的采购单位可以更方便对工程队的资质进行考察，工程队也因此更容易获取信任。应该说，相比其他同行，溧阳市周边的城市是其电梯产业发展的基本盘。

（二）充分利用传统资源

溧阳发展电梯安装产业，传统资源积累不可忽视。具体而言，吊装产业的传统优势与苏南地区独特的文化禀赋产生了较大的影响。

溧阳吊装工程发展较早，这给早期的电梯安装业发展创造了良好的产业基础。[①]这些产业基础既包括一定的技术基础，也包括潜在的技术人员基础，如吊装工程的从业人员，具备相应的背景知识，可以通过培训快速成为专业的电梯安装技术人员。

溧阳作为苏南城市的典型代表，具有苏南的典型文化特质。作为明清时期最早接触西方资本主义文明的地区之一，开拓精神与冒险精神在苏南文化中十分突出。[②]此外，得益于悠久的经商史，勤俭、吃苦耐劳、精于算计也是苏南传统文化中的典型特质。这些文化特质赋予了溧阳人远走务工和创业的意愿，也使得溧阳电梯人在面对复杂的市场格局展现出坚忍和韧性。

（三）积极获取社会资本

"社会资本"的概念旨在描述社会关系对个人实际生产力的影响。Pretty J和Ward H的研究将社会资本划分为四个主要维度，即信任、交流与互惠、共同的规则和规范、群体和网络的连通性。[③]根据已有的大量研究来看，社会资本的富足程度对于农民工创业的综合过程产生了较大的影响，最显著的表现是，社会资本有利于创业机会的识别，其富足程度与农民工创业意愿呈正相关。因此，本文将借用社会资本理论对溧阳电梯产业的创业和持续运营过程中的一些决策进行分析，以得到一些启示。

1. 信任。在农民工进城务工的起步阶段，信任是影响最为深刻的一个维度。对于城市居民而言，外来务工者往往是陌生的，因而缺乏信任。因此在招工时，本城人往往相对于外来务工者被优先考虑，即使有时后者能提供相对于前者更优质的服务。对于此案例而言，外来务工者的身份对于在上海的溧阳人是一个较为显著的弊端。为了打破固有偏见，带头人沈梅根做了外形包装的尝试，常常穿着

---

① 杜振滔．溧阳电梯安装业发展调查 [J]．中国电梯，2005，16（21）：5-11.

② 王腾．区域文化特质、文化精神与经济社会的发展：以江苏为例 [J]．重庆社会科学，2008（10）：8-14.

③ Pretty J，Ward H.Social Capital and the Environment[J].World Development，2001，29（2）：209-227.

西装革履，给人以专业的印象；同时，沈梅根能流利地使用上海话，无形之中拉进了身份上的认同；同时他不吝啬"递烟"———一种在彼时表达诚意的好方式。这类努力，在一定程度上能够获得电梯厂家的信任，从而使得事业能够快速起步。相对的，在返乡创业阶段，创业者往往容易取得当地政府与社会的信任，因而能更容易地获取技术支持、资金支持及政策支持等启动成本，在企业间合作时也往往更容易达成共识。

2. 交流互惠。溧阳电梯安装业作为生产性服务业，高度依附于制造业。因而纵观整个溧阳电梯安装产业的发展史，与电梯制造企业的合作被视为重要的决策。而在事实上，与电梯制造企业的长期合作贡献了稳定客源和基本利润。这种与制造商的交流建立在双方互惠的基础上：对于制造商而言，由于安装工程相对电梯整机制造的利润小了许多，制造商亲自下场组建工程队可能是"吃力不讨好"，但是工程队作为依照现实情境制定安装方案的环节是不可缺少的，这也就意味着电梯制造商与客户之间存在结构洞，于是溧阳电梯安装产业应运而生。应当说，溧阳电梯安装产业，抓住了交流过程出现的结构洞，从而获得了创业的机会。

3. 制定共同规则。几十年发展中政府所制定的各种行业规范与自2014年溧阳电梯行业商会成立后产生的商会内自我约束实际上都是社会资本意义上的共同规则。在共同规则下，个体将承担责任，并可以确保自己的权利不受侵犯。这使得个体有信心投资于行业整体的活动与发展。

4. 网络连通。市场内生行业协会的成立对产业园区的创建提供了多向交流渠道，使得组织间网络的畅通性得到一定程度的保障。

（四）重视职业培训

自20世纪90年代起，溧阳立达电梯厂就已经尝试开设专门的电梯职业学校。此后职业培训一直是相关企业的重点关注工作内容。对职业培训的重视最直观的影响就是缓解了用人难题，并且提升了企业新招员工的知识技能素质和文化水平。此外，职业培训有利于增加社会资本，也使员工对于企业和行业本身产生归属感。同一个学校毕业的学生，往往互相熟识，工作磨合成本和管理成本就会下降。校企合作亦可以在工人进入企业之前，就先将其打造成一个认同企业文化和企业使命的企业人，工作效率和质量都会相应提高。

（五）注重技术升级

更优异的技术主要来自两个渠道：外资企业与老牌国企的技术外溢、溧阳电梯企业的技术投资。此外，当地政府的政策督促也或多或少为技术升级注入了动力。

在溧阳电梯产业发展之初，并不具备电梯安装和制造的相关技术。依托于临近的上海、南京等旧工业基地，溧阳能够较快地吸收大城市技术扩散的红利。这些技术的来源，有旧的国有企业，也有自1980年之后进驻中国的外资电梯企业。溧阳电梯企业采用的聘请先进企业的退休技术骨干等方法又人为地加快了这一进程。

从沈梅根开始，到当下较为成功的立达集团、申芝公司，都对生产技术的提升和改良进行了大量的投资，使得溧阳电梯产业在竞争中能够摆脱技术滞后的局面。

长期以来，当地政府的政策督促也是技术升级的动力之一，政策规定了新的技术指标和安全要求，企业就必须同步进行升级。这一过程是平滑而非突然变化的，在督促整个产业进行升级的同时，也最大限度地保证了企业正常的生产作业秩序不被打乱。

四、小结

应当指出，溧阳电梯产业发展的最大特点就是其对技术的高指向性。对技术的要求意味着一定的学习成本和较大的研究投入，对于改革开放初期刚刚从农业和传统手工业中解放的农民而言，这些学习成本往往难以支付，根源在于大多数农民并不具备相应的前提知识水平来学习专业技术，也缺乏获取相应知识的社会资本，更难以支付学费。溧阳电梯产业的发展正好克服了这三个困难，其中的策略和方法是尤为值得关注的。

　　然而，溧阳电梯产业仍然面临着多重挑战，最显著的问题有三个。第一，溧阳电梯整机制造虽然已经具备一定规模，并且具备较强的自主研发能力，但是距离国内外顶级企业还有较大差距，在市场竞争中占尽下风。第二，部分电梯企业，如20世纪80年代成立的常协公司仍然维持了原先作为乡镇企业落后的组织管理模式和用人原则，管理层往往沾亲带故，运转效率受到较大影响。第三，溧阳市的电梯学校毕业学生，往往不能如学校创立的设想一样为当地企业输送人才，相当一部分毕业学员最终都选择在三菱、奥的斯等国际尖端企业中就职。或多或少都反映了共同的根本问题：溧阳电梯产业到底应该如何定位？是应该大力发展电梯制造，还是继续发展电梯安装与职业培训产业，成为电梯制造业的附属品？从现有的产业布局来看，溧阳仍然只是"电梯安装之乡"而非"电梯之乡"，而电梯安装产业续存高度依赖于电梯制造业，一旦电梯制造企业纷纷下场组织直属工程队从事电梯安装和维修，对于电梯安装产业的打击很可能是毁灭性的，如果溧阳电梯制造企业不能掌握话语权，则溧阳电梯安装业不能脱离危机。此前同属江苏省的康力电梯公司已经成为占有市场份额最大的国内电梯企业，在溧阳发展电梯制造，如果没有更优惠的政策支持和产业投入支撑，人才只会在虹吸效应下持续流失。但是，如若简单以资金支持等方式推进电梯制造业的发展，其最终形成的产业布局雷同会不会导致电梯制造业发展过密化？溧阳电梯业曾经靠着发达的安装产业快速走向辉煌，却在新时代的竞争下一步一步地被蚕食，发展取舍、着力侧重等诸多迷思，只能留待进一步探索了。

新化复印农民工创业集群

宁波大学 郑佳俊

一、引言

在中国有一个奇怪的现象，那就是你随便走进一个文印店，不管是在高校的，还是在街头的，接待你的老板大多讲话会有湖南口音。如果你有兴趣继续打听一下他（她）的籍贯，他（她）会告诉你，"我是湖南新化人"。这被称为"新化现象"。

"新化现象"是指以湖南新化人为主体在全国各地从事文印活动的经济扩散现象。从起初个体的"穷则思变"走向"以亲帮亲""师徒传承"，从擦边球式的个体流动维修到合法化的规模学艺流动，从维修经营到制造形成产业链和打造专业市场，如今的新化文印产业年产值剑指千亿，市场份额占比七成以上，被誉为中国"文印之都"①，"世界文印看中国，中国文印看新化"成为共识。在改革开放的浪潮下，新化人的文印创业之路是吸纳农村剩余劳动力和实现阶层跃升的新型实践，为此，笔者希望借梳理新化文印创业史，以展现60年来新化文印人的创业历程，并探寻出新化复印农民工创业集群的经验与启示。

---

① 一号印会展. 细数你不知道的新化文印 [EB/OL]. (2021-06-22) [2022-01-22]. https://www.sohu.com/a/473416948_121042584.

二、湖南新化创业集群的创业史

（一）不务正业：穷苦农民"走资本主义"从维修刻字钢板起家

新化县位于湖南省中部偏西，人多地少的县情使得"以技补农"成为新化县一直以来的传统。[①]60年前易代兴、易代育兄弟俩迫于生计跟随师傅四处奔波，主要从事钢板维修活动，在机缘巧合之下遇到机械打字机故障情形，凭借着自身的眼力见儿找准问题的症结成功修好打字机。随后，兄弟俩拿各单位的故障打印机试手，以此锻炼并提升自身的维修技术。在来回拆卸和重装的摸索中，手艺渐趋熟练，便去雅安从事打字机维修工作。同易氏兄弟时间相近的另一重要人物——邹联经，在1970年回到新化师从易代育徒弟袁锡楚学习打字机维修技术。就这样师徒三人成为新化打字机维修界的开创者，并在后者的规范推动下新化复印产业才得以初步形成。

当时尚处于计划经济时代，社会结构固化，人口流动和农转商受限，维修身份的合法性问题令易氏兄弟和邹联经的维修之旅风险重重。对此，他们不约而同地采取"私刻公章和伪造介绍信"的形式企图掩人耳目：易氏兄弟以"武昌红星文化厂"和"湖南省安化县红卫机电修配厂"外派工人打掩护；邹联经以"湖南省安化县红卫机电修配厂"、发票价格表及公章介绍信来作掩护。尽管他们为使维修生意看起来更正规而颇费心力，却未能躲过公安人员的审查进了看守所。之后，易氏兄弟在四川凉山栽了大跟头，易代兴以伪造公章罪被判刑，十余年后才得以回到新化；相对而言，邹联经则比较幸运，虽然基本每年都有一遭，却仅是"收容遣送"，回到新化后仍继续外出流动，积累了一定的客户群，开拓市场也有了一定的门道。邹联经在谈及其跑江湖经历时提到，"我在很早以前就到过许多国家，如缅甸、泰国、越南，当时是从云南边境翻山越岭到达缅甸和泰国。"

在这一阶段比较明显的特征是流动维修在官方层面缺少合法性，具体表现为政府与新化复印开创者间的"你追我跑"。幸运的是留有邹联经这一火种，"收

---

① 冯军旗.新化复印产业的生命史[J].中国市场，2010（13）：5-8.

容遣送"这一较为轻微的处罚方式令其再流动得以可能，他在湖北、陕西、江西、河南、新疆等省区跑江湖，一方面对既有和潜在市场有所了解，另一方面对技艺有所磨炼、对市场风向转变具有敏锐性，为复印产业的产生及发展奠定了市场技术基础。

（二）政策松动：新化打字机维修走向全国

"我原来最早搞这个打字机，收了很多徒弟，但村里人很多都看不起我，各个看我的笑话，不管我做什么因为我搞打字机用的是假证……各个知道我的本事是在民间修打字机，最早靠维修刻字钢板起家，现在赚钱是比哪个赚钱快的。"可见，邹联经在外维修打字机的可观收入，虽然明面上不被村里人看好，在洋溪镇被冠以"不务正业""走资本主义"等称号，但是暗地里许多家庭将孩子送去他那做学徒，在改革开放前通过师徒制也培养出一些技艺者。但囿于当时时代背景，外出流动和农转商等受官方严格管控，外出流动维修谋生也不被民间所认可，因此维修打字机队伍未成规模。在人们的观念中，面子、里子都很重要，缺乏官方合法性，从事流动维修工作始终具有体制性风险，不是长久谋生之路，这一忧虑萦绕在新化县这些开创者的心中。1978年后政策有所松动，人口流动限制放开，百姓谋生选择也日益多样化。为摆脱新化贫穷落后的现状，人民政府期望通过邹联经来带领新化人民走出一条致富之路，便成立新化县洋溪打字机维修厂，由其担任业务厂长，为打字机流动维修"正名"。

新化县打字维修厂的主要作用是开具介绍信与发票以进行身份的合法性认定，同时负责技术培训和队伍建设等工作，一时间涌现出大批打字机维修技术求学者，从1983年的200余人发展至1990年的5 000余人[①]，为新化维修打字机走向全国提供人力支持，实现了新化人在全国的地缘式扩散。

在这一阶段典型的特征是新化流动维修打字机活动走向正规化道路，并逐渐向规模化发展。20世纪70年代末至90年代中期人们主要专注于机械打字机的维修

① 黄孝东.试论"新化现象"形成过程中的社会文化动因 [J].世纪桥，2014（03）：90-91. DOI:10.16654/j.cnki.cn23-1464/d.2014.03.044.

工作，流动渐趋规模，与60年代接轨并称为"流动维修打字机阶段"。

（三）顺时而变：抓住开放机遇新化复印崛起

1.技术更迭步入复印机流动维修

在流动维修打印机的过程中，新化人与复印机相遇。熔铸在新化人血液中的"以技补农"传统，面对新技术具有难以言喻的激情，在他们看来技术更迭具有较强的经济转化效益，能为自身带来名利的双丰收，这种心理铸就出新化人适时而变的特点，也为新化复印产业的阶梯化发展奠定了基础。

在流动维修复印机阶段，龙三沅、杨桂松和曾旗东通过新技术的学习成了主要代表人物。其中，在贵阳的复印展览会上，龙三沅与复印机相遇，并师从工程师王利华学习了复印机维修技术。①当时复印机算是稀罕玩意，在政府机关才有机会配备，因此，龙三沅学成之后，便离开云南下关，前往西藏拉萨，开启流动维修复印机的门生。据龙三沅回忆道，当时各单位对他们也都比较客气，"管住管烟管酒陪同吃饭"是家常便饭，各方面待遇都没的说。在同一时期，杨桂松和曾旗东在广东也先后学习掌握了维修复印机的技术。通过新化人"师徒制"等亲情地缘关系网络，复印机维修技术被引入"地域共同体"，推动着新化流动维修的客体向复印机转变，涌现出许许多多的维修事迹。刘红雨作为新兴后辈的一员，也有其"惊险跳跃"的维修经历，他虽破天荒遇到了彩色复印机，却能凭借自身丰富的佳能机器维修经验，举一反三成功修好彩印机。层出不穷的新化后辈凭借着自身维修技术，在尝试摸索中很快实现流动维修上的更迭。

2.小有实力流动维修迈向个体经营

从事流动维修打字机和复印机的群体中，一些新化人凭借多年积累的人脉和收入，开始由流动维修向购买复印机经营转变，这一时期的代表人物有邹联经、龙三沅、邹让余和罗旭辉。1986年，邹联经在流动维修过程中洞悉复印店经营的前景，便从长沙五一文化公司购入佳能复印机，成为新化个体经营的开端者。此

---

① 冯军旗.新化复印产业的生命史 [J].中国市场，2010，No.572（13）：5-8.

时在西藏打拼的龙三沅经过多年的打拼已初具经济基础，也转向打字机、复印机维修店模式。不同于邹联经，龙三沅的复印店模式是维修与复印兼而有之，符合当时个体经营所倾向的保守策略。考虑到全新复印机投资的高成本性，龙三沅主要是向政府机关租借和购买损坏复印机以翻新来获得复印机。

从流动维修到个体经营是新化复印产业走向繁荣的关键节点。与流动维修阶段盲目探寻市场不同，个体经营更多专注于本地市场的维持，相比于先前流居不定的生活，后者更能改善生活境况和提高生活预期。但因店面经营对资金投入的高要求，新兴后辈恐难以负担，个体经营也主要局限于前期有所积累的行业开创者。此外，从新化复印的历程中不难看出，邹联经和龙三沅开设复印店的先行之举同政府关系紧密：邹联经在担任新化打字机维修厂厂长期间，培养出不少徒弟，又通过业务积累了不少人脉和经济资源，为其进军复印店奠定基础；龙三沅在西藏的际遇令自身社会资本有明显提升，才能顺利向教委租借和购买二手复印机，踏足维修部的经营。由此可见，新化复印先行者的开拓和行业的发展，同政府之间存在着"共进共益"的格局：新化县人民政府需要邹联经的资源以发掘本县优势产业，带动人民致富创收，转移农村剩余劳动力；西藏机关事业单位需要龙三沅的技术为其提供维修服务。

3. 海外二手货源涌现推动新化复印产业链初步形成

20世纪80年代末零星分布的复印店模式创收稳定却成本高昂，限制该模式在新化人中的扩散效应，也无法实现全国模式的阶梯式发展。但是该情况在90年代复印产业现状和国家政策的交织下得以改善：新兴油印机和誊影机的出现未能满足人们对设备速度和印刷质量的需求，机械打印机市场也在不断萎缩，复印机的市场需求不断扩大；邓小平南方谈话解开了市场经济的束缚，进口型经济向好发展，为复印机的进口扫清体制障碍。由此，复印机货源供应得到拓展，但优美、施乐、佳能、理光等国外品牌的复印机仍然价格高昂，急需二手设备市场的开辟。令人惊喜的是在广州从事复印机维修的邹联敏幸运地发现来自我国台湾的五金中存有大量与复印机相匹配的零件，便与杨桂松商议购置二手复印机，他的维修店随后才得以发展起来。新化人固有的"师徒制"等传统令他们具有比较强的地域共同体意识，这样一来"我国台湾商人有二手复印机货源"的消息便被曾旗东、杨武德等人获悉。趁着我国台湾商人尚未发现旧复印机的价值前，曾旗东和杨桂松等人向他们大量购置，并经过维修翻新进入二手市场售卖赚取利润。同时，我国台湾商人因拆解分类工序的烦琐而乐意作为新化人的货源方，他们之间形成了结实的"买方一卖方"关系，新化人的二手复印机市场迎来了发展期。

新化人凭借着货源优势在复印产业掌握了维修和销售市场，也推动新化人走向复印店经营阶段。又随着市场体量的扩大，新化人在2000以年后发掘新的货源渠道，跳过中间商直接购买淘汰复印机以规范复印机买卖市场，建立起了完整的二手复印机产业链。①

4."夫妻式"低成本经营推动新化复印快速扩张

在流动维修阶段新化人较好地掌握了机械打字机和复印机的维修技术并在同一群体中形成技术扩散，同时在二手复印机市场上掌握话语权形成内部的货源和销售渠道，这样一来，新化人在开设与经营复印店方面具有独特优势，推动着复印产业在全国的快速扩张。该优势主要有以下几方面：一是开设复印店门槛低，源于维修基本自给和货源价格实惠②；二是客户群先于销售群发展，机关事业单位、学校和企业形成庞大的市场需求，市场空缺大；三是名声在外，流动维修阶段形成良好口碑；四是技术队伍构成中新化籍占比大，复印店发展速度自然快。在开设复印店方面，邹联经也是先行者，他同他的孩子认识到"有了打字复印机货源以后搞耗材的人很少，有了二手复印机以后开复印店成本就低了"，便利用该优势拿出17万多元购买机器，带头开了店。

新化人自身经济基础薄弱，于是租金便宜和人口密集便成为他们开设复印店考虑的主要方面。得益于早期跑江湖的流动维修经历，不少新化人发现高校打印、复印业务量大却供给空缺明显，不约而同地进军校园，在校内和校外开设的均有，一直延续至今。从早先冯军旗研究中提及的北京各大院校，到现在笔者所

---

① 冯军旗. 新化复印产业的生命史 [J]. 中国市场，2010，No.572（13）：5-8.
② 侯金香. 解读新化快印产业演进史 [J]. 数字印刷，2015（08）：25-33.

在的江浙地区高校，均能见到湖南娄底人经营的复印店，他们与新化县间有着密切联系。这些高校打印复印店有明显相似性：大多是夫妻（有时也能见到孩子）经营，同时口音接近，沾亲带故，彼此间电联频繁，复印彩印用品互通有无。关于夫妻经营复印店的模式，相关研究指出，这是婚姻制度嵌入行业发展的结果，在新化县寨边村的相亲标准主要是复印店数量，同行结婚成为新化县人择偶的一大偏好。①在婚姻关系的加持下，复印店的经营成本有所降低，错综复杂的亲情网络与地缘关系不断交织，成为新化复印产业规模化发展的动力源。

值得注意的是，高校内外新化复印店间的发展关系大相径庭。一般而言，由于高校打印复印需求量大且店面有限，入驻者间的利益冲突不明显，有着校方的介入和同学的约束，价格稳定；而高校外则不同，店面供给相对有弹性，市场大而不密，会存在同乡之间的恶性竞争现象，主要体现在价格战上，以恶意降价、互相拆台、造谣污蔑等手段为主。不过这一现象随着行业制度规范的完善和外部竞争的压力得以改善，从无序逐渐走向有序。

（四）聚焦实业：转型关口新化复印砥砺前行

虽然夫妻式的复印店经营模式有利于降低经营成本，但是其较低的经营门槛和稳定可观的收入来源却制约着新化复印产业的整合。个体户经营模式难以实现协同和规模效应，新化复印产业面临着由从业者内部化向产业协同提质的转变趋势。这一趋势在2000年以来互联网经济的加持下不断加快，平台经济发展所具有的成本优势显著高于新化籍复印产业的内部化，且能在终端层面提供更多样优质的服务，货源销售渠道方面也可以与快递业合作形成全球市场。对此，新化复印产业也迈上了转型期。

1.经营模式多样化和产业链升级同步推进

20世纪90年代新化复印产业占据着维修、翻新和出售等环节，可以算是处于上游水平。但在21世纪中国加入世界贸易组织以后，经济发展逐渐与国际接轨，

---

① 黄孝东.试论"新化现象"形成过程中的社会文化动因 [J].世纪桥，2014（03）：90-91. DOI:10.16654/j.cnki.cn23-1464/d.2014.03.044.

进出口贸易往来也逐渐频繁。技术成果落地的周期渐短，各式各样的文印设备涌入市场，冲击着传统的复印行业，以21世纪初的数字印刷机为例，它的出现开启了文印到快印的转型期。但新化复印店也正处在复印向文印的转型期，彩印机等设备价格昂贵、办公用品和多种设备的配备对店铺面积的要求，都制约着夫妻式经营模式的转变速度。个体户经营刚从文印转变中缓过气来，又面临着"快印"压力而不得不添置新设备，加之设备换代速度加快，个体户难以负担高昂的设备成本。这样一来，经营者将会面临"权衡取舍"的困境：不添置新设备竞争力就会下降，反之则会带来利润空间的收缩。作为"家庭小作坊式"的经营模式，经营者往往会倾向于后者，同时邹联经也提到，"打印店越来越多，生意越来越难做，但人们经营模式守旧，怕强强联手和有本事有钱的人一起搞让别人赚了钱，所以转变想法强强联手很重要"，客观上令新化籍文印产业的市场竞争力有所回落。据统计，到2012年，夫妻店或中等规模以上的新化文印企业都要面临倒闭和转让的局面。[①]线下文印店服务种类的多样化难以守住新化文印产业，经营模式多样化（包括经营形态、渠道等方面）和技术投入以升级产业链才是出路。

该时期以曾树深、曾文辉、曾辉和邹干丁为代表的新化人揭开了新化文印产业办公设备制造的序幕，推动着新化文印由维修贸易向制造实业转变。早在1993年，曾志辉就敏锐地注意到新技术问世的红利，在刻字机问世不久便出手购置，为他带来可观利润。在后续的经营过程中曾师傅专注于新技术和新设备，力图保持设备的前端性。在福建厦门进行写真机的投资生产时，曾志辉萌发出将绘图仪和写真机功能合一的想法，后来与清华大学物理系合作，研发出具备写作绘图功能的写真机，获得了巨大的成功。[②]其他三人也是如此，先从组装入手发现商机，然后投资零配件生产，进而尝试研发。

就这样，新化文印产业在21世纪初踏上了一条组装研发制造之路，经营形态也从个体经营向企业经营转变，经营方式和服务种类也更具多样化，互联网技术

---

① 侯金香.解读新化快印产业演进史 [J].数字印刷，2015（08）：25-33.
② 冯军旗.新化复印产业的生命史 [J].中国市场，2010（13）：5-8.

和平台经济也在文印产业广泛应用。

2.政企合作新化文印连锁创新深入发展

尽管面对市场变化已有部分新化人作出应变,开辟出组装研发之路,但数量有限且经营范围狭小,未能触及核心技术研发和多行业融合。根据前瞻经济学人关于中国印刷行业市场现状与发展趋势的研究报告所示,自2014年以来中国印刷复印行业同比增速放缓,保持在5%以下,之后受电子传媒和疫情影响增幅低于1%,且中国印刷业企业结构中个体经营户占比仍较大,在2019年占比为37.10%。[1]这样规模的个体经营户反映出当前中国印刷复印行业低端市场的挤压效应明显,出现个体经营的内卷现象。这意味着当前我国印刷复印行业市场规模的增长空间潜力较大,若能适时引导推动个体经营户向企业经营转变,中小企业向大企业转型,产业集群所释放出的规模效应将助力印刷复印行业在原有市场份额中提质并突破70%的界限向剩余30%的市场份额进军。中山市办公耗材行业协会名誉会长王肖平在2021年第二届中国复印机高端产业暨办公设备展览会上提到,当前我国印刷复印的高端耗材市场产业链尚未完全形成,"现在全球大概有一亿台复印机,中国大概有600万台。在这六百万台中,有大概30%的市场我们做不到,但剩下70%是完全可以做到的,更别说还有耗材市场"。[2]原有市场产业链的整合、提质与升级对于新化复印文印从业者而言或是产业扩容转型升级的重大机遇。对此,鉴于新化文印市场具有占有率高、体量大、产业链较完整等特点,湖南省委省政府和新化人民政府发挥"在场"作用,从幕后走向台前,为新化文印产业扩容、提质和升级提供政策帮扶。

当前新化县产业从业人员已逾20万,6万多家文印店、2 000多家耗材经营企业和3000多家复印机制造与销售企业,遍布全国300多个城市和近3 000个区县,规模初具却未做大做强。新化文印发展之路筚路蓝缕,是新化人民自发探索的创

---

[1]　王葳.2021年中国印刷行业市场现状与发展趋势分析:未来行业仍处于增长通道 [EB/OL]. (2021-04-17) [2022-01-22]. https://www.qianzhan.com/analyst/detail/220/210416-41d27e08.html.

[2]　王肖平.中国复印技术及耗材行业的发展现状及未来趋势 [EB/OL]. (2021-04-23) [2022-01-22]. https://www.sohu.com/a/462466349_121042584.

业致富之路，在高质量发展和创新驱动发展战略的政策要求下，湖南省委省政府和娄底市委、市政府作出"将新化文印打造成千亿产值产业"的决策部署，出台《关于加快文印产业发展的若干意见（试行）》等系列政策措施，设立5 000万元的文印产业发展专项扶持资金，致力于培育新化文印小镇和打造新化文印产业园区，引导成立文印行业总商会，创建"新化文印"公共品牌。借助产业园区平台，新化文印小镇为文印产业集聚发展奠定生产、展览、销售和服务一体化基础，并通过"免租、专项低息贷款"等政策帮扶招商引资，打造出复印机生产制造、耗材生产、设备贸易和租赁、现代办公服务等五大集群，同时配备物流等现代服务体系，力图培育出中国文印品牌。[①]现阶段，新化文印聚焦于新印科技、湖南印盟、湖南原宇等龙头企业的发展，借优势企业之力带动新化文印产业的整合发展，现已涌现出"直营式连锁""加盟式连锁"等形式。此外，在政府领导、协会规范和企业自主创新的基础上，新化复印聚焦于质量和品牌建设，以合作研发、技术引进等手段生产具有本国知识产权的仪器设备，占据高端产业链，并利用平台经济的"负竞争性"[②]，以品牌效应和技术优势进军各大产业，扩大经营范围。同时顺应"一带一路"布局，向沿线国家进行产业输出和转移，以调整产业布局，推动"新化文印"走向世界。

虽说新化文印全国布局60 000余家，但各自为政竞争力有限，政府政策扶持对新化文印产业集群和文创转型意义重大。以新印科技公司为例，该公司在政府扶持下创办，积极响应国家"一带一路"倡议并于2019年将新化文印再制造工厂开进非洲加纳，进行生产运营布局，实现湘约非洲。同时据其董事长介绍，"非洲有54个国家，15亿人口，需要进行一些产业的提升"，后续为促进新化文印在非洲的产业协同，新印科技公司计划继续投资5.4亿元实现对非54个国家的

① 红网综合.洋溪文印小镇：从"新化再制造"向"新化智造"转变.[EB/OL].(2019-10-26)[2022-01-22]. https://gov.rednet.cn/content/2019/10/28/6156991.html.
② 阳晓伟."负竞争性"：对新古典经济学物品划分理论的挑战与完善——兼论平台经济的生发逻辑[J].浙江社会科学，2021（01）：23-33+155-156.

市场开拓。①对于新印科技公司进军非洲的壮举，新化县委书记这样说道："搭好平台，拿出票子，每年拿出五千万作为文印产业回归的支持资金，以铺好路子"②，这也是新化人民政府对文印产业回归发展作出的承诺。新印科技作为新化文印产业链的重要生力军，主要着眼于产品、产业、品牌与服务输出③，最终实现新化文印文化输出。政企合作格局中，新化文印在龙头企业的带领下已形成"新化基地+全国连锁"的新模式，当前正在向"新化基地+全球连锁"模式迈进，同时也着眼于文创，现已在手机外壳、抱枕、背景墙、字画等个性化打印方面获得年轻人的喜爱，未来将在产业园区的集群效应和海外市场的开拓中，为文创增添更多活力。

三、经验及启示

"新化现象"产生距今已有60余年，历经流动维修、设备贸易、门店经营、产业整合等阶段，相互交织一步步实现产业的阶梯化发展。其间既有机遇又有挑战，为何复印产业能从新化县走向全国乃至世界？又有哪些经验启示？笔者着眼于新化复印创业史，总结以下三点。

（一）师缘、亲缘、地缘关系网络的支撑不可或缺

易氏兄弟和邹联经作为流动维修技术的先行者，二者之间的徒孙关系令打字机维修手艺得以传承。在这个素有"以技补农"传统的县域当中，师徒制为新化人拜师求艺提供便利，拜师学"技"又为农民生计提供强有力的支撑，增强着制度惯性，就这样在师徒制的作用下，培育出大批技艺者，为后续产业的发展壮大奠定基础。取得流动维修合法地位后，新化人流向全国进行维修活动，又在流动

---

① 五环外. 千亿产业，湖南打印店老板统治全国 [EB/OL]. (2022-01-12) [2022-01-22]. https://mp.weixin.qq.com/s/gMB79hl29NMY7LjjPDl8qg.

② 时刻. 湘约非洲 新化文印再制造工厂开进非洲加纳 [EB/OL]. (2019-06-12) [2022-01-22]. https://moment.rednet.cn/pc/content/2019/06/12/5587472.html.

③ 中国经济周刊. 新化文印的"发展经"：从遍布全国到挺进非洲 [EB/OL]. (2019-06-14) [2022-01-22]. https://baijiahao.baidu.com/s?id=1636300737704921862&wfr=spider&for=pc.

维修迈向家庭作坊式夫妻经营时，通过婚姻关系的嵌入，使产业迅速进入复印店阶段。同样地，二手复印机销售、办公设备制造等推进也很大程度上源于地缘网络中的技术和信息传递。由此看来，农民工创业集群离不开地缘关系网络的支撑，离不开良性反馈机制的建构，产业发展的初级阶段某种程度上是关系网络作用的结果。在缺少资金市场基础的创业初期，关系网络所提供的技术情感功能不可或缺，个体所积累的社会资本可以通过关系网络不断积累，并传递给其他个体使用，为产业发展提供助力。

（二）领头羊是行业发展的宝贵人力资源

回首新化农民工创业历程不难看出，产业演进的背后总有一些领头羊存在，先是易氏兄弟和邹联经，其次是龙三沅、杨桂松和曾旗东，随后是邹联经、龙三沅、邹让余和罗旭辉，再是曾树深、曾文辉、曾辉和邹干丁等。他们具备技术、胆识和敏锐的眼光，能够大胆尝试与创新，这些行业先行者和开拓者以自身的成功经历激励着新一辈新化人紧随潮流，才令新化复印逐渐发展壮大。由此看来，想要促成农民工创业集群实现，需培养一批眼光敏锐、颇具胆识、敢闯敢拼的开创者和先行者，充分发挥领头羊作用。

（三）政府的包容与扶持促进了创业集群的演进

新化复印是农民工创业的成果，是创业者对新化县情作出的反应和致富创收的策略，本质上是政民互动利用本土关系网络发展而来的产业。人多地少的刚性限制和生计的压力，塑造出新化人求变、勤俭和敢于探索的性格，结合师徒制培养出一批身负技艺的思变者。新化复印产业的演进史某种程度上是新化从业者的生命史，在这部鲜活的历史中，政民互动对产业生命周期的演进大有裨益。要是20世纪60年代政府对违法流动和伪造印章介绍信的行为一视同仁，邹联经就无法通过流动了解市场需求和磨炼技术能力，市场技术和人才队伍的前期准备就无从实现；要是没有政策的松动和政府的支持，就没有新化打字维修厂的存在，邹联经等新化从业者就无法享有合法的流动维修资格，维修技术的培训也就无从谈起；要是没有国家在场的作用，新化从业者早在二手复印机销售和复印店经营阶段就遭遇重大打击，是黄埔海关从中斡旋才使新化人取得台湾旧复印机的购置权；要是没有国家加入WTO的重大举措，新化复印就可能停留在家庭作坊式的经营模式上，外国供货商和技术进入的压力就无从生起，新化人就不会团结起来，走上经营模式多元化和产业链转型升级之路，新化复印也就难以进入文印、快印和办公设备制造阶段。在新化文印产业从成长期走向成熟期的关口，政民互动日益频繁，政府从幕后走向前台促进新化县地方资源的组织化整合①，建立文印行业总商会，规范行业规则。在龙头企业建设方面，推动新印科技、湖南印盟、湖南原宇等做大做强，推出直营式和加盟式连锁形式促进产业整合，由小变大。在平台建设方面，致力于新化文印小镇建设，打造现代化产业集群和服务体系，吸引优势产业入驻和农民工返乡创业，形成完善的社会分工体系，同时企业也积极响应国家战略惠及人民。在品牌建设方面，聚焦于产品服务和自主研发，延伸产业链和拓展经营范围，推动行业融合。在政民互动下，新化文印产业集群逐渐具备制度适应能力，通过不断地试错和试验，在外部政府支持、内部协会规制和龙头企业引导的作用下，逐渐淘汰"水土不服"的正式或非正式制度，来完善返乡农民工创业服务体系和激励机制，以形成真正稳定普适的行业规则和充满活力的健康行业生态。

四、小结

新化复印作为农民工创业集群的鲜活案例，是农村剩余劳动力转移和阶层地位提升路径的有益探索。新化从业者凭借着地缘关系网络和自身敢闯敢拼会吃苦的品质，成为新化复印产业演进的见证者。但客观来说，当前新化复印产业结构仍需进一步优化，优势企业仍需继续培育，社会化的分工协作仍有不足。地缘关系网络的正向功能在当前阶段的红利释放式微，借助互联网平台建立新的社会化连接刻不容缓。在数字经济时代，产业如何布局，"龙头企业+中小型企业+个体工商户"比例怎样才算恰当，怎样在提质扩容的同时，警惕资本的无序扩张，怎

---

① 王肖芳.农民工返乡创业集群驱动乡村振兴：机理与策略 [J].南京农业大学学报（社会科学版），2018，18（06）：101−108+160.

样在聚焦实业和智造的同时，保证全产业链的品质，怎样在底端市场的挤压效应和内卷化浪潮中，实现个体工商户的提质发展，新化复印如何从中低端市场向高端市场挺进，新化县农民工的创业集群又如何带领农民致富创收，这些问题仍需进一步思考。

平潭隧道农民工创业集群

宁波大学　刘梦雪

一、引言

相信不少人听过这样一句话："北京的桥，浙江的路，平潭的隧道顶呱呱。"隧道，顾名思义，就是建在地层内的，供人通行的通道，是对地下空间的良好利用。隧道不仅能够提高地下工程的空间利用率，而且对于提高行车效率及安全性、保护自然环境有很大的意义。平潭俗称"海坛"，是福建省福州市下辖的一个县城。平潭的最高山——君山上常有岚气弥漫，所以平潭简称"岚"。岚，本义是山林中的雾气。平潭位于福建省东部，与台湾隔台湾海峡相望，包括126个岛屿，它最大的岛屿是平潭岛，同时也是福建省内的第一大岛，在全国也称得上第五大岛，因风景秀丽素有中国的"马尔代夫"之称。平潭还是祖国大陆距离台湾最近的地方，与台湾省新竹港相距仅68海里。看似毫无关系的"隧道"与"平潭"，因平潭人的努力奋斗使二者紧密联系在了一起。据悉，平潭人口约40万，其中1/4的人在从事隧道工作，中国80%的隧道都是"平潭造"，平潭也因此获得了"隧道之乡"的美誉。[①]

辉煌成绩的背后，同样令人难以想象的是平潭隧道帮艰难又孤独的成长历程。

那么，我们不禁要问：平潭县的隧道业是如何发展起来的？平潭人又为此做

---

① 凯龙的后浪财经. 平潭人挖隧道为什么这么厉害？ [EB/OL]https://baijiahao.baidu.com/s?id=169230
8903994519139&wfr=spider&for=pc，2021-02-21/2022-1-25.

出了怎样的努力呢?

二、在黑暗中向光而行：平潭隧道创业集群的创业史

（一）从防空洞开始

很多人可能无法理解，以沙滩和渔业著称的中国第五大岛，怎么会与隧道产生联系呢?

其实，平潭人接触隧道业是被迫的。20世纪60年代初，两岸关系处于完全对立阶段，肃杀的气氛笼罩在两岸海面之上，战争随时可能爆发，距台湾最近的平潭岛就成了海防前哨。谁也说不准这里什么时候会变成前线，于是平潭人就起来挖防空洞、修建地下粮库和军事设施。

据平潭县档案局局长施生国回忆：[1]在20世纪五六十年代，平潭作为海防前线，家家户户只要背后靠山，都挖防空洞。天天琢磨着怎么深挖洞广积粮的平潭人，就在长年累月地跟岩石、泥土打交道的过程中，积累了丰富的凿岩挖洞经验，掌握了当时世界上先进的技术，如混凝土防渗漏法和降低水平位引流稳固法等，为他们日后成立施工队、走出海岛和参与国家基础设施建设打下了坚实的基础。

挖防空洞有多苦，想必只有平潭人知道，一个个防空洞可以说是平潭人拿命拼出来的。尽管挖防空洞非常艰苦，但由于产业基础十分薄弱，土壤又很贫瘠，大多数平潭人也只能选择隧道业以谋生计。更糟糕的是，因为与台湾距离过近，平潭长期处于备战状态，使平潭隧道失去了获得国家政府支持的机会。例如，1996年台海危机[2]的演习指挥部就设在平潭岛，这让本就不太平的平潭更加暗流涌动，也决定了国家不可能会在平潭进行建设投入。

---

① 纳兰欣桐. 平潭岛从挖防空洞走向隧道王国，[EB/OL]http://blog.sina.com.cn/s/blog_520ed85c0100f8pi.html，2009-09-17/2022-1-25.

② 即"台湾海峡导弹危机"，人民解放军于1995年7月、8月、11月和1996年3月在台湾海峡和台湾附近海域进行了4次大规模的军事演习，显示了反分裂、反"台独"的坚定决心和强大能力.

"风雨压不垮，苦难中开花。"没有国家政府的支持，没有强大的基础。面对眼前的黑暗与未来的迷茫，平潭人没有自暴自弃，而是借助榔头、铁锹、板车等工具，用双手挖掘防空洞，探索未来，为自己点亮了黑暗中的明灯。在平潭，至今还保留着一些完整的防空洞和炮台、烟墩、碉堡之类的防御设施，2004年中央电视台《华夏掠影》栏目组还曾在平潭岛北厝镇北雾里的防空洞进行过拍摄。这些防空洞历经岁月洗礼，仍然在向我们诉说着平潭人的奋斗历程。

（二）依托中铁掘进

1978年，乘着改革开放的春风，我国广泛吸引外资投资中国的基础设施和工业项目，掀起了基础设施建设的浪潮，中国成为"世界工厂"，这也给了吃苦肯干的平潭人一个绝佳的机会。

中国铁路工程集团有限公司（简称中铁）是负责铁路、公路和市政工程等的一家中央企业。由于隧道工作本身难度大和危险系数高，中铁各局的隧道项目往往采取外包的形式。而平潭人不怕危险、敢吃苦的精神和他们精湛的技术，使他们赢得了中铁各局的信赖，获得了给中铁打工的机会。谈到给中铁打工的这一阶段，我们就不得不提到林能生和他当时创建的海天建设公司。林能生与中铁各局接触，取得了许多项目的承包权，据他回忆："刚开始外出打隧道的平潭人是背着铁榔头开始的，是挥着铁锹、推着板车干出来的，挖进一米山洞，有时需要一个月。而现在，用挖掘机一天可以挖好几米。"[①]也就是说，在没有强大机器的年代，平潭人只能一锤锤的凿、一车车的运。

产业基础的薄弱使平潭缺乏谋生岗位，隧道业一经出现便吸引了大量平潭人加入。加上平潭人喜欢抱团发展的天性，隧道业被一些平潭人接触之后，便迅速通过亲戚和家族等关系网络传播开来，这个小岛上越来越多的居民开始成为隧道从业者，平潭隧道业的发展也蒸蒸日上。其中，平潭县平原镇是隧道商人最多的乡镇。

---

① 昆明中凿贸易有限公司.平潭人，凭啥这么牛？[EB/OL]https://www.sohu.com/a/156533277_768489，2017-7-12/2022-1-31.

同时，依托中铁局，肯吃苦不怕累的平潭人承接了有名的京九铁路和南昆铁路，不仅如期完工，而且质量非常高。林能生在2006年接受采访时曾说："改革开放后，平潭隧道施工企业竞相成立，纷纷走出海岛。平潭的隧道工程业在京九线、南昆线、西康线、京福线等重大工程的隧道施工完成后，全国闻名。"①

平潭人修隧道到底有多拼呢？以位于京九铁路中的五指山隧道为例：五指山隧道，全长4 455米，是京九铁路全线最长的隧道，穿越九连山东段主峰。成功拿下五指山隧道是京九铁路成功开通的关键。然而这过程困难重重，第一，隧道中段线路两侧分别为108、109放射性矿段，截至2006年，这座隧道仍是我国开凿的含放射性物质最多的隧道，这极大地威胁着施工人员的身体健康。第二，隧道存在地热构造带，最高温度40℃左右，隧道工人们必须在高温的地下进行作业，这是常人难以忍受的。此外，五指山隧道穿过数十条断层，地质十分复杂，全隧昼夜涌水量约12 000吨，更使得施工难上加难。然而，最终五指山隧道还是在平潭人面前低下了头，京九铁路成功开通。1998年，该隧道工程荣获国家鲁班奖，有平潭人的一份功劳。

（三）称霸业界

2008年，国际金融危机爆发，受到国际贸易形势的影响，平潭海运业迅速下滑。除此之外我国经济快速回落，出口出现负增长，大批农民工也因为失业回到家乡，为了应对这种危机，国家宣布在2009年，我国对铁路基本建设投资将达到6 000亿元，从2010年至2012年，我国铁路平均每年将完成基建投资6000亿元以上，这对平潭隧道业的发展是一个难得一遇的机会。

平潭人趁势将大量的工程收入囊中，掌握的隧道工程占比一度高达80%。平潭人真正在隧道业站稳了脚跟，成为"业界霸主"。

从京九铁路到兰州乌鞘岭隧道，从北京地铁复八线到晋焦高速公路的牛郎河隧道。平潭人攻坚克难，拿下了一条条赫赫有名的隧道。在掌握了全国八成的隧

---

① 角角看剧．中国隧道八成为我们平潭人建造，[EB/OL]https://baijiahao.baidu.com/s?id=15959593445
11161676&wfr=spider&for=pc，2018–3–26/2022–2–3 3.

道之后，平潭人又把目光放到全世界，他们挖隧道的足迹遍布西班牙、德国、新加坡等国家。

（四）转型升级

如今，挖隧道对平潭人而言，已不只是一种谋生手段，更是他们引以为傲的技能。"只要找到平潭人，就没有挖不成的隧道"已经成了中国隧道行业的业界共识。高超的隧道业务能力给平潭人带来了利润与荣誉，也带来了烦恼与非议，此时，平潭隧道行业正面临着严峻形势，亟待转型升级。

问题之一是企业资质不足。上文提到平潭隧道队通过挂靠中铁总局，获得了许多知名工程的施工权。比如大名鼎鼎的"五指山隧道"，该工程还获得了国家鲁班奖，但是对于平潭人来说只是自己为他人做的"嫁衣"。辛辛苦苦挖隧道的平潭人，拿到的不过是一纸复印件，品牌和荣誉是属于中铁的，这令平潭人很不服气，因此平潭人一直梦想着有一天自己也能真正地去承揽这些开天辟地的大工程。然而，整个福建省目前还没有像中铁那样拥有总承包一级资质的建设公司，规模比较大的福建省隧道有限公司和海坛隧道有限公司也只是拥有隧道专业一级的资质，平潭人的隧道公司仍然只能挂靠在中铁局下。除此之外，随着国家对工程承包的管理越来越严格和规范，国家对资质的要求更加严格，除了资本金规模之外，还有人员结构、固定资产等很多条件。平潭的公司还远远达不到要求，这就需要平潭隧道老板和当地政府携手，将零散的隧道公司整合起来，成立平潭隧道企业集团公司，以求拿到总承包资质，来摆脱对中铁的依赖。

问题之二是业务减少。首先，随着中铁实力的不断强大和国家对工程承包的要求更加严格，像以前那样以挂靠中铁的方式获得工程施工权变得困难，"现在中铁下属也有很多隧道公司，相关的项目肯定会优先安排其他单位做。"一位老板告诉记者，"现在北京的隧道项目已经很少用平潭人了，大家都纷纷去了外地。"其次，现在都是劳务公司的形式，而不是像以前一样成立一个施工队直接就去干活，人力成本和费用增加。原材料的价格不断攀升，发包方给的项目款却不一定涨。项目减少加上成本上升，使得平潭隧道业的利润大不如前。

问题之三是后继无人。经历了一代人在黑暗中的挖掘，平潭人的收入十分可观。海天公司的600多员工中，有200多人的私家车都是奔驰、宝马、奥迪。可是，隧道业毕竟是个又脏又累又危险的行业。从地下到地上，平潭隧道商人开始变得野心勃勃。一些隧道老板明确表示，不想让自己的孩子从事自己的行业，①"我不会传给我儿子，太累了。我们不像其他地方的老板，我们全国各地都有工地，自己必须去亲自视察。很多老板希望自己的孩子以后有工作，有单位，反正我们现在不差钱，就希望他们能到外面去学习。"作为一名老板，高建就曾这样说道。除此之外，通过隧道行业走向富裕的老板大多去了厦门、北京、上海等地生活，一些有野心的老板也开始进军房地产行业。平潭新一代的年轻人大多没有继承祖业的想法，不同于父辈从最底层经历的摸爬滚打，他们从小就生活在优良的环境中，对于承接隧道业，无论是心理还是生理上，都没有足够的准备。

问题之四是没有树立良好的队伍形象。打开搜索引擎，输入"平潭隧道"，查看搜索结果，映入眼帘的，除了"平潭人挖隧道为什么这么厉害？""中国隧道八成为平潭人所建造"等赞美之句，更有"福建平潭是隧道之乡还是隧闹之乡？"的质疑。2018年4月，福建平潭林忠民举报自己的甘肃16亿扶贫路偷工减料案引发了广泛关注，例如中铁二十四局第一时间就在内部展开了此类典型案例的专题研讨会。把外事当家事，深挖事件背后透露出的违法分包、层层转包、偷工减料及因利益分配不均而导致"隧闹"的深层次问题，发出《关于对包工队"隧闹"典型案例进行专题研讨的通知》，组织各基层单位开展了专题讨论33次，参与人数达500余人，使广大党员干部进一步树立"清亲"的新型政商关系，对劳务队伍"门槛再高一些、管理再严一些、服务再好一些"的认识再进一步深化。福建省各隧道施工企业也把它当作典型案例来宣传。在基建通中搜索福建平潭、隧闹等关键词，就会看到近560 000条相关信息，久而久之，平潭隧道施工队被贴上了"层层转包、行贿、扯皮、怠工、打架斗殴、老赖、官司、死亡威

①　李宾．平潭隧道帮，寂寞成长 [N]．中国经营报 2010-1-11（A14）．

胁"等标签，使得平潭隧道的发展更加寸步难行。

（五）展望未来

平潭人有着辉煌的过去，今天的他们依然在努力地奋斗着，要想获得更好的未来，就要有更好的规划。曾因特殊的地理位置而失去国家政策支持的平潭人没有白吃苦，2009年5月14日，国务院发布《国务院关于支持福建省加快建设海峡西岸经济区的若干意见》，将海西经济区开发上升为国家战略，当初因为台海形势紧张而缺失的扶持政策，现在也因为两岸关系的好转和改善而得到迅速补偿。目前，平潭将有望成为一个"对台特区"。此外，许多赚到钱的企业纷纷转型投资开发家乡，2016年，平潭岛成为国际旅游岛，还登上了当时红极一时的亲子综艺节目《爸爸去哪儿》。2018年，据台湾媒体报道，大陆决定，到2023年，建成连接福建平潭县和台湾新竹之间长达135公里的海底隧道。面对这个近在咫尺的机会，平潭人已经摩拳擦掌，想要大展身手了。当然，要想取得这个巨大项目的承包权，平潭人需要在提高公司资质上，下一番苦功夫。

尽管有许多不足，但平潭人顺应历史，主动走进时代，而历史也成就了平潭人，平潭人宛如一朵朵浪花，勤奋肯干的他们，定能在时代浪潮中永立潮头，收获属于自己的精彩。

三、经验及启示

通过上述内容，我们对平潭农民工发展隧道业有了一定的了解。作为农民工，他们一整代人已经从隧道中熬了出来，不必再挖防空洞和地下粮库了。然而在当今这个竞争激烈的快节奏时代，创业可谓"难于上青天"，对于弱势群体的农民工来说，这一点更是毋庸置疑。第一，由于小农经济规模小、收入低和其本身薪资较低，他们缺乏足够的创业资金。以平潭农民工发展隧道为例，他们干的工程都跟建筑类有关，工程项目的各种费用开支都很庞大，许多人会选择向亲朋好友筹集资金或者向银行贷款，这无疑增加了创业的风险。第二，农民工由于自身文化水平较低，没有足够的专业知识和知识技能作为创业支撑，不免处处碰壁。

在笔者看来，平潭农民工能够成功发展隧道业并使其具备产业集群规模，有以下几个原因。

（一）顺应时代潮流，发挥独特优势

创业者与政府间的关系是创业的一个重要影响因素，在党的领导下，我们走进了中国特色社会主义新时代，国家的创业政策也随之不断变化，平潭隧道业从事者面对变化积极进行自我革新，成就了当地隧道业的辉煌。20世纪60年代初，大陆与台湾关系紧张，战争一触即发，没有国家政策的支持，平潭人自己挖防空洞建造地下粮库，积累了丰富的隧道经验；"改革开放四十冬，万里江山一片红"，20世纪80年代，平潭人乘着改革开放的春风，搭载基建浪潮，将大量工程收入囊中；2008年金融危机，平潭人抓住机遇投入隧道建设中，最终称霸隧道业。2009年，平潭接过海西战略"实验区的实验区"角色，既能开发平潭岛，又能促进两岸关系从碰撞到融合；台湾海峡隧道的提出，让平潭人跃跃欲试；进入21世纪新时代，人民生活水平大大提升，对于提升精神生活水平的呼声越来越高，旅游业更加蓬勃发展，平潭人积极主动发展旅游业打造了"蓝眼泪"等著名的旅游景点。利用挖防空洞积累下来的隧道经验，平潭人发展了隧道业，凭借得天独厚的地理优势，平潭接过海西战略，作为中国的"马尔代夫"，平潭旅游业发展提上日程。平潭人脚踏实地的同时，没有忘记仰望星空，他们了解自己的优势与独特之处，对于时代的发展变化有着敏锐的观察力，使自己的独特优势为时代所用，成就了辉煌。

（二）不畏艰难困苦，坚持团结协作

挖隧道是个体力活儿，一锹一锤都不能偷懒。除此之外，地质条件复杂、有毒物质的存在、地震塌方等未知的不可抗力因素，使挖隧道成了高危职业，而平潭人没有害怕，他们义无反顾走进地下，在地下生活，团结协作，打通了一条又一条隧道；平潭本身只是一个普通的岛县，全县陆地面积392平方公里，产业基础十分薄弱，又没有足够的发展资源，当时平潭人只有两条出路：向下（挖隧道）或者向海（从事海外贸易），对于这两条并不算优越的出路，他们白手起家，敢闯敢试，创造了神话。隧道业工程巨大，本身需要多人合作。而平潭人喜欢抱团发展，这使得隧道业在平潭大面积传播开来，大家共同筹措资金并成立包工队四处承包项目，从最初的工人到现在的老板，平潭人携手走过了那段艰难困苦的岁月。

（三）得益于政府政策支持，不断革新自我

因为地理位置的特殊，平潭一度不受国家重视。两岸关系的缓和改变了这一状况。2008年金融危机爆发，国家为了拉动内需保增长，加大了交通道路建设的投资的隧道业，铁路基本投资达到6 000亿元，平潭隧道业发展迎来旺季。福建省通过海西战略获得了先行先试的权利，这也促进平潭的发展更上一台阶。2008年金融危机中，当地政府积极联系各金融机构，正面宣传与引导增强其对县域传统支柱产业的金融服务意识，克服"畏贷"情绪，在寻找和培育新的增长点方面应给予资金和金融服务支持，平潭隧道资金得以流转。采取灵活的执法措施，对乱罚款、乱摆摊进行警告、告诫或责令改正，隧道业的发展更加灵活。

与此同时，平潭人也在积极改变自我，为了成功申报一级总承包资质，平潭人以隧道工程为主，着力经营路、桥等工程。此外，平潭人致力于摆脱抱团发展带来的企业家族统治和裙带关系，为隧道业的发展扫清障碍。隧道企业的散落分布，收益低下，平潭人希望整合小型公司，形成大规模公司，集中资金、设备、人才、技术和人脉关系等资源，提高收益。

四、小结

平潭隧道工人遍布全国乃至全世界，作为农民工创业集群的一个鲜活案例，其对于实现共同富裕、实现阶层跃升有着重要意义。平潭人不辞辛劳，数十年如一日躬身在黑暗的隧道里，他们吃苦肯干，敏锐观察时代发展，带动身边的农民工一起，推动平潭隧道业走向规模化、产业化，也为更多农民创业者提供了宝贵的经验和启示。尽管平潭隧道业已经走过了一段非常辉煌的岁月，但面对日益严

格的工程承包管理规则，要想取得一级总资质，隧道企业当务之急就是，依托平潭现有的五家隧道工程企业，或者跟具有一级总承包资质的建筑企业合作，成为他们的子公司；在舆论占据重要地位的互联网时代，应该营造良好的舆论氛围，改善大众对平潭隧道施工队的不良印象。成本上升导致利润下降和后继无人，在中铁包揽大部分工程的情况下，平潭隧道产业集群该如何立足，这仍是值得思考的问题。

沙县小吃农民工创业集群

宁波大学　李梦婷

一、引言

沙县小吃，小吃不小。习近平总书记在2021年考察沙县时给予了高度评价："民以食为天，沙县小吃非常受欢迎。"①

沙县小吃，不仅是沙县第三产业的支柱，更是中国小吃产业的重要品牌，它也在第五批国家级非物质文化遗产的代表性项目名录上榜，门店遍布于世界各地。沙县作为一个福建西部人口25万的小县，却靠着外出打工的村民将小吃卖到了全国各地。沙县小吃并不是什么老字号，它伴随改革开放的历程而前进。第一家沙县小吃出现在1991年，从路边摊到店面，他们最初只卖三种食物：拌面、扁肉和茶叶蛋，这"老三样"看似单一，但价格实惠，制作过程简便，很受老百姓的欢迎。沙县小吃发展至今，取得了很大的成绩，同时也面临着各种考验与挑战。本文以其发家史为探讨重点，探究其成长背后的助推因素及其面临的困境与发展思路。

---

① 央广网．习近平勉励沙县小吃：让小吃产业继续引领风骚 [EB/OL]（2021-03-24）[2022-02-27]. http://news.cnr.cn/native/gd/20210324/t20210324_525444306.shtml.

二、沙县小吃创业集群的创业史

（一）沙县小吃的诞生

沙县小吃有着悠久的历史与文化基础，它以丰富多样的品种、独树一帜的风味和低廉实惠的价格著称。沙县小吃的诞生还得益于沙县的地理位置因素，沙县地处闽中地区交通枢纽，流动人员很广泛，中原的饮食文化随着历史上的几次人口流动传播到沙县，沙县成为中国传统饮食文化的汇集地，历史也记载了这一诞生过程。[①]1601年前的一天，东晋义熙年间，在距离广州上千公里的闽中滨水小城沙县码头，客家人先祖正从中原风尘仆仆地赶往广东，沙县只是他们的一个驿站，举家迁移的客家先祖们，一日三餐省时省钱、方便简捷，一碗拌面一笼蒸饺就成了最好的选择，也正是这种简易的饮食消费促进了沙县小吃的定型和发展。

对于沙县小吃这一产业的正式发展，虽然民间有着不同的说法，但大多数关于沙县小吃起源的传说，都与"标会"有关。"标会"简单来说就是一种民间融资形式，20世纪90年代初，沙县"标会"崩盘，许多人因为巨额欠债而选择"跑路"。他们背井离乡，成为最早一批到福州、厦门做小吃的沙县人。"四根竹竿撑块塑料布，两个煤炉伴只扁肉锅"，这句民间俗语体现的就是沙县小吃最初的雏形。

（二）"农民工创业奇迹"：沙县小吃的快速扩张

沙县小吃的发展离不开改革开放这一大背景的助推，沙县"小吃办"主任郑兴景表示，改革开放后，许多沙县的农民前往大城市打工。许多乡亲发现，家乡的各项小吃颇受欢迎，并且比替人打工还赚钱，纷纷投入小吃业经营。一传十、十传百，越来越多的沙县人到外地卖小吃，在2012年，国内大约有6万名沙县乡亲从事小吃业，在外地开了2万家小吃店，其中9个省的沙县小吃店超过1 000家，这一现象被形容是"农民工创业奇迹"。

---

① 搜狐网.沙县小吃背后的5万农民[EB/OL].(2006-05-06). [2022-02-28].http://news.sohu.com/20060506/n243119651.shtml.

1. 邓世奇欠债跑路开小吃店谋生

邓世奇是沙县小吃界的传奇人物，他在2007年10月就正式成立了以连锁经营为主要模式的"沙县原家餐饮管理有限公司"，但在26年前，他只是一个狼狈跑路的逃债者。

邓世奇，出生于1954年10月，种过地，当过兵。1978年退伍后，他在沙县县城承包了一家照相馆，尽管收入不错，但他却不满足，在1985年他离开照相馆，开始经营起自家的小吃店。由于他的妻子姓原，因此小店取名为"原家小吃"。多年来，夫妻俩把小吃店的收入放进标会以获取利息。标会是一种福建传统的民间融资形式，这种融资形式比从银行借款更快捷，融资人能迅速筹集到一大笔钱，且每月还钱压力比银行小得多，参与标会的人员也可以赚取利息，以钱生钱，从而获利，这种集资方式由于其便捷性在福建民间一直盛行至今。

但是在1991年，沙县经历了一次十分严重的"崩会"，邓世奇能想到的唯一办法就是跑路。1992年2月的一天，邓世奇夫妇带着五千块钱，还有鸳鸯锅、木槌这些做沙县小吃的必需工具，来到厦门开始摆地摊：两个炉子，撑起一块塑料布。两个月后，邓世奇找到了一家店面，在朋友资助下开张营业，第一天营业额近400元。他的小吃店只做三种食品：拌面、扁肉和茶叶蛋。就这样，邓世奇开启了他的沙县小吃之旅。

2. 沙县亲朋好友积极跟进

当时在厦门，一碗拌面可以卖1元，每天能卖出三四百碗，再加上售卖别的小吃，一天利润能有四五百，比在家种地一个月的收入还多。于是，越来越多的沙县人背井离乡，到外地经营小吃店谋生。

到了1996年，沙县人民依靠沙县小吃发家致富人数达万人。在之后的20年里，沙县出去的人越来越多，三万、五万，屡创新高。沙县小吃最先扎根福州、厦门这两个城市。逐渐地，在珠三角地区和长三角地区也形成了规模，现如今邓世奇公司的沙县小吃加盟连锁店已遍布全国各地，这些门店统一了门标和室内标示、形象海报、宣传菲林片、上墙价格表和订餐礼卡，并统一由公司定期邮寄

"秘料包"。邓世奇所创造的沙县小吃，被称作小吃业中的麦当劳。[①]

一份来自沙县小吃办的数据显示，到2010年，在外从事小吃业的户数达1.9万户、人数达到5.5万，约占全县总人口的22%和农村劳动力的60%。年营业额超过40亿元，占据了农民人均纯收入的60%以上，给沙县人民带来了可观的收入。民间传闻说如果沙县只有有10个人，那么其中的7个绝对在做小吃。

3. 发展初期沙县政府因势利导

20世纪90年代是沙县小吃产业的起步阶段，除了当地农民工的自发探索，还有政府对这一产业的大力扶持。沙县政府当时有一个重要任务是要解决农民就业增收的问题，而沙县小吃行业恰巧能帮助解决这一难题。它已有了一定的群众基础和市场基础。政府号召各家各户将小吃整合起来进行统一运作，成立沙县小吃业发展领导小组，由县领导任组长来分管小吃产业的发展。除此之外，沙县政府还不断为这一行业的规范化发展助力，成立小吃办对小吃业加强管理，成立沙县小吃同业公会，对行业统一进行规范管理，成立沙县小吃产业发展服务中心，不断健全机制，把产业发展的规划列入该城市的五年重要规划之中。

为了让小吃业主快速融到陌生的环境中，沙县干部亲自下基层，一头扎进上海等大城市，天天走街串巷寻找适合沙县小吃发展的门店，许多干部都形容这是一个"不知磨破了几双皮鞋"的经历。为了让更多沙县的老百姓能够享受到小吃产业带来的红利，技术人员挤在吉普车里下乡为百姓免费培训，群众有困难还可以向政府申报小吃贷款。20多年来，政府出台了40多份文件，免费培训近2.4万人次，发放小吃贷款5.32亿元……这个最初几乎无法带来税收的行业，得到了历届政府不遗余力的支持，创造了藏富于民的产业奇迹。沙县小吃已带动就业30万余人，当地农村居民人均可支配收入由1997年的2 805元增长到2020年的21 855元。

除了政策上的扶持，沙县政府更是提出了干部带头外出开店的想法。沙县政府要求每个乡镇有一名副科级干部留薪留职外出开小吃店，经营得当的人员同样

---

① 百度. 躲债跑路者成就了沙县小吃，"救命稻草"变成了一大产业 [EB/OL]（2018-07-01）[2022-02-28]. https://baijiahao.baidu.com/s?id=1604694896295004508&wfr=spider&for=pc.DOI.

可以提拔重用。

　　1998年，沙县政府还成立了小吃办。第一任小吃办主任是被誉为"小吃大师"的乐相森。乐相森介绍，当时沙县全县13个乡镇中共有200多名干部外出经营小吃。其中一个典型案例便是夏茂镇原党委副书记罗维奎，在他"下海"之后，两年多时间便办起了18家"罗氏小吃店"。这个时期，每年都有大批沙县人奔向城市，他们大多集中在福建和广东的沿海地区，零星走向其他地方的，大都因"水土不服"而经营惨淡。为了进一步推广小吃，沙县政府先后组织人员到上海、杭州等各地开推介会，并鼓励沙县人"攻城略地"。2004年政府出台一项政策福利，沙县小吃打入上海市场时，业主开一家店，县政府补贴1 000元。2007年，沙县小吃打入北京市场，前100家店，沙县政府每家补贴3 000元。就在这样的推动下，沙县小吃快速向全国扩张。

　　1999年3月，时任福建省委副书记习近平在沙县考察时指出："沙县小吃业的成功之处在于定位准确，填补了低消费的空白，薄利多销，闯出了一条路子。"2000年8月，时任福建省省长的习近平再次到沙县考察时强调："要找准今后经济发展的支撑点，特别是加强以沙县小吃为支柱的第三产业，使之成为新的经济增长点。"[①]

　　（三）标准化发展的探索历程

　　1997年沙县组建了沙县小吃同业公会，1998年沙县小吃同业公会向国家商标局注册了沙县小吃服务集体商标，使沙县小吃从业人员拥有自己的招牌，还有同业公会的集体商标，这些都让沙县小吃在标准化发展与品牌的培育上又向前迈进一步。1999年，沙县小吃业务发展服务中心成立，开展小吃业培训工作，对小吃从业人员免费进行从业培训。2002年沙县小吃商标被认定为知名商标，2005年被认定为福建省著名商标。2003年以来，沙县小吃同业公会积极组织小吃业主多次参加国家、省级举办的各类行业活动，参加全国各级各类旅游烹饪大奖赛。

---

① 全面贯彻新发展理念的"三明实践"｜沙县小吃何以做成大产业？[EB/OL]（2020-12-17）[2022-02-28]. https://news.cctv.com/2020/12/17/ARTIr102DVEkoRwEt0x8KKSJ201217.shtml.DOI.

（四）发展遇瓶颈

1. 各自为战有弊端

沙县小吃虽然成立了组织，但一直较为松散。沙县小吃同业公会成立于1998年，作为行会组织，其中的成员都是自愿加入的。邓世奇作为沙县小吃同业公会副会长，他说虽然会费3年只要400元，但在市场独自摸爬滚打的小吃业主对加入公会热情并不高。近2万家小吃店，真正加入同业公会的不足五分之一。正是由于缺乏行业统一标准和管理，各自为战的沙县小吃虽然机动灵活，弊端也在暴露。

2. "硼砂事件"险砸招牌

在2005年，福州爆出沙县小吃馄饨馅掺入硼砂事件。2009年，广州、西安再次爆出硼砂事件。"一块招牌，一损俱损"，沙县业主在制作食物过程中使用硼砂，让整个沙县小吃行业蒙受巨大打击。

传统工艺制作的扁肉，是用木棒不停敲打肉，直至成泥，敲打过程中加入适量碱，让肉膨胀。在硼砂事件中，一些小吃业主缺乏法律知识，为了图省事，用机器将肉绞烂，掺入硼砂。但是硼砂这一添加剂的毒性很大，国家政策严禁在食品中添加这一物质。

硼砂系列事件对沙县小吃业打击巨大，在福建、广东一带，不少门店生意一落千丈，被迫关停。深圳硼砂事件，几乎让整个沙县小吃在深圳全军覆没。这一严重的食品安全问题让沙县小吃品牌被颠覆的风险越来越大，沙县小吃必须加强行业管理。

3. "老四样"遇尴尬

2010年9月25日，乐相森研究沙县小吃四十余年，编写了130多万字的有关沙县小吃技术的书籍。他在沙县培训上万人，学生遍布全国，但他表明并没有一个真正的徒弟，因为他有百种小吃技艺却无人愿学，"大家学起来没有动力。"

目前沙县小吃发展到了240多个品种，其中63个被认定为"福建名小吃"，39个品种被认定为"中华名小吃"。但出了沙县，一般也只能吃到拌面、扁肉、炖罐、蒸饺这传统的"老四样"，与20年前没有多大区别，这也形成了"名小吃"走不出去的尴尬。乐相森认为小吃走不出当地,是制约沙县小吃发展的瓶颈。分散各地的沙县小吃,需要出名厨、出精品,将来才能够在竞争激烈的餐饮行业立足。

（五）新的探索

餐饮业的更新换代十分迅速,仅凭借以往的传统经营模式很难让沙县小吃取得竞争优势,但具有开拓创新精神的沙县人依然在探索新的道路。

1.创新经营模式

2010年,张万和不再拘泥于传统的沙县小吃经营方法,开始探究连锁化、标准化的经营模式。如今,他创办的沙县小吃品牌"淳百味"已是年营业额超4亿元的连锁企业。2015年,沙县正式成立了小吃集团,采用现代餐饮的管理经营模式,至今已吸纳全国近3 000家沙县小吃店加盟,统一商标、服装、店面装修和产品标准,并逐步推广了中央厨房生产模式。中央厨房生产厂厂长胡明宝说:"过去200人的工作量,现在十几个人就完成了。"在一条自动化流水线的帮助下,丰富多样的食材迅速变成一个个精致的柳叶蒸饺。沙县小吃集团福州子公司负责人吴永强也表明升级后的沙县小吃依然物美价廉,但不再是低端的代名词,许多升级后的小吃店营业额翻了两番,这让业主切实体验到高质量发展带来的实惠。凭借"标准化、连锁化、产业化、国际化、数字化"的探索,小小沙县小吃店,已迅速成长为全国门店8.8万家、年营业额超500亿元的"航空母舰"。[①]

2.谋求整合上市

沙县成立了小吃集团公司,准备整合小吃业主入股,发展目标是搞连锁经营并上市。

2011年10月,时任沙县县长袁超洪在全国重点地区密集调研小吃业主。沙县小吃办现任主任郑兴景提出要沙县成立小吃集团公司,准备整合小吃业主入股,走连锁经营的路子。县委提出了沙县小吃发展的目标"保牌、提质、连锁、

---

① 项开来 林超. 沙县小吃,藏富于民的产业奇迹 [N/OL]. 中华工商时报,（2021-06-17）[2022-2-28]. https://m.gmw.cn/baijia/2021-06/17/1302362636.html.DOI.

上市"。

在未来沙县小吃也许会更加标准化，经营档次更高。

3. 开拓新的经营领域

如今沙县小吃的主打产品"拌面""蒸饺"都被做成了伴手礼进入了商超和线上渠道。沙县小吃的成功因素，除价格实惠之外，还注重融入当地的饮食文化。例如在北方省份，一些标榜沙县小吃的店家，照样配合当地人习惯，推出盖浇饭（烩饭）。20年前，沙县小吃被寄望成为沙县当地第三产业的"支柱"。20年后的今天，沙县小吃已经顺利"破圈"，初步形成了包括原料生产、物流配送、餐饮服务、文旅康养等在内的产业集群，第三产业增加值在2020年突破了100亿元。以旅游为例子，小吃旅游文化城、小吃科技馆、小吃民俗馆等展示沙县小吃饮食文化的景点，每年吸引超500万人次来沙县观光旅游。20多年来，凭借小吃富裕起来的沙县人民又拉动了消费，而围绕小吃形成的多样化业态，更是带来了巨大的人流、物流、信息流和资金流。

4. 推出新的扶持政策

2021年5月8日，福建省出台6条措施支持沙县小吃产业技能人才队伍建设，助力沙县小吃产业继续"引领风骚"。例如支持开展职业技能培训，支持各地加强沙县小吃产业培训师资队伍等基础能力建设，支持沙县小吃产业相关企业，职业院校建设省级、国家级技能大师工作室，支持三明市按规定申报开发"沙县小吃制作"专项职业能力考核项目，指导各地开展"沙县小吃制作"专项职业能力考核工作。

三、经验及启示

沙县小吃的精品意识、文化意识、品牌意识、时代意识、竞争意识和开拓意识都是沙县小吃文化能够持续发展至今的优势所在。沙县小吃能够发展到今天主要得益于三个因素：一是根据沙县小吃产业的特点来定位市场，迎合市场需求，沙县小吃品种繁多、经济实惠、风味独特，还有来自民间的独特工艺制作技术，体现了中国式快餐的鲜明特点；二是充分调动了沙县群众的智慧，发挥农民工创业集群的优势，通过专业化培训壮大创业队伍使产业不断发展；三是县委县政府的扶持与保障。沙县把小吃制作的传统工艺优势转化为产业优势，解决了农民和城镇下岗职工就业增收难题，并以此带动沙县各项事业的发展。沙县小吃的发展不但能够解决就业问题、增加人民收入，同时还能推动配料、运输、服务业等相关产业的发展。

当然其面临的发展问题也值得不断思考与寻找解决方案，当下沙县小吃的发展仍然面临以下需要解决的问题。

（一）门店缺乏统一形象，卫生状况参差不齐

由于沙县小吃经营业主人员繁多，所接受的专业化培训水平参差不齐，不少商家忽视了餐饮卫生方面的把控，一些较为落后的装修以及卫生质量没有达标的店内经营情况很难吸引消费者为其买单。同时，一些小吃业主也存在着缺乏行业道德的情况，如不合理使用食品添加剂等。

（二）沙县小吃的品牌保护与管理不力

在沙县小吃发展初期，政府注重对品牌的打造与推广，但是一个中华老字号品牌的推广既需要前期的铺垫，也离不开后期的保护管理与创新发展。当下，由于这一产业对从业者与门店经营要求较低，不少沙县小吃的伪冒门店影响了沙县小吃的声誉。另外，假如对配料配送和各地的同业公会联络处的管理不够严格、安全经营管理不到位，也容易出现配料私自采购酿成的重大食品安全事故。

针对这几点问题，当下的沙县小吃发展应该注重以下几个方面。

第一，注重内涵式发展

沙县小吃发展的起步阶段过于注重数量上的扩张，缺乏对质量的精益求精。应从基本要求入手，先保证在餐饮卫生上的达标，同时提高相关从业者的素质，加强其经营理念与从业水平。在提升食品竞争力上，既需要让老字号手工工艺发挥其独特的竞争力，又要探索与发展新的食品种类，扩大消费者范围。

第二，重视品牌的维护

政府与小吃办应合力发挥作用，在品牌的保护上加大力度，严厉打击仿冒

店，对食材配料把关到位，保障经营的安全性。积极引导经营业主按照沙县小吃经营标准要求进行整改提高，推进一批有一定基础的小吃经营店率先达到标准化经营。对未办理沙县小吃注册商标准用手续，又不按照经营规范标准经营的小吃店进行全面清理，责令停业，取消商标使用权。

第三，提高从业人员素质

在提高从业人员素质方面，政府在行动，但道阻且长。政府应尽快实现小吃业主从一个普通农民向现代餐饮业经理人的转变，同时提高沙县小吃的知名度。从提高从业人员素质入手，强化培训。轮流对农村富余劳力、待业青年、下岗职工以及职业学校学生等进行小吃专业技术培训。沙县小吃办公室人员经常到各乡镇巡回举办"沙县小吃"业务技术培训班，专为农村外出做小吃的人员进行技术培训。

四、小结

沙县小吃在20世纪90年代以前属于探索阶段，发展阶段是从1997年到2006年，2006年以后，一直在摸索如何培育标准店、示范店，如何促进产业提升、转型升级的问题。沙县小吃发展至今，首先依托于沙县广大农民工群体的勇于开拓、积极进取、团结奋斗的良好经商氛围。其次也离不开政府的扶持，政府一系列政策的出台极大地提高了沙县富余劳动力外出开办沙县小吃的积极性，而沙县小吃的繁荣发展在富裕了小吃从业者自身的同时，也带动了沙县经济的发展。除了已有的优势因素，沙县小吃依然需要不断为自身寻找新的竞争点，坚持推进标准化、产业化经营，坚持政策引导与市场运作相结合，坚持重点培育与规范整顿相结合。[1]

---

[1]　沈立. 沙县小吃情况调查分析 [J]. 农村经济与科技，2020，31（22）：153-154.

兰州拉面农民工创业集群

宁波大学　胡苑瑜

一、引言

兰州拉面，是一大中式快餐，也是兰州等地牛肉拉面的泛指，是一种地方风味小吃。兰州拉面不同于"兰州牛肉拉面"，"兰州牛肉拉面"是兰州商业联合会申请注册的商标，受知识产权法保护。本文以"兰州拉面"为切入点，关注并研究了其中的农民工集群创业的历程。"兰州拉面"相关品牌众多，笔者主要聚焦于化隆县籍兰州拉面进行研究。兰州拉面，是由一批农民工集群创业而成，本文将关注农民工创业的政策环境、市场环境和社会环境等，聚焦并分析其创业成功的各个因素，并结合农民工群体的特质与时代变迁对其产业发展做进一步分析。现在，人们的经济水平提升，消费观念改变，消费结构转型升级，餐饮行业也掀起了一场"大换血"，"新兰州拉面"的店面环境、服务质量、食材安全明显升级，深受年轻人喜爱，给老兰州拉面带来"生存危机"。那么，"老兰州拉面"将如何应对危机呢？用什么办法"逆风翻盘"呢？

二、兰州拉面创业史

（一）生活苦楚，背井离乡

化隆县，位于青海省东部黄河北岸，是一个青海省国家重点扶持的回族贫困县，这里山大沟深，十年九旱，全县28.6万人中有农村人口25万，属于我国14个集中连片特困地区的六盘山地区。[①]由于自然资源贫乏，农业生产条件差，农民增收尤为困难。[②]据村民介绍，当年人均一亩田，也多是在山上，天干地旱，不下雨农作物就会绝收，连庄稼人自己都吃不饱饭。辛苦劳作一年却所获无几，务农的付出与收入长期不成正比，化隆人的生活一直得不到改善。带着强烈的改善生活的渴望，化隆人转换思维，另辟蹊径。一些人通过勤劳努力在城市站稳脚跟，而另一些人由于缺乏基本的法律常识，却走上了不归路。一些村民钻政策漏洞，为了赚取高额利润，违法制造黑枪。随着国家对违法犯罪行为的打压力度加大，村民们转而热衷于淘金。化隆县矿产资源比较丰富，有镍、铜、金、铬、铁等22个矿种，为村民的"淘金热"提供优越的自然条件。虽然淘金利润丰厚，但是条件十分艰苦。青海花儿《沙娃泪》有几句歌词完美地诠释了"淘金之苦"："铁锹把蹭手着浑身儿酸，手心里的血泡着全磨烂……一路上的寒苦哈说不完，沙娃们的眼泪淌呀不干。"此外，淘金风险巨大，据县志载，1989年一次事故中有500多名村民被困。后来出于保护生态，国家禁止无序淘金活动。生活所迫，化隆人想到了他们再熟悉不过的美食——拉面，"第一个敢吃螃蟹的人"就是化隆县村民韩录。

世代居住在化隆回族自治县下卧力尕山沟里的村民韩录，1984年带着妻子在拉萨市开办了一家帐篷拉面馆，收入可观。几年后，他揣着7000元，举家来到福建，在厦门火车站附近租了一间房子，开起了化隆人在内地的第一家牛肉拉面馆。

由于南北口味差异，刚开始韩录的拉面店收入并不可观，韩录为吸引顾客，在店面前架起面板擀面，表演自己的拉面绝活，这一创新引起了顾客的注意，店里的收入渐渐好转。渐渐的，客人越来越多，店铺需要的人手也越来越多，韩录便说服家人亲戚进店帮忙，就这样生意越做越大，来店里吃面的人越来越多。村民看到韩录成功改善生活之后仿佛看到了希望。"亲帮亲，邻帮邻"，村民们的

---

① 新华社.一碗拉面是怎么创造出62亿元的市场？[DB/OL].(2016-6-05) [2022-2-20].http://finance.people.com.cn/n1/2016/0604/c1004-28411929.html

② 罗志光，姬明琦.化隆县"拉面经济"含金量调查 [J].青海金融,2008,No.217(10):44-46.

相互帮持下，越来越多的村民陆续在拉面馆帮工、学艺，直到自己独立开店。

（二）艰难创业，向阳拼搏

创业之旅最初都是艰难的，远离家乡的化隆县人也一样。

33岁的马黑买来自青海省海东市化隆回族自治县沙连堡乡沙村，在化隆群科镇，他开了一家拉面馆。马黑买说，上世纪九十年代，家乡闹旱灾，收成不好，连吃饭都成问题，他别无选择，只能外出谋生，跟随亲戚来到厦门，在拉面馆当拉面匠打工度日。离家之前，他全身的现金不足10元。

化隆县人很多和马黑买有相同的经历，因为家乡自然条件恶劣，收成不好，吃了上顿没下顿，他们不得已只能背井离乡，外出打工，漂泊在外的苦楚和心酸都只有自己知道。

在异乡打拼，其中的酸楚只能藏在心里。

"在人生地不熟的城市开拉面店，想起来都是眼泪。"想起10多年前在深圳开拉面店的经历，40岁的回族汉子马勇有些激动。"拉面里讲究萝卜白，当初我们'一穷二白'地来到内地，创业时也是白手起家。"在大城市谋生活，靠着家庭作坊式经营的他们没有优势可言，他们只能付出比别人加倍的努力才能勉强在大城市站稳脚跟。他们每天起早贪黑，在天还没亮时就要早起准备揉面，晚上没地方可睡，就只能打地铺睡在店里或住在5至10元一晚的洗浴店里。有些拉面匠个子小，够不着和面的案板，只能踩着砖头和面；有些拉面匠胳膊劲不够，刚开始根本拉不动面，一天劳作下来，胳膊都抬不起来，为了生计，必须咬牙坚持。"其实，当初背井离乡，更多的是无奈。"马勇说。

正是凭借拉面匠们的艰辛付出，化隆拉面逐渐打出了名气。[①]

（三）规模壮大，蒸蒸日上

在化隆人的努力下，兰州拉面开始在格尔木、乌鲁木齐、拉萨、郑州、北京

---

① 新华社.一碗拉面是怎么创造出62亿元的市场？[DB/OL].(2016-6-05)[2022-2-20].http://finance. people.com.cn/n1/2016/0604/c1004-28411929.html

等北方城市有了立足之地，而且在厦门、广州、武汉、杭州、深圳等南方城市打出品牌，享有盛名。[①]

韩录的成功范例激励了乡邻并开创了一条崭新的致富之路，村里人发扬青海高原农民工的睿智和吃苦耐劳的精神，亲戚邻居互相帮助，携家带口外出开店谋生。以家庭作坊形式为主，一家拉面馆在一个城市站稳脚跟后，就动员亲朋好友出来开拉面馆，并提供"免费吃住、帮忙找门店"的服务，很多人就因此出门，从拉面店的服务员开始，慢慢地自己攒钱，也有了自己的拉面店，在城中安家落户，生活变得富裕起来。这些"面一代"自己创业，努力开拓，勤劳踏实，在城市扎根，为后代提供了更优质的资源。也正因受过高等教育，站在"父辈的肩膀上"长大的"面二代"不会囿于盲目扩大门店范围、增加门店数量，而是选择申请拉面品牌，进行商业品牌化管理与营销。经过近30年的努力，"兰州拉面"知名度越来越高，目前，化隆县11万人经营的1.8万家拉面店遍布全国23个省、4个直辖市、4个自治区共1 696个县区。此外，在日本、澳大利亚、马来西亚、柬埔寨等11个国家也有化隆拉面的"身影"。[②]

（四）拉面二代，创立品牌

化隆县有"面一代""面二代""面三代"的称呼。"面一代"主要指将重心放在做一碗拉面的初代创业化隆拉面人。"面二代"是指的是不局限于一碗拉面，而更加有商业思维，侧重产业联合发展的"拉面人"。"面三代"是指积极推动互联网与拉面生产融合发展，通过大数据等智能化工具建立数字拉面产业的拉面人。兰州拉面从只满足于让食客吃饱到让食客吃好、吃得心满意足，巨大转变背后是一个长期、渐进的变化过程。在这其中，面二代的努力对兰州拉面的发展和转型意义重大。

---

① 孙发平，马桂芳."拉面经济"——青海省化隆县解决"三农"问题的一种有效模式 [J]. 攀登，2005(02):63-67.

② 新华网. 拉面人的拉面情.[DB/OL].(2020-12-02)[2022-2-20].https://www.sohu.com/a/436153
403_239744

随着"面一代"的努力，一些化隆人以拉面馆为营生，收入提高，生活水平改善，他们的孩子也相应地享受到了一些大城市的高水平的医疗教育资源，储备起一些父辈们难以接触到的专业知识，拥有"面一代"难以具备的商业嗅觉。从小在拉面店长大的"面二代"不仅耳濡目染，对拉面店的运营十分了解，而且拥有"面一代"常年经营所积累的资金支持，不用像父辈为生计所愁，他们可以站在"面一代"的肩膀上，以更长远的目光看待拉面产业。

目前，越来越多的化隆人走出乡村，以开拉面馆为生，在大城市逐渐站稳脚跟，化隆人的拉面馆越来越多。但是与此同时，化隆人仍然以"兰州拉面"为门店名称，这个刚开始为增添门店人气的名字逐渐不再合时宜。所以，尽管化隆人的拉面店开遍全国，但是大都打着兰州拉面的牌子，化隆拉面并不为大家所知，"面二代"韩海明注意到了这个现象。通过不断观察，他发现人们吃饭越来越讲究，只做一碗拉面已经不能满足人们的消费需求了。韩海明没有局限于当时的拉面产业的繁荣，而是以推动化隆拉面长远发展的角度为切入点，提出了很大胆的想法——创造化隆人自己的拉面品牌。2010年，韩海明创立了自己的化隆拉面连锁品牌——迈芝顿。韩海明不仅根据当地人口味改良拉面口感，而且积极发展线上营销模式，与各大外卖平台合作，并直播带货。在韩海明的努力下，迈芝顿拉面在全国已经有17家连锁拉面门店。28岁韩晓峰大学毕业就回到家乡化隆县开启了拉面馆，做出这一选择他也思考了很久。因为父亲是"面一代"，韩晓峰从小便对拉面有很深厚的感情，对于很多化隆人来说，拉面不仅仅是普通的一碗面，还是"脱贫面""致富面"，更是一种"家乡的味道"。出于对拉面的深厚情谊和想为家乡发展出力的真心希望，韩晓峰获得了家人的支持，由此，更加坚定了自己的选择。2015年，韩晓峰创办"诺尔曼"拉面品牌，此后陆续开了6家拉面馆。

（五）时代变化，危机四伏

随着我国经济迅速发展，消费者的消费观念转变，由吃饱转向吃得健康、吃出品位，餐饮业也开始转型升级，更加注重干净、卫生，提升消费者的消费体验。尽管兰州拉面已经在全国有一定名气，但是还存在一些问题。由于兰州拉面多是家庭小作坊经营，规模偏小，每个拉面店各自为政，缺乏统一规范，缺乏品牌化、产业化意识。因为大部分开店老板都是农民或农民工，文化程度较低，缺乏管理经营的专业知识，使兰州拉面的发展受到限制，出现了以下问题。

1. 经营不规范

由于以家庭作坊为主，具有一定的随意性，食物口味没有经过严格统一的规范；部分店家以农民工、工人为主要服务对象，制作的产品口感不足、分量较大，偏离了学生等低消费者人群。同时，还有些店家不太讲究食品安全，店面狭小，不重视食品卫生，影响消费者健康、侵害消费者权益。目前，不同店家的食物口味、安全卫生、服务态度良莠不齐，亟待规范。

2. 服务层次不高

一方面，门店选址时缺乏充分理性专业的考虑，导致店面选址不准。部分拉面馆经营地选择在较为偏僻的城乡接合部或小厂区周围，该区域普遍租金低，不够繁华，人流量不大，影响经营收入。部分经营地在小巷道或农贸市场，店面较为陈旧，卫生状况不佳，影响客流量。[①]另一方面，缺乏相关管理知识，导致门店经营不太注重用户体验感和服务质量。在消费水平不断提升、消费升级转型、追求服务质量的现在，这种粗放的经营方式使"兰州拉面"丧失了大量的客流量。部分店内环境并不美观，甚至有些脏乱差，与追求美观的时尚潮流相违背。

3. 协调机制不够完善

"兰州拉面"各个品牌竞争激烈，门店布局常常出现不合理状况。合理的门店布局能促进产业的发展壮大，但各个品牌之间缺乏协调机制。比如，东方宫的门店设置破坏了"青海拉面"的行规，即拉面店的距离不能小于400米，导致店面出现竞争混乱，亟待更和谐的机制帮助协调不同品牌间的店面布局。

"由于大部分在外开拉面馆的青海农民工文化水平不高，对市场投资风险和发展前景的把握能力不足，连锁经营的意识和胆识欠缺，经营管理依然是凭个人

---

① 马永海. 临夏县农民在厦门经营兰州拉面餐饮调查分析 [J]. 时代金融 ,2020(23):179-180.

摸索或家庭式管理为主，尚处于现代餐饮业发展的初级阶段，产业化仍没有形成。"化隆县驻广州办事处主任马青明介绍说。①

与此同时，"马记永""东方宫"等兰州拉面品牌悄然崛起，他们运用扫码点单、电子结账的方式，迎合了现代餐饮对数据沉淀的要求。店内装修也比传统兰州拉面店更加高端。马记永的店面以天蓝色和浅木色为主，营造了简约且舒适的日式居酒屋氛围，更加契合年轻人的消费需求，增强消费体验感。从服务方式到店面装修等各个方面，马记永摆脱了传统兰州拉面的低端，将兰州拉面推往更加高水平层次，使其年轻化、潮流化。这让农民工经营的兰州拉面面临巨大危机。

（六）迎难而上，乘风破浪

第一代拉面人实干创业，第二代拉面人推广壮大，第三代拉面人积极进取，推陈出新，革故鼎新。他们将互联网电商与拉面产业结合，推动拉面产业转型升级。

拉面行业不是孤立存在的，而是由拉面的原料、原料的配送、拉面的制作、门店的经营、拉面的配送等各方面环环相扣联结而成的整体。只要能转换思维、着眼整体，逐个击破，拉面产业的升级便不再困难。回乡创业的大学毕业生韩晓峰说："我们不能固守于拉面，还要想办法通过拉面把青海高原的绿色农牧产品都带出去。"从跑堂干起，现已在上海开了4家拉面连锁店的马福龙，用现代物流理念建立起食材配送链，提高配送效率，以适应人们快节奏的生活。45岁的韩光远也从中找到商机，做起了拉面配送的相关项目。兰州拉面正由"以多制胜"转向"以质取胜"。

化隆县拉面产业服务中心主任马春云介绍，截至2020年底，网上商城将连接全国3 000家拉面店，提供一键下单购买拉面厨具、食材等服务。"面对在线经济的新机遇，从拉面产业供应体系、运营服务体系到人才培训体系，'互联网+

① 工人日报.中国青年网一碗拉面"拉"出脱贫致富大产业.[DB/OL].(2017−05−10)[2022−02−20].
http://news.youth.cn/jsxw/201705/t20170510_9716098.htm

拉面'已覆盖到产业链条的各个环节。"①目前，海东市政府与阿里巴巴集团合作，共同打造拉面产业数字化平台，推动拉面产业高质量发展。

同时，青海省也出台了一系列优惠政策，重点推动"拉面经济"升级。首先是从拉面原料上提质升级，利用青海省各区域优势打造现代化农牧业生产基地，并且利用现代化信息技术发展现代农庄，利用互联网技术实现原材料供应的溯源，保障食材安全，让消费者安心。其次，全省还规划建设统一配送的冷链物流配送体系，确保拉面店绿色原材料供应。并且，还计划用大数据分析消费者需求特点，锁定长期合作客户群，建立长期稳定的供销关系，同时，加快推进第三方服务平台建设，促进协调拉面馆的原料运送、客户服务等问题。

在"第三代"拉面人和政府的努力下，拉面产业突破发展瓶颈，打开新局面。

三、经验及启示

原本普通的兰州拉面走出黄土高原，走上各地人民的餐桌，成为广为人熟知的特色菜肴。兰州拉面的发展有两个不同阶段——创业阶段和转型阶段，下面笔者将从这两个阶段入手，分析兰州拉面成功的原因，总结经验并思考启示。

（一）"拉面创业"成功——偶然中的必然

兰州拉面的火爆，看似偶然实则具有一定的必然性。

1. 不甘贫困，勇于创业

在主体上，拉面创业人群主要是勤劳刻苦、艰苦奋斗的农民工，他们来自物质资源匮乏，经济不太发达的农村。化隆县是国家扶贫开发重点县之一，由于自然环境恶劣，农民辛苦劳作一年的收入还不及外地一般劳务输出1~2个月的收入。2004年底化隆县仍有贫困人口73 585人，其中绝对贫困人口29 828人，农民

---

① 新华社半月谈.海东的拉面传奇：在全国开了两三万家店，[DB/OL].(2020-07-29)[2022-02-20].https://www.sohu.com/a/410280302_267106

人均纯收入只有1 527元。①他们往往聪慧敏捷，敢闯敢干，拥有着强烈的改善生活、提高经济水平的渴望与向往。客观上的贫瘠环境条件和主观上强烈的改变现状的渴望为创业提供了动力。

2. 政府主动服务，为创业者护航

在政策上，原来化隆县十分贫困，村民为改善生活不惜铤而走险，贩卖枪支，当地因此枪患严重。治枪先治穷,枪患的发生归根结底是经济发展走错了路子，当地政府意识到村民改善生活的强烈渴望后，发现村民做的拉面味美汤鲜，有望成为当地特色产品，于是引导村民学习做拉面。在2000年，村民做拉面已经成为村中的潮流。时任县长的马吉孝主动为外出经商的村民提供了一张"通关文牒"，村民们可以获得教育、林业、土地等部门办事的便利。化隆县委还设置了24个驻外临时党支部，积极推动拉面产业的发展，同时积极倡导拉面经营户"守法经营好、环境卫生好、优质服务好、文明经营好、诚实守信好"，着力打造新一代创业者的良好形象。

同时，化隆人还享有政府的经济支持——无息贷款。只要是做拉面就可以享受宽松的贷款政策，第一年贷款利息由县政府承担。据报道，2015年政府拨出的"拉面贷款"达2 000万元，每年利息补贴达500万元。除贷款外，拉面户还可以获得专属的信用卡，允许两个月还一次款，若无不良记录，一次可以取10万元，透支25万元。②在如此宽松的政策经济支持下，村民们几乎可以零成本起家。当村民们经营的"兰州拉面"遍及长三角、珠三角、京津冀，规模庞大，规范管理存在一定困难时，化隆县将89个部门的工作人员派往全国50多个地区，设立拉面办事处，专门负责拉面馆的后勤工作，为兰州拉面的发展提供强大的后勤保障。

3. 把握消费需求，服务普通大众

在消费者需求上，由于近年来我国经济迅速发展，城乡居民消费水平提高，

---

① 孙发平,马桂芳."拉面经济"——青海省化隆县解决"三农"问题的一种有效模式 [J]. 攀登 ,2005(02):63-67.

② 张玥.兰州拉面走向全国背后：政府给钱给政策 [N/OL].南方周末，2015-08-06[2022-02-20].
https://business.sohu.com/20150806/n418281170.shtml

城乡居民外出和旅游经济的发展，人们对快餐食品的消费需求增加，兰州拉面很好地满足了消费者"便捷、便宜、管饱"的消费需求。兰州拉面一大特色是现场制作手撕面，也迎合了消费者对食品干净卫生的要求。兰州拉面口味清淡，有少许辣子和油香，独具西北特色，这使兰州拉面在面食中独具一格，脱颖而出，赢得许多消费者的喜爱。同时，目前我国正在经历大规模的城市化时期，大量的农村富余劳动力涌入城市中寻求就业，在东南沿海大城市中数量尤为庞大，但其消费需求却长期被忽略。城市流动人口数量巨大，但消费市场尚有很大缺口。拉面馆以具有浓厚地域的特色，低成本、做法简单的兰州拉面为招牌产品，价格实惠，以服务大众消费者为主，服务对象明确，定位精准，完美满足低收入者群体的消费需求，因此具有较大的市场。

4. 集群创业，共享资源

兰州拉面的运营模式以家庭作坊模式为主，由于创业主体为来自农村的农民工群体，村庄具有封闭性，人际关系较为紧密。市场经济的浪潮下，已经获得"第一桶金"的农民工们难免会刺激到村中的其他人，这给当地农村价值观带来一系列积极的影响。越来越多的农民工和农民不甘于现状，善于改变，敢闯敢拼，他们越来越积极地超越自己的局限，赢得改变。在韩录发家致富后，万隆县的农民们也进城务工，结对帮扶。许多村民都从拉面馆的服务生做起，靠着自己亲戚或熟人所经营拉面馆的一些友善帮助，学习拉面手艺，自己攒钱，慢慢增长实力，最后自己独立，依靠政府优惠政策，成立并经营自己的拉面馆。创业的农民工们充分地利用了自己的社会资源，农村社会关系联结较城市更为紧密，再加之其朴素好客的性格，先富的农民工为其他农民工创业提供技术等一些资源，也由于"兰州拉面"品牌具有一定的地域特色，经营方式较为简单，可复制性较强，所以农民工纷纷创业，相互交流或者传授经验，意外的促使"兰州拉面"保持其一定的特色，以"无差异化营销"使兰州拉面保持相同的口感与味道，有利于降低其成本，增强其管理效率与管理便捷性。

（二）发扬创新精神，推动特色产业转型

如果不是第三代拉面人发扬创新精神、运用互联网思维推动产业链提质升级，那么拉面产业或许仍固守传统，农民工创业的兰州拉面将会被资本大品牌所取代。从"中国拉面网""青海拉面产业电商服务中心"到对接各种App商城，互联网大大缩短了人们与兰州拉面的距离，也实时追踪食材配送，保证食材新鲜安全，消费者安心放心。拉面电商中心延伸而出的中心大厨房也带动了当地特色农产品的销量。青海省还积极引导、鼓励、支持拉面经济对接"一带一路"，走出国门，拓展丝绸之路沿线市场。目前，化隆县群众已将拉面店开向了马来西亚、土耳其等地。同时，对于农民工缺乏专业知识这方面，化隆县县委组织部、县就业服务局组织举办"化隆县拉面经营管理人才培训班"，旨在全面贯彻落实省委第十三届四次全体会议精神、深入推进"一优两高"战略部署，为拉面馆经营者们提供专业化理论，促进拉面企业接受现代化管理理论，加速品牌化转型，树立企业意识，提高人才管理水平，增强市场核心竞争力。也正是这种与时俱进、自我革命的创新精神，传统的拉面产业才能自补缺漏，赓续传承，与时代共舞，协"互联"同行。

四、小结

兰州拉面一路走来，栉风沐雨，披荆斩棘，第一代拉面人靠着艰苦奋斗，凭借卖拉面脱贫致富，改善生活；第二代拉面人将拉面馆开到祖国各地乃至国外，不断扩大市场份额；第三代拉面人面对市场变革风云，极具危机意识，引入互联网推动产业转型升级。农民工集体创业的兰州拉面一路走到今天，知名度极高，成为国人心中的快餐之光。这离不开农民工自身的坚韧不拔、踏实奋斗、互帮互助，也离不开党和政府的政策帮扶与经济支持。在产业转型路上，兰州拉面更是借助"电商"，搭上了"互联网"的快车道，顺应时代发展，为自身赢得更多发展契机。总的来说，农民工创业起源于改善生活的渴望，化隆县等地农民工发扬一技之长，通过开拉面馆在城市扎根，并带动更多乡亲脱贫致富。正是村民们积极昂扬的奋斗精神和各有关方面的支持才成就了现在誉满全国的兰州拉面，我们也期待兰州拉面的发展越来越红火。

第三部分　农业农民工创业集群

诸暨珍珠创业集群

宁波大学　奚潇锋

一、引言

乡村振兴是我国的重大战略之一，而发展乡村产业以振兴乡村经济就成为其中一项重点工作。2015年《国务院办公厅关于支持农民工等人员返乡创业的意见》指出"支持农民工、大学生和退役士兵等人员返乡创业"从而"促就业、增收入，打开新型工业化和农业现代化、城镇化和新农村建设协同发展新局面。"[①]《国务院关于促进乡村产业振兴的指导意见》则将"突出优势特色，培育壮大乡村产业"作为乡村振兴的重要支柱。[②]

长期以来，由于我国人均耕地面积狭小、单位面积的劳动力投入过多，导致边际效用递减，我国农业发展处于内卷化局面。[③]而农村产业由于人力资本薄弱、基础设施破败、资本缺乏原始积累等问题，难以做强做大。但相较城市，农村又具有较强的社会资本，在邻里互助、旁人带动的情况下，费孝通所调查的开工弦村得以在共有股份制的基础上逐渐发展现代产权制度，从而走向规模经济。当然，除了村民股份制度之外，农村产业集群的良性发展同样能够带领农村走向致富之路，诸暨山下湖镇的珍珠产业集群就是一例代表。山下湖镇隶属浙江诸

---

① 国务院.国务院办公厅关于支持农民工等人员返乡创业的意见 [EB/OL].http://www.gov.cn/zhengce/content/2015-06-21/content_9960.htm.2015-06-21/2022-01-21.

② 国务院.国务院关于促进乡村产业振兴的指导意见 [EB/OL].http://www.gov.cn/zhengce/content/2019-06-28/content_5404170.htm.2019-06-28/2021-01-21.

③ 黄宗智.小农经济理论与"内卷化"及"去内卷化"[J].开放时代，2020（04）：126-139+9.

暨，北抵杭州，东靠绍兴，下辖11个行政村。2020年山下湖镇淡水珍珠产量占全国的80%，占世界的70%，被誉为"中国珍珠之乡"。经过50年的发展，山下湖镇建立了囊括上下游全部产业链的珍珠帝国，建立囊括珍珠选育、珍珠生产、珍珠加工、废料回收、特色旅游在内的全套产业模式，共建立800余家珍珠加工销售企业，打造了诸如"阮仕""天使之泪""山下湖"等知名珍珠品牌，早在2012年山下湖镇的GDP就达到31亿元，其中农民年人均收入3万元以上。

二、诸暨珍珠产业集群创业史

产业集群理论最早由英国经济学家马歇尔提出，高度同质性的产业区能够在三方面为企业带来规模效益，包括区域技术与信息的溢出效应、共享的基础设施和市场服务、特定的劳动力市场。[①]山下湖由于其产业集聚，先后经历了珍珠生产潮、加工销售潮和品牌质量培育潮，企业、个体农户、政府通过产业集群持续互动，最终造就了一个珍珠帝国。

（一）萌芽时期（1972—1992）：技术扩散与珍珠养殖起步

1972年12月底，一个普通冬日的清晨，有着"诸暨珍珠教父"之称的何木根将一小包珍珠粉卖给浙江医药公司。就是这600克的珍珠，在当时竟然卖出497元，这相当于10头猪或两栋房子的钱。也正是这笔钱，让山下湖镇迈出了走向"中国珍珠之乡"的第一步。"诶，听说了吗，村里的老何卖珍珠卖了400多块钱。""这何木根怎么最近突然阔绰起来？"一传十，十传百，当山下湖长乐村听说何木根卖珍珠卖出400多元的天价后，全村人都疯狂了，家家户户开始盘算着养珍珠的事情。

然而，养珍珠并非一件易事。在日本，御木本幸吉花费25年时间才培育出珍珠蚌并发展出人工养殖珍珠技术；我国珍珠养殖产业的发展受到政策和技术的双重限制。就政策而言，1957年周总理表示"要把南珠生产搞上去，要把几千年落

---

① 阮建青，石琦，张晓波. 产业集群动态演化规律与地方政府政策 [J]. 管理世界，2014（12）：79–91.

后的自然采珠改为人工养殖"，随后毛主席强调"旧社会劳动人民辛辛苦苦采珠进贡皇帝，现在我们养殖珠要为社会主义、为人民服务"[1]，然而较为宽松的珍珠养殖政策在"文革"期间突然收缩，珍珠买卖被视为"走资派"行为，1977年在何木根靠珍珠养殖致富成为千元户后，他突然被镇大队关禁闭和批斗，同时要求退赔贩卖珍珠所得的所有钱款。[2]同时在技术上，尽管我国熊大仁等教授先行改良培育出珠蚌，但山下湖镇并没有珠蚌养殖技术。何木根先后到湖州、江苏等地学习养蚌和珍珠开采技术，历经两年失败后才得以开采仅仅一斤珍珠。同时，在20世纪70年代，珍珠蚌的养殖很大程度上受到集体经济的限制，由于没有个人农业用地，珍珠养殖只能在小水塘和小水沟中进行。而到家庭联产承包责任制推行后，珍珠养殖从集体养殖走向个人承包水田养殖[3]，使得诸暨珍珠产量从1980年的22千克暴增至1987年的22.6吨，周凤鸣、何新桥等第二代养蚌群体都分到5亩左右的水田。[4]

1978年十一届三中全会废止了以阶级斗争为纲的路线，转而以经济建设为中心。何木根凭借珍珠养殖的技术与经验迅速东山再起，同时政府牵头、何木根主导在1980年开办珍珠补习班，使得村民能够凭借这一技术共同致富。这一决定在市场经济中难以被理性人所做出，然而在20世纪70年代的农村中，农村共同体同质性强，社会关联度高，将养蚌技术教给村民，不仅能够让他获得村中的威望与"面子"，同时也是对生养自己的农村的回报。事实上，乡镇企业的存在与发展都和西方古典经济学理论极其不相符合，一方面它位于乡村面临基础设施和人力资本匮乏的局面，另一方面又由于产权之间的不明确，造成集体行动困难。[5]20世纪90年代的农民工"离土不离乡，进厂不进城"，具有"理性小农""阶层小

---

① 转引自李家乐，王德芬，白志毅，关翌博，吴丛迪，陈蓝荪.中国淡水珍珠养殖产业发展报告 [J].中国水产，2019（03）：23-29.

② 王峰.珍珠帝国 [M].杭州：浙江人民出版社.2008：75.

③ 莫雪.珍珠起源——山下湖的第一粒珍珠 [EB/OL].https://zhuanlan.zhihu.com/p/75545835.2016-02-03/2022-01-21.

④ 王峰.珍珠帝国 [M].杭州：浙江人民出版社.2008：79.

⑤ David Li，"A Theory of Ambiguous Property Rights in Transition Economies: The Case of the Chinese Non-State Sector，" Journal of Comparative Economics，vol.23，no.1，1996，pp.1-19.

农"和"情感小农"三个面向①，这三个面向使得分析农民行为时不能按照"市场、利润的追求普遍化、功利的'理性主义'世界化的分析思路与方式"②，而是要依据道义经济学将农村竞争限定在特定范围之内，桂华等人的研究表明熟人社会中南方农村的村民在获得巨大成功时会选择回馈乡村，这是乡村共同文化赋予村民的终极道德价值。③不同于奥尔森通过集体内部选择性激励消除集体行动的困境，农村的行为更类似于奥斯特罗姆的多中心治理理论。首先，农村中的农民对自身所属有明确的边界意识，能够意识到自己不属于"他者"；其次，同质性的文化和高度的强关联社会网络，使得信息在农村的边界得以较快传播；再者，农村的文化、规范是被高度认同的，并有一定的激励条件和后果。在既定的制度供给情况之下，即使缺乏明确产权，不同主体考虑到自身重复博弈的需求，也不会选择面对组织成员的苛责而舍大利为小利。就本案例而言，即使何木根主动将养蚌知识分享，他的知识产权并不明确，生产队内的成员也明确自己不能将养蚌知识传播给其他竞争对手以损害自身组织的利益，因为这可能造成自身在社群之中的恶劣评价。

1980年诸暨珍珠产量仅有22.2千克，但到了1987年已经达到22.6吨。"那个时候第一票生意做了以后，劲头儿是有了，但是想要把珠子不断卖出去，却是件大难事。"④除山下湖外，全国还有许多地方都形成了较大规模的珍珠养殖产业集群。例如江苏洛阳镇、苏州渭塘等，他们的地理条件和基础设施都较山下湖更为优越。然而洛阳镇由于火爆的珍珠潮导致一时间"洛阳塘贵"，珍珠养殖成本过高，同时除了珍珠外，洛阳镇还有服装、机械、轻工业等选项来发展经济，在这种利润较低的情况下，老一辈的养珠人都选择外流，使得洛阳镇的珍珠产业没落；而苏州渭塘设置了第一个中国淡水珍珠交易市场，随后各地竞相模仿，最终

---

① 黄宗智.资本主义农业还是现代小农经济？——中国克服"三农"问题的发展道路 [J].开放代，2021（03）：32-46+6.

② 郭于华."道义经济"还是"理性小农"重读农民学经典论题 [J].读书，2002（05）：104-110.

③ 桂华，欧阳静.论熟人社会面子——基于村庄性质的区域差异比较研究 [J].中央民族大学学报（哲学社会科学版），2012，39（01）：72-81.

④ 王峰.珍珠帝国 [M].杭州：浙江人民出版社.2008：71.

没能在竞争中脱颖而出，被市场机制淘汰。

山下湖珍珠产业萌芽阶段完成了珍珠养殖技术的推广和市场的构建，前者很大程度上依托于社会资本影响下农民工何木根创办的养殖培训班；而后者则依托政府的政策放宽。山下湖最初的交易市场由农民自主创办，但在1985年，中央政府担忧改革步子过大导致社会不稳定，因此先后三次发出《关于珍珠实行统一经营的通知》（以下简称《通知》），要求珍珠应归国家专营，任何单位和个人不得私自收购和销售珍珠，并对珍珠养殖实行生产许可制度。粗略估计，在1986—1987年，山下湖有接近800万珍珠被查扣，珍珠产业受到巨大打击。[①]1989年新华社连发文章，批评诸暨作为全国基础教育先进县却无法成为全国经济发展县。面对中央的苛责，诸暨干部寻求发展经济的道路。这时，一位名叫何桥江的前农科员为山下湖的珍珠发声，1990年他以《一个农民的心声》为标题写了一封信，建议政府出面为山下湖重新建立珍珠交易所，并成立珍珠研究所，同时建议将珍珠列为农副产品而非贵重珠宝。[②]这受到了诸暨市人民政府乃至浙江省政府的重视，他们迅速反应放开了对珍珠产业的过度限制，并重建了珍珠交易市场，到了1992年，中央放开珍珠统一经营的规定。

"改革开放的胆子要大一些，敢于试验，看准了的，就大胆地试，大胆地闯"[③]，政府在发展山下湖珍珠产业的过程中发挥了重要作用。一方面，地方政府时时刻刻秉承"解放思想，实事求是"的精神，在上级政策规定之下发挥地方政府的主观能动性；另一方面，诸暨市政府始终以百姓利益为先，在何木根靠着珍珠产业变成万元户时，诸暨人民政府领导主动接见何木根并向他请教致富经验，而在何桥江为山下湖发声时，诸暨市对此高度重视，并上报浙江省政府，中央政府在明确《通知》制定过于死板后，也主动改正。

---

①　王峰.珍珠帝国 [M].杭州：浙江人民出版社.2008：94.

②　王峰.珍珠帝国 [M].杭州：浙江人民出版社.2008：50-54.

③　乐意，秦晶.改革开放胆子要大一些，敢于试验 [EB/OL].http://cpc.people.com.cn/n1/2016/0203/c69113-28108195.html.2016-02-03/2022-01-21.

（二）发展时期（1992—2008）：产业体系与市场机制完善

在初创阶段，山下湖镇的农民大多属于几个生产合作社，除何木根在外面给其他养蚌塘做工算半个农民工外，其他人的身份基本是农民；但在发展时期，由于先前已经打好的养蚌基础，第二、三代养蚌企业家基本上都是在珍珠企业工作的农民工出身，激烈的产业竞争使得落后的养殖产业逐渐被淘汰，产业链内部出现了新的分化，而出身农民工的他们也试图寻求在科技养殖、开拓市场、品牌塑造方面寻找新的出路。

在1992年政策松绑之后，山下湖镇的养蚌产业蓬勃发展起来，成为中国最大的珍珠集散中心。然而，长期以来山下湖一直处于珍珠产业链下游，在珍珠加工、销售上受国际金融中心香港行情的限制。政策松绑后珍珠供过于求也导致淡水珍珠产业价格剧烈下跌。对此何小法等商人主动走出山下湖，在香港打听行内消息。

"小法，这次你去香港有什么收获啊？"乡亲们急不可耐地问道。

"这香港商人简直把我们当韭菜割，卖出去的珍珠比他们收购我们的珍珠的时候价格高了九倍！乡亲们，如果我们不想一直受制于人，就要自己打通销售渠道。"

在何小法的鼓动之下，山下湖镇的养殖户开始寻求独立自主的销售渠道。这主要包括两个途径：一是以何小法为代表的商人直接在香港注册企业，自产自销；二是借助跑外和代销的农商群体进行销售，所谓"跑外"就是一群农户首先出差到外省开拓市场，再凭借人际关系吸引本村中其他农户在此地扎根，这些市场一般首选广东、海南，"跑外"风险较高，对外省人生地不熟的山下湖农民工很容易被骗得人财两空，因此经过长期的"跑外"后，山下湖出现了代销以实现专业分工，以周凤鸣为代表的农户事先向镇上的人收珍珠，然后到外地销售，最后按约定的数目将一部分给农户，自己在中间收取跑腿的费用。无论是跑外和代销过程中的专业分工，还是在这次联合抵制香港中间商、寻求新的销售渠道的过程中，山下湖的农民工们表现出高度的一致性，这既是为了自身利益考虑，也是中国农村人情关系所造成的高度的产业同盟。如果没有人情和道德关系的约束，代销的人完全可以自己拿钱跑路，或是产业同盟松散被中间商逐个击破。何小法在这个产业同盟中扮演了重要的角色。相比于《威尼斯商人》斤斤计较的商人形象，何小法可谓是仗义疏财，同时他把所有的账都记在脑里，从来不迟付欠账。以至于在他去世多年后，山下湖每年都有许多人在他的忌日祭拜他。事实上，小镇曾经因为代销拿钱跑路而面临信用与资金危机，如果处理不好，小镇又会重新回到中间商代销的阶段。对此，何小法主动拿出十亿资金收购珍珠，使得因跑路事件导致破碎的小镇关系又重新凝聚起来。代理销售的出现意味着原有的山下湖原有的农民工身份逐渐转变为创业者身份，同质化地集中于下游生产的农民也逐渐扩展至中上游。

同时在这一阶段，山下湖镇的珍珠产业从珍珠养殖走向珍珠加工，在饰品加工、染色、增光方面拓宽了产业链，而原有的珍珠养殖量已经不够当地珍珠公司向外销售，山下湖镇又在各地建立了珍珠养殖基地，将本地产业扩展至洞庭湖、巢湖、太湖等地。2005年，香港民生国际董事长郑松兴意识到世界珍珠行业产业即将转移到中国大陆，投资18亿元建立华东国际珠宝城，使原有的交易市场进一步升级。

品牌建设是重中之重，2006年中国珍珠产量占世界的90%，但其总产值只占世界珍珠总产值的10%，原因在于世界珍珠市场已经根据各大品牌建立了比较稳定的市场格局，而国内则缺乏相关企业名片。[①]对此，山下湖镇通过产业内部的竞争淘汰了一部分落后产能，借助奥运会和高质量产品先后推出"天使之泪""佳丽""阮仕"等品牌。

政府在山下湖发展时期也做出了巨大贡献，山下湖原有蚌种单一、成珠概率低，水质恶化也造成蚌病泛滥。诸暨市人民政府通过成立科研项目、补贴技术资金、产业政策引导等多种方式引导企业纵深发展，同时再次投资建立山下湖珍珠研究所并引进高校研究人员。2007年诸暨市人民政府根据《中共浙江省委浙江

---

① 杭菊.基于价值角度分析"互联网+"背景下珍珠产业商业模式创新路径研究——以江浙地区为例[J].辽宁经济，2019（08）：84-86.

省人民政府关于2007年社会主义新农村建设的若干意见》强调"发展现代设施渔业，推广健康养殖方式，加强优质种苗繁育基地建设和关键技术示范推广工作，提升品牌，拓展市场"，通过建立科技示范户制度带动农渔业技术创新。[①]与此同时，政府也注重挖掘山下湖珍珠的文化价值，自1998年开始，诸暨市政府就帮助山下湖开办珍珠文化节，目前这一文化节已经从诸暨珍珠文化节升格为中国（国际）珍珠文化节，由自然资源部、中国珠宝协会和诸暨市人民政府共同主办。山下湖也作为世界珍珠大会会址，成功向世界展示中国品牌。最后，山下湖的人民在这一阶段经历了由农民向企业家、工人的转变，全镇的珍珠贸易额也大大增加，原有的邻里亲情约束在半熟人社会中约束力减弱，对此政府主动成立诸暨珍珠协会（后升格为浙江省珍珠行业协会）来负责调节企业矛盾、增进企业关系及推进技术扩散。

（三）转型发展时期（2008—）：创新突破与可持续发展

互联网等新兴科技在商业模式中的运用、居民消费水平和消费模式的革命性转化、国家乡村振兴战略以及产业转型的提出使得山下湖的珍珠产业步入再发展时期。2008年世界金融危机之后，山下湖珍珠供应量从原有的2000吨缩减到2010年的800吨。同时原有过于粗放的养殖模式导致大量工业废水排入河流，产生严重负外部性。

当然，危机对于山下湖富有创造力的劳动人民而言，既是"危"又是"机"。首先，对于过去发展过于粗放、严重污染环境等问题，镇政府主动委托浙江大学环境科学系对小镇进行生态规划设计，建设污水处理中心和生态绿地净化废水污水。同时寻求与诸暨市农业农村局合作，投资建立废液处理中心，通过厌氧发酵技术对废液进行处理，而产生的沼气则用于向村民供热和供燃气。同时规定"面积超过100亩的养殖大户，都被要求按照5%的面积比例配备尾水处理池，尾水池内通过人工湿地、水生植物、生物净化试剂等多种方式进行处理，出

---

① 浙江省人民政府.浙江省人民政府关于加快发展农业主导产业推进现代农业建设的若干意见[EB/OL].http://www.zj.gov.cn/art/2007/5/14/art_1229019364_62701.html.2007-04-17/2022-01-21.

水口水质不达标的养殖户将被强行关停"①。目前，山下湖已经形成了"主产品生产—副产品加工—废料利用处理"的生态产业模式，处理后的废物每年为全镇农民增收上千万元。其次，人均收入水平的提高也使得居民的消费逐渐从生存消费到发展和奢侈消费。对珍珠的需求从原有的珍珠之间简单拼接到更加美观、多样。山下湖的产业格局因此重新调整，出现了专门负责深加工的企业，从而能够将珍珠加工成多种形状，甚至可以将其加工为仅有40纳米的药用珍珠粉或珍珠纤维服装。而原有被浪费的蚌壳被加工成各式各样的工艺品销售至东南亚、欧美，蚌肉则可以通过多糖多肽提取技术深加工成保健品，从而使得珍珠蚌的附加值大大提升。

互联网技术带来山下湖珍珠产业的再次腾飞。互联网大大加快了企业传递价值和获取用户价值偏好的速度，从而得以建立企业—用户之间的交互；用户则可以获得更加完备的企业信息，从而充分选择自身所需要的商品。与传统的以质量、价格为基础的市场竞争模式相比，互联网平台整合海量企业，并将它们的商品可视化展示在消费者面前，因此如何针对消费者偏好、持续掌握互联网热度就成为企业脱颖而出的重点。山下湖镇的农民和商人主动接纳新兴互联网技术，通过直播带货、线上零售、网红孵化加快融入"互联网+"时代。推进数字化与珍珠产业结合，建成智能化养殖基地1 200亩，投入6 000万元建设养殖数字化车间和数字化深加工园区。与此同时，诸暨市政府从完善文化市场管理制度、保障文化公共服务、创新文化市场管理和推动文化国际交流等多方面进一步建设珍珠产业服务综合体，集"珍珠产业＋特色旅游+互联网+文化创意+金融资本"于一体。②协助山下湖在浙江农林大学等院校开办珍珠学院，建设山下湖珍珠小镇，打造珍珠养殖文化旅游体验项目。珍珠产业从农村而兴，最终又回馈农村。在产业集群建设的过程之中，山下湖镇的基础设施大规模改善，成功建成浙江省美丽

---

① 侯雯雯.最严禁养令后珍珠产业的"变"与"不变"[EB/OL].http://www.zhuji.gov.cn/art/2018/8/9/art_1371583_20191224.html.2018-08-09/2022-01-21

② 诸暨市人民政府.诸暨市人民政府办公室关于印发诸暨市文化产业发展"十四五"规划的通知[EB/OL].http://www.zhuji.gov.cn/art/2021/11/1/art_1229079889_1847765.html.2021-10-25/2022-01-21.

城镇样板城镇和绍兴小城镇综合治理样板，11个村集体经营收入达50万元以上，同时创立"龙头企业+合作社+农户"模式，通过保底收益、赠送股份和利润分红使3 500名村民成为股东，村集体也通过盘活资源、物业经营、乡贤反哺等形式变资源为资产，其中乡贤反哺累计投资超600亿元。①

三、经验及启示

（一）充分利用社会资本，强化产业集群核心竞争力

社会资本概念最早由布迪厄提出，他认为所谓社会资本是"与群体成员相联系的实际的或潜在的资源的总和，它们可以为群体的每一个成员提供集体共有资本支持"②。科尔曼则更加具体地解释社会资本的内涵与效用：它是"一种责任与期望、信息渠道以及一套规范与有效的约束"，能够"限制或鼓励"人们的某些行为。③在企业中，企业通过"纵向联系、横向联系和社会联系"等社会资本获取稀缺资源，这对于企业的人均产值至关重要。④农民工受社会资本影响在回乡创业的过程中存在一定的合约机制，这使他们能够"在分工的基础上，需要协调不同环节、同一环节不同分工的创业者之间的集体行动"，从而在基础条件缺乏的情况下提升产业在市场中的竞争力。⑤马红玉等人则从实证的角度出发，表明绝大部分农民在创业过程中，主要是经过农村之间的信用关系，而非银行、信用社之间的信用获得资助，而对于产业的相关信息也基本从同乡获取，在这种情

① 诸暨市农业农村局. 以产业振兴之水，育共同富裕之禾——诸暨市乡村产业迈向高质量发展纪实 [EB/OL]. http://www.zhuji.gov.cn/art/2021/12/22/art_1229074449_59064547.html. 2021-12-22/2022-01-21.

② [法] 皮埃尔·布迪厄. 文化资本与社会炼金术 [M]. 包亚明，译. 上海：上海人民出版社，2005：202.

③ [美] 詹姆斯·科尔曼. 社会理论的基础 [M]. 邓方，译. 北京：社会科学文献出版社，1999：354

④ 边燕杰，丘海雄. 企业的社会资本及其功效 [J]. 中国社会科学，2000（02）：87-99+207.

⑤ 王肖芳. 农民工返乡创业集群驱动乡村振兴：机理与策略 [J]. 南京农业大学学报（社会科学版），2018，18（06）：101-108+160.

况下社会资本与创业绩效之间存在紧密的联系。[①]

经过50年的发展，山下湖珍珠产业集聚凭借社会资本也发展出类似的产业链模式，从珠农生产到加工企业深加工，再到包括收购与销售部门在内的企业营销。当然，对于山下湖的大规模上市企业，它们往往具有全套产业链并注重配置品牌，但它们对品牌的培植同样对山下湖其他小企业具有正外部性，而产业集群的分工模式也促进经济效率，帮助资本不多的农户开辟生存空间。同时，诸暨珍珠协会的成立也使得20世纪80年代以来的社会资本能够通过制度化的方式持续发挥作用，通过制定承诺书、大企业带动，保障整体珍珠行业的健康稳定发展。

（二）合理协调政商关系，促进创业集群稳健发展

市场的自主运作会出现外部性和信息不对称等问题，而政府则可以通过行政手段解决市场失灵。从诸暨珍珠产业的发展来看，山下湖珍珠业的起起落落绝大多数都与政府有关。其第一次的衰落就是由于中央政府对珍珠私营的管制，浙江省和诸暨政府对珍珠经营的适当放宽为山下湖珍珠产业的发展赢得了喘息的时间；随后的代销卷款逃跑事件，也是在何小法出资和政府信用担保的基础上才得以解决。同时，政府出资帮助本地珍珠养殖基地外扩、主动担保帮助珍珠企业贷款并寻求高校智力资源援助、运用行政权力解决珍珠养殖污染等问题。一方面，政府需要创业集群为其提供税收并完成乡村振兴、产业升级等重要任务；另一方面企业也需要政府稳住市场波动，帮助完善相关基础设施。在这一过程之中，山下湖珍珠产业与政府达成一致，并保持良好的互动关系，这是山下湖得以成功的关键。

---

① 马红玉，王转弟. 社会资本、心理资本对农民工创业绩效影响研究——基于陕西省889份农户调研数据 [J]. 农林经济管理学报，2018，17（06）：738-745.

表5　诸暨政府对珍珠产业的支持措施

时间	单位	措施
2020年	诸暨市文旅局	推进山下湖珍珠小镇品牌设计与IP孵化服务项目
2019年	诸暨市建设局	建设山下湖珍珠研究中心
2017年	山下湖镇人民政府	规划建设山下湖珍珠小镇
2017年	诸暨市人民政府	制定《诸暨市人民政府办公室关于加快推进珍珠产业转型升级的实施意见》，加速珍珠产业转型
2015年	诸暨市人民政府	投资建立电商产业园区
2015年	诸暨市人民政府	出台《诸暨市工业经济政策三十条配套细则》，加大产业扶持力度
2007年	诸暨市人民政府	制定《诸暨市"十一五"循环经济发展规划》，推进珍珠养殖产业循环发展
2006年	诸暨市科技局	科技计划一般项目资助（3万元）
1998年起	诸暨市人民政府	举办珍珠文化节
1997年	诸暨市人民政府	果断介入代销商逃跑事件，稳住市场信用环境
20世纪90年代	诸暨市人民政府	组织诸暨珍珠协会，委托珍珠大企建立珍珠研究所并支持本地企业外扩
1987年	诸暨市人民政府	支持建立第二代珍珠交易市场

（本表依据诸暨市人民政府网发布的信息整理）

（三）注重珍珠文化培育，赋予产品深层内涵

　　企业仅仅依靠商品的实体价值难以在现代市场模式中取胜，商品成功还需要依靠产品的虚拟文化价值。在企业的文化符号之中，品牌作为商品的标签不仅能够帮助消费者明确产品的性质与品质，也对商品的价值有很强的杠杆作用。山下湖第一代珠农以量取胜，产品附加值低，企业创新能力弱，因此自第二代农民工珍珠企业家开始，他们就十分注重珍珠品牌建设以提升产品附加值，阮仕"历久见光华"、山下湖"把中国珍珠说给世界"、天使之泪"为爱而流"等脍炙人口的宣传标语既展现了珍珠文化，又扩大了企业影响力。徐保红采用实证分析的方式研究山下湖珍珠品牌价值，认为目前山下湖珍珠企业品牌塑造不断加快，为企

业带来增量收益。①

政府也努力兴办珍珠文化节等活动保持山下湖小镇在珍珠企业中的持续领先地位，从1998年到2021年，山下湖珍珠节从最早的诸暨珍珠节逐渐发展成为中国珍珠节，2018年中国珍珠节吸引1300余家企业线上线下参展，通过文艺晚会、工艺品设计大赛、珍珠展销等节目向世界展示诸暨珍珠文化。②

四、小结

山下湖珍珠产业集聚的成功无疑有多方面原因：主观上来说，每一代农民工群体都出现了较为杰出的领头人，使山下湖珍珠产业能够在恰当的时机正确转型；而客观上来说，政府的帮扶、自然条件的优越、廉价的劳动力和土地资本、农村高度关联的社会资本都帮助珍珠产业成功应对一次次的市场挑战。山下湖无疑是中国农民工创业集群成果的多数之一，与千千万万的农民工创业集群类似。但作为如此成功并持久的创业模式，它又是其中的少数，因此这一案例具有重要意义。一方面，农民工创业对促进共同富裕、提升居民收入水平和生活幸福感有重要作用，而返乡创业模式则更能通过吸收就业、开办乡镇企业来带动乡村振兴；另一方面，山下湖作为成功的个案之一，也有助于我们厘清农民工创业集群的生成机理和充要条件，在此基础上政府得以保证政策出台的合理有效。当然，本案例未来的发展仍然面临一定的挑战，首先，经过四十年的发展，山下湖产业集聚已经出现规模极大的产业，而在发展阶段为培育品牌，山下湖珍珠产量正逐渐下降，这意味着非专业的小企业家逐渐被市场淘汰，在这种情况下如何防止山下湖珍珠被几家具有高新技术和品牌优势的企业独占，保证产业集聚继续发挥共同富裕的作用就十分重要；其次，从珍珠产业集聚的历史来看，该产业的兴衰很大程度上与政府相挂钩，那么在政府简政放权、从"划桨"到"掌舵"后，政府如何推进企业发展，保持企业与政府的良好互动就是一个重要课题；最后，作为

① 徐保红. 浙江诸暨珍珠产业区域品牌价值研究 [D]. 杭州：浙江农林大学，2019.
② 刘培培. 第十一届中国（国际）珍珠节隆重开幕 [EB/OL]. http://zjnews.china.com.cn/yuanchuan/2018-11-30/156220.html.2018-11-30/2022-01-26.

产业集聚，珍珠产业聚集如何在市场中以全新的模式继续发挥乡土人情的作用，吸引、拉动更多的农民工参与产业集聚是保证珍珠产业持续发展的题中应有之义。对于以上问题，无论是对山下湖而言还是对中国的农民工产业集聚而言都有重要价值，需要日后进一步研究与探讨。

清河羊绒农民工创业集群

宁波大学　毕文君

一、引言

有"软黄金"之称的羊绒产业集群居然位于河北清河，一个不生产羊绒原料的地方，因此该产业集群也被表述为"没有羊的羊绒之都"。如果说羊绒产业集群的产生带有一定的偶然性，那么它的发展更多展现的是当地农民工创业者主动"求变"和坚韧不拔的创业精神，所以清河"羊绒之都"的称号是其努力成长的必然结果。该产业集群的发展并不是一帆风顺的，由于原料采购和消费市场均在外地，因此更容易受到市场变动的影响，比如西方国家对我国的经济制裁、产业链条薄弱、品牌树立困难等。面对国内市场，江浙和沿海地区又在国内纺织的消费市场上占领了先机，面对把"软黄金"之称的羊绒卖出白菜价的困境，一代又一代的清河人主动学习、积极转变发展方式、不断探索集群的发展之路。那么羊绒产业集群是在什么样的机缘巧合下产生的，又是如何一步步破解发展困境的呢？本文将通过每个发展阶段典型带头人的一系列做法，揭示清河羊绒产业集群发展之谜。

目前，清河加工的山羊绒占中国的60%以上，占世界的45%以上；绵羊毛和牛毛绒占中国的90%以上。河北省羊绒产业集群已经形成，并为县域社会经济的发展、当地农民增收做出巨大的贡献[1]，其发展方式也为那些没有资源基础的地

---

① 李剑波，张焕祯，赵星洁等.河北省县域特色经济发展状况分析[J].经济论坛，2006（17）：12-13+30.

区如何发展提供了借鉴意义。

二、清河羊绒集群的创业史

清河县地处冀鲁交界，曾是河北省18个有名的贫困县之一。在既无资源优势又无人文景观的情况下，一次偶然机会使羊绒产业集群在清河生根发芽，多次转型使产业集群在这里茁壮成长，产业集群的发展历程见证了一代又一代当地创业者永不服输的决心。清河羊绒产业集群利用市场的信息传递和资源配置功能，促使产业集群在当地生长发展，集群原料多来自省外畜牧比较发达的地方，产品的销售市场刚开始主要针对国外[①]，随着产业链的延伸和电商的发展，市场也开始转向国内。在原料产地和销售市场均不在本地的情况下，羊绒产业的发展经验对资源贫乏地区的发展更具借鉴意义。

（一）从无到有，羊绒产业扎根清河

1. 一次偶然机会开启羊绒产业加工历程

1978年是清河羊绒产业的起步阶段，清河县杨二庄农民戴子禄到内蒙古东胜绒毛厂为社办企业办理上纺毛线项目，在购买淘汰的纺纱机时，看到东胜绒毛绒厂院子堆着成垛的羊绒边角料，询问保管员这些边角料的用途后得知，这些土毛球的处理方式通常是贱卖给邻近的农民做肥料使用。他随手抓起一把撕扯，发现里面还有短绒，突然灵光一现，萌生了用梳棉机把土毛球中的短绒梳理出来的想法，这一想法产生后他就立马采取行动，赊购了4吨价值2.5万元用水洗过的土毛球，回家后就把摊子安在戴家屯弹棉花的摊子上。通过20天数十次的改造试验后，他和助手们终于成功改装出当时最先进的梳棉机，并梳出了1.2吨短羊绒，并把这些羊绒以6.3万元的价格卖给了北京绒毯厂，羊绒被售出后直接获得3.8万元的纯利润，成万的收入放到今天依然很可观，更不要说在当时农村劳动力报酬较低的年代。创业成功的消息在熟人社会快速传播，挣钱的消息一经传出，就震动

---

① 徐铭泽，康甜，张世阳.清河县羊绒产业集群发展与对策分析[J].现代商贸工业，2011，23（11）：74-75.

了县内外，村里和附近村庄一些大胆的村民开始效仿。此后，清河县人不断加入羊绒分梳行业之中，在一家一户的梳棉机下，清河的第一批羊绒专业户诞生了。然而，由于当时羊绒还是国家专控商品，不准农民私自经营，所以清河的羊绒产业虽逐渐形成了一定的基础，但其规模仍局限于家庭小作坊。

2. 制定政策满足产业发展需求

直到1984年，县政府从发展生产的实际需求出发，开始承认正在悄然成长的以羊绒行业为首的家庭手工业的合法性，并出台了《放宽经济政策的24条规定》，开始大力发展农村商品经济，扶助农民发展家庭工业。从这个时候，清河的羊绒加工业迅速成长起来，一些完成初始积累的人们放开手脚，将一个个家庭作坊带入了企业的行列，使羊绒产业这个"飘来的种子"在清河落地、扎根、发芽。之后，在精心呵护和引导下，羊绒产业步入快速发展的轨道，清河县有名的羊绒企业东高集团也是在这个时候成立的。20世纪80年代后期的家庭工业，使羊绒产业的"星星之火"迅速达到"燎原之势"。自此，以当地创业者为主体，以羊绒分梳技术扩散为标志的产业集群开始形成。

（二）深加工兴起，羊绒产业链进一步延伸

1. 愈挫愈勇，规模企业拥抱广阔市场

清河产业集群是以梳绒技术的拓展发展起来的，起初以售卖原料为主，为适应由出售原材料向深加工调整转变的要求，不少企业开始拓展企业规模，使羊绒业向规模化的方向发展。1989年是清河羊绒加工业的重要转折点，当时除内蒙古的鄂尔多斯、北京的雪莲等少数企业能够进行羊绒深加工，生产一些羊绒制品外，国内加工生产的羊绒原料几乎全部出口。那一年，由于美国、西欧等西方国家联合对我国实行经济制裁，清河的羊绒出口急剧下降，很多中小企业一夜之间被迫停业，清河羊绒走到了发展历程中最为困难的关口。面对困境，很多清河人都在寻找出路。1991年机遇再次降临，这一年的下半年，河北东高羊绒有限公司的宋书恒带着自己公司分梳的羊绒参加了广交会，在这次广交会上，清河羊绒重见生机，一些国外客商尤其是东南亚国家的企业开始了解清河，知道在中国的河北内陆还有一块专门从事羊绒梳理的企业。戴子禄、冯子宏这代人奠定了羊绒初加工的基础，高度的知识技术共享使得集群快速生成，并在一定程度上获得羊绒产业集群形成的比较优势；参加广交会为集群发展提供了更加广阔的舞台。

2. 多措并举，提高羊绒集群附加值

为促进羊绒产业的进一步发展，清河各企业也展开积极探索。首先，对羊绒进行深加工。当像臧国良一样的二代企业家开始接触羊绒产业时，和分梳羊绒原料相比，第二代创业者更希望做出清河自己的羊绒成衣制品，在进行交易时就不仅局限于出售原料，从产业链下游往中上游拓展。1994年，清河本地企业河北三力羊绒公司设计出了第一批羊绒服饰，掀起了清河羊绒产业由初级加工到深加工转变的历史。那时，臧国良还没开始创业，但是他最先做起了羊绒成衣制品的销售工作，并开启了清河羊绒成衣外销的先河。高档的商场进不去，就自己开店铺出售。多年的从事羊绒相关产业的经验，为自主创业打下了坚实的基础。那时候，一般商场内没有千元以下的羊绒衫，而臧国良自己生产的羊绒衫，价格为300～500元，价格比一般商场便宜两倍以上，再加上品质优良、款式多样、性价比高，羊绒衫很快就建立品牌、打开市场、扩大知名度。[①]虽然在1998年爆发了亚洲金融危机，国内市场需求下降等因素给羊绒产业带来了严峻的挑战和困难，但是清河的企业在这次金融危机中表现得格外冷静，许多企业不仅没有放弃该产业，还从下半年开始着手存货，以满足"大降之后必有大升"的国际市场需求，清河人面对危机所表现出的沉着，来自从上次危机中获得的经验和对该集群产业的自信。果然，1999年随着国际羊绒价格的规律性反弹，清河羊绒市场一片飞红，当年全县羊绒产销量达5 200吨。随着国外对清河羊绒产业的认识不断加深，带动了清河羊绒的出口。新的销售市场由此打开，清河羊绒逐渐走出低谷。

在产品销售过程中，不少从事制造业的企业逐步发现，他们在产业链条中所获收益远远低于国际市场上品牌建设突出的企业，向产业链上游拓展、建立属于自己的品牌才是提高产业集群竞争力的康庄大道。由于当时清河羊绒产业集群还

---

① 侯春婷，臧国良 . 做清河羊绒产业的支点 [J]. 中国纤检，2010（14）：66-68.

处于成长期，市场需求量较大，所以在1995年中国百货业蓬勃发展，中国自创服饰品牌不断涌现，然而清河羊绒产业集群并没有意识到这一点，错过了创建自主品牌的最佳时期。自1998年以来，羊绒产业虽然遭遇市场需求不旺带来的严峻挑战，但清河企业家却信心十足，羊绒产业发展迅猛，短短三年多的时间，清河县梳绒机由8 000多台增加到14 000多台，羊绒销量占全国份额由55%增加到68%。羊绒产业在全县经济中的比重也提升到70%以上。从1999年开始进入清河羊绒特色产业园区为载体，羊绒规模企业大量聚集为标志的升级阶段。经过20世纪90年代前期的规模拓展，个体私营羊绒企业逐渐成为清河经济发展的主力，清河全国最大羊绒加工经销集散地的地位由此确立。

　　此外，清河政府也采取一系列措施推动集群的发展，特别是在对外宣传、标准制定和发展引导上。1994年，清河政府举办清河国际羊绒节向国内外宣传展示清河羊绒，并以此延伸羊绒产品的消费市场[①]；鼓励支持集群内实力较强的企业发展羊绒深加工、进一步延伸羊绒产业链，从而推动清河最初的羊绒制品加工企业生成，并逐步获得"世界羊绒看中国，中国羊绒看清河"的行业地位。初深加工"两条腿走路"，进一步巩固清河羊绒产业的市场地位，拉长羊绒产业链条，为产业升级指明方向。羊绒深加工也产生规模效应，并建立起以山羊绒为主、绵羊绒及其他动物纤维共同发展，分梳、制条、纺纱、针织、梭织等各个环节相配套的完整的加工生产体系。2000年，清河又组织实施了以抓投入、上项目、上纺纱、建基地为重点的产业升级战略，引导企业把经营羊绒原料赚取的大量资金投入到以纺纱为重点的深加工项目上来。2001年，由于国际市场需求萎靡，羊绒产业再次遭遇严重的销售困难，价格一路下滑，市场严重滑坡。对此，县委、县政府一方面引导羊绒业户抓营销、"宁减利润，不丢市场"、以销定购；另一方面抓投入，利用原料设备价格低企业资金充裕的有利时机，使市场平淡期成为投入高潮期。现已培育出以杨二庄工贸区为中心的山羊绒生产专业区、以柳林为中心

---

① 侯春婷,刘莉.走进清河,你就走进了羊绒世界——第一届中国清河羊绒纱线及制品展览会侧记[J].
中国纤检,2010（12）：60-62.

的绵羊绒生产专业区、以唐口为中心的灰褐绒生产专业区，充分发挥产业集聚优势，形成了以深加工规模企业为主的羊绒产业集群。

（三）互联网契机下，集群的转型之路

我国不少产业集群内部企业在产品制造和供应链革新方面都有自己独特的方法，但在品牌设计和营销方面却落后于发达国家，许多农民工创业集群产品研发能力不足，仍然依靠出售原料或为大品牌加工制作获取微薄的收入。清河羊绒产业集群也面临同样的困境。集群内部从事劳动力消耗量最大的原料加工业，却只能在产业链中分得较低的利润。即便是清河羊绒的羊绒制品有"软黄金"之说，本身价值较高，但是清河满大街都是羊绒，集群内部竞争使产品价格越来越趋近于成本。在受假货冲击的市场中，人们宁愿多花钱买大品牌的产品，但同样质量的清河出产的羊绒制品，即使价格很低也很少有人买，网上甚至传出清河出售假羊绒衫的说法。创业集群开始转向国内消费市场，并意识到建立集群内部品牌的重要性时，却发现江浙和沿海地区已经在国内占领了市场先机。接近消费者、拥有消费者和树立羊绒服装的大品牌饱含了清河羊绒产业几代人的追求。随着互联网的发展，国内一些反应速度快和勇于尝试新鲜事物的企业家开始转向线上销售，零售渠道的转变也使得产业集群内的企业不知所措。刚把生产的产品市场拓展到像沃尔玛这样的大商场，却发现消费者的购买场域已经逐渐向线上转移，许多品牌广告主战场也开始从线下转移到互联网。在国内外销售双层受阻情况下，互联网渐渐走进人们的生活，为解决销售难题提供新平台。幸运的是，清河人抓住了这个契机，为产业集群的发展提供了新的机遇，清河人又开始新的探索。

1.借助互联网平台，解销售"谜题"

谈起清河电子商务的发展历程，清河东高村刘玉国就是典型的带头人之一。2007年，只有初中学历的农民工刘玉国开始尝试淘宝销售，从不懂任何网店经营技巧到带领东高村经营电商致富，他将自己家的羊绒制品拍图上传至网上，第一天就卖了435元。尝到线上销售甜头后便一发不可收，刘玉国线上销售成功的经历得到迅速传播，之后他在当地获得"淘宝大王"称号。在刘玉国成功销售的影

响下，本村的刘玉肖、宋富强等人也开始把羊绒产品放在淘宝平台上销售，获得了良好的收益。其他村民在电商大户高收入的利益驱动下也开始进行线上销售，东高庄村线上销售羊绒制品变得势不可挡，2008年开始就进入规模发展阶段。东高庄村的成功在清河产生了巨大的模仿效应，以东高庄村为核心，淘宝从业者呈涟漪式不断向周围扩散，黄金庄、许二庄、东张古等村相继卷入其中。目前，从事网络销售羊绒制品的区域覆盖了清河整个东部区域以及县城，全县在淘宝、天猫开设的店铺超过2万家，年销售额接近15亿元，羊绒纱线的网络销售更是占到淘宝的7成以上，成了名副其实的淘宝县。[①]在发展中，东高庄村一些经营规模较大的商户受场地、交通和用人的制约，也开始寻找更广阔的生长空间。2009年，刘玉国搬进了村南3公里的羊绒制品市场，成为东高庄第一个走出来发展的网商商户，接着一些规模较大的企业相继入驻羊绒制品市场，同时清河县其他电商企业和电商相关的从业者也开始在羊绒制品市场落户。这里逐渐成了全县规模电商的聚集区，产业集群的规模企业进一步集中，为集群的转型升级奠定了基础。

但在电子商务快速发展的同时，羊绒产业集群也出现一些问题，比如偷工减料、虚假标注、商标侵权及恶性压价等，严重影响了产业的可持续发展。为了规范商户的经营行为，形成良好的集群氛围，清河网商们自行组织成立了清河县羊绒产业创业商会，以此督促羊绒产业集群内部企业自觉诚信经营，引导大家自觉遵守市场秩序，注重产品质量，不搞恶性竞争，增强集群整体竞争能力，抱团发展。

2. 直播开通品牌建设新"通道"

品牌的树立不仅需要过硬的品质和优惠的价格，还需要有效的宣传和长期的建设。对于长期以原料生产为主的集群建立品牌更是难上加难，因为羊绒产业集群上游产业直接孵化的品牌，在进入线上线下双边市场时，终将会面临与无数国内外知名大品牌的直接商业竞争。线下消费市场的竞争也是如此，大品牌的资金更加充足，其产品的展示位置和宣传力度也更加突出。一些传统的电商平台也存

---

① 张婧. 阿里巴巴农村淘宝战略研究 [D]. 郑州：郑州大学，2016.

在付价高者优先展示给消费者的现象。集群内部的创业者和已经建立品牌的行业巨头相比，显然没有多少优势。以返乡农民工李纪旺为代表的三代羊绒集群创业者在思考如何让新品牌发挥自己高性价比的优势，并获得消费者长久的关注和认同。

在2014年左右，大多数清河人就已经把自己的精力放在线上销售上。李纪旺就是在这个时候开始做羊绒生意的，他从青岛大学毕业两年之后，就放弃了稳定的工作，赶着电商飞速发展的契机返回河北清河创业，甚至曾创下年销售额高达2亿元的成绩，让他一度感到集群创立羊绒制品品牌的时机到了，虽然搭上电商平台的顺风车，但是品牌的建立并没有想象中那么容易，特别是对外界市场高度依赖的产业。2018年开始，李纪旺的天猫店铺就已经几乎没有客户了，网店的流量和利润都在下降，这样下去企业生存都会成为问题，更不要提建立长久的羊绒品牌了。面对这种局面，一些创业者开始对线上出售和建立品牌丧失信心，集群内部不少创业者的网店徒有其形，他们又开始把重心放在原先的加工和批发生意上。但李纪旺并没有轻易放弃，他开始寻找建立品牌的新平台和新方法。

李纪旺下定决心走品牌发展之路后，开始创建羊绒女装品牌——创尔。坚持不懈的学习不仅是企业家应具有的个人品质，也是集群充满活力的关键因素。为了明确下一步具体从哪里发力，李纪旺选择向纺织行业的强者取经。为此，他来到中国最大的服装流通市场——广州服装市场，这里规模大、品牌多样、产业链也更完整发达。在考察的途中，恰好听到有几家品牌商在讨论中提到拼多多，并打算尝试拼多多刚上线的直播平台。虽然李纪旺在此之前就开了拼多多店铺，但当时他从没仔细研究过这家电商平台。在听到广东品牌商的对话之后，他找到了企业发展的着力点，开始重新研究拼多多平台。像"创尔"这样的原创羊绒品牌，由于在原产地制造并销售，营销成本远远低于大品牌，因此它的性价比较高。拼多多电商平台较为看重的恰恰是性价比，注重给消费者提供高性价比的商品，这将成为羊绒产业集群创建品牌的重要机会之一。

李纪旺又想到了拼多多的线上直播，作为新生代的农民工，李纪旺对于直播卖货也不陌生。2019年初，李纪旺受到我国带货主播李佳琦的启发，觉得直播电商是个推动品牌建立的好机会。在对比淘宝和拼多多两个平台后，最后选择在拼多多做"店铺直播"，可以向更广阔的消费者介绍清河羊绒制品价廉却质优的原因，并获得和客户交流的机会，提高品牌知名度，使网店的成交率大大提高。依靠拼多多直播带货的方法，可以用较少的资金获得较多的粉丝，还有利于建立新的羊绒品牌。为了创建一个自己的品牌，李纪旺创建了永不打烊的直播间，从拼多多直播上线开始，经过50多天24小时不间断的直播之后，创尔网店也取得了一些效果，创尔品牌在拼多多官方旗舰店从没有粉丝到骤然间有270多万粉丝从天而降，拼单数量也高达3万多件，成功逆袭为羊绒制品的新品牌。清河羊绒小镇在成功的直播示范下，拼多多和直播等新型电商逐渐在清河崛起，这是一个树立品牌的新契机。除了创业者自身24小时不间断的直播之外，像拼多多直播这种采取流量平等分配的平台，对新品牌的建立更为友善。清河产业集群通过电商直播平台拓展销售空间，再加上适当的直播技巧，在原先品牌薄弱的情况下，也有机会在拼多多之类的电商平台上培育属于自己的消费群体，从而推进品牌建设。如今消费者打开拼多多羊绒相关的类目，能够看到奢颜等一系列清河本地品牌正在直播。产业集群内的老板在看到像李纪旺这样的带头人做出的行动后，也前来取经，集群内部逐渐树立做高性价比的羊绒服饰品牌的意识。集群内部通过交流直播经验和企业合作做品牌的方式推动品牌建设。此后，羊绒产业集群又通过开展拼多多羊绒直播大赛活动、抖音直播入驻、快手直播入驻、举行品牌专场发布会等，进一步巩固品牌建设。网红直播、抖音带货等新式电商在清河产业集群迅猛发展，清河羊绒小镇被认定为中国商品交易百强市场。羊绒产业抓住数字化转型的契机，开启了利用电商平台推动品牌建设的转型之路，比如在羊绒产品羊绒衫建设上，通过对全国羊绒衫进行综合评价、人气指数、搜索指数等指标评选出十大品牌，其中河北清河占据了半壁江山。

目前，与浙江濮院和广东大朗这些辐射全国的专业市场相比的话，清河羊绒产业集群的市场辐射范围较小，当前清河羊绒产业集群的有效辐射半径大多停留在周边地区，产业带动能力还需进一步加强。同时，为了避免因产品质量而产生的问题，政府应加快建设羊绒标准化分梳基地，联合相关协会推动羊绒相关产业的标准制定，比如与该产业相关的中国畜产品流通协会和中国纺织业行业协会，并积极组织集群内企业参与羊绒纺织、成衣等行业标准修订，从而提升清河羊绒话语权和竞争力①，更好地发挥行业协会、商会的引导和服务功能，提升集群自律，抱团发展。国内电商市场竞争越来越激烈，流量的争夺和成本也水涨船高，我国2021年前三季度跨境电商进出口同比增长较快。就目前情况看，中国出口商品的国际认可度不断提高，产业链和供应链的竞争力不断增强，中国外贸也呈现持续高增长的发展态势。为此，清河羊绒企业应积极关注渠道创新，开辟跨境电商市场，引领清河羊绒产业提升发展。未来产业集群既要保持制造优势，又要不断创新以满足市场需求。从发展历程可以看出，清河创业者每次遇到发展瓶颈时，总有带头人向其他地方的行业强者学习经验，不论是参加广交会还是去广州考察都起到开拓视野的作用，清河可以进一步加强与其他省市之间的交流；完善服务平台，进一步释放集群的规模经济效应。集群内部要加强合作力度，共同促进集群品牌建设。同时还要重视人才引进，使集群的规模效应发挥到极致。例如，清河羊绒原创设计展示中心通过引进知名设计师入驻，为20家企业设计200余款产品，成功增加效益2000多万元。目前，清河县羊绒网店达到3.5万家，年营业收入突破100亿元，葛仙庄、连庄、谢炉都成了知名的淘宝镇。

三、经验及启示

（一）经验

1. 内部知识技术共享是集群形成的催化剂

熟人社会推动技术在集群内部传播，清河羊绒产业集群最初所需要的资金，主要来源于个人积累和亲戚朋友的帮助，所需技术主要来源于自主研发和同行的交流。由于集群内部的企业可以相互学习、相互分享经验、共享技术资源，集群内部企业创业的风险和门槛都比较低，大多数企业是通过复制或者是模仿形成

---

① 郭春花.因"羊"而荣，因"绒"而兴——看清河羊绒交易会如何带动产业温暖全世界 [J]. 纺织服装周刊，2018（37）：31.

的。[①]在这种只要努力就能进入羊绒产业集群的浓厚创业氛围下，敢于吃苦的农民和农民工迅速行动了起来。

2. 抱团发展是集群保持活力的稳定剂

羊绒产业集群是在模仿中形成的，当集群内企业发展到一定程度时，不可避免要产生竞争。各顾各家的发展状态容易滋生恶性竞争，甚至产生投机取巧的行为进而危害到整个创业集群的信誉。抱团发展才是集群进一步向前发展的动力。作为我国最大的羊绒集散中心，羊绒创业集群内部产品价格比其他产地便宜三分之一至二分之一。集群的竞争优势是质量，早先某些企业为了抢占市场地位，采取降低质量的恶意竞争方式就严重危害了集群的发展。面对这些问题，清河人采取了抱团发展的方式，主要表现在以下几个方面。

首先，建立相关组织机构。清河集群内的创业者最先感知到集群内存在恶意竞争行为，为了打造守法经营、诚信经营、公平竞争、保证质量的产业氛围，形成了"抱团"效应。以藏国良为代表的创业者建立了清河羊绒产业创业商会，首届羊绒纱线及制品展览会就是在商会的带领下开展的，这为集群内企业交流合作和对外连接提供了平台，仅第一届羊绒纱线及制品展览会达成意向的合同就高达2.5亿元，商会还提供产销形势分析、信息供应服务、开展培训等服务，并开展担保救助、建言献策，为商会成员说话办事，维护集群内部权益。其次，抱团发展对清河羊绒产业的升级转型产生极大的推动作用。集群内企业的关系非常密切，合作时间比较长，集群内企业对产品的功能和技术进行交流，并组织培训提高集群经营管理能力。除此之外，商会成员还准备一起筹集资金建设商会大厦、清河会展中心等，推动清河产业集群的发展。

3. 政府引导服务是集群发展的指南针

清河政府在改革开放不久，就鼓励私营企业发展，并制定一系列推动私营企业发展的政策和措施，这也为清河羊绒产业集群提供了发展环境。比如，为促进

---

① 曾亿武，邱东茂，沈逸婷等．淘宝村形成过程研究：以东风村和军埔村为例 [J].经济地理，2015，35（12）：90-97.

羊绒产业集群进行公平交易成立专门的"保护外地客商办公室",提高了羊绒产业集群的信誉;为满足羊绒产业集群对人的需求,组织劳动力市场与行业组织,拓宽了人才选拔渠道;为满足外地原料商、客商及本地产业对供求信息需求,不定期举行讨论会分析行业发展方向和态势,架起了行业沟通的桥梁。①创建羊绒产业发展指导委员会和羊绒产业发展局,及时为羊绒产业相关人员提供各方面的服务。羊绒产业发展局在全国第一个系统总结运用影响羊绒价格的"四因素"分析方法,成功地对羊绒市场走势进行了准确预测,使清河羊绒成为世界羊绒市场的"信息中心"。此外,针对羊绒产业恶性竞争现象,政府引进国家羊绒产品质量检测检验中心机构入驻,为当地企业提供严格的质量检测和技术服务。②引导从业者从销售标准化的羊绒辅料转型做附加值较高的羊绒衫等成品,同时,引导集群内部人员注重品牌建设,组织酷美娇、雪昆奴、嘻嘻羊等网络品牌申报行业名牌。

4.产业带头人是推动集群转型的助推剂

自1978年清河农民工创业者涉入羊绒产业这40多年以来,清河人一直在探索适合当地羊绒产业发展的道路。1994年,在以臧国良为代表的清河人的带领下,产业集群开始了制作羊绒成衣的历程;2007年,在农民工刘玉国的带领下,清河创业者开始了借助互联网出售羊绒产品的销售方式;2020年,在李纪旺这代清河人的带领下,开启了借助直播创建品牌的发展道路。河北清河羊绒产业通过向羊绒产品设计端发力实现转型升级,从当年的分梳原料,逐步发展为较为完善的产业体系,不断向产业链上游延伸,初步实现了从"羊绒之都"到"羊绒纺织名城"再到"时尚之都"的转变。

(二)启示

大多数农民工创业集群都经历了一个量变到质变的发展过程,这两个发展阶段在整个发展过程中都是必不可少的组成部分。创业集群的形成是以大量创业者

---

① 杨玉桢,刘江萍.以专业化市场带动产业集群发展的个案研究 [J].经济纵横,2009(02):72-74.
② 马亮.羊绒产业转型升级——从质量开始 [J].中国纤检,2014(13):48-49.

参与其中为主要前提,形成产业集群之后,会对地方经济产生一定的影响力,从而引发政府的关注。当集群发展到一定规模时,会产生一定的内部竞争,不同行为主体共同发力是产业集群得以保持活力的关键要素。从创业者个人来讲,为了继续发展下去,他们会积极延伸产业链、主动学习先进技术、探索适合自身发展的经营方法,甚至采取抱团发展的想法和做法;从当地政府来讲,随着产业集群对当地社会经济影响的深入,其对产业集群发展的介入也更加深入,政府一般是在集群初具雏形,并对地方社会经济发展产生一定的影响力之后介入的。

河北羊绒产业集群作为原料资源和交易市场两头在外的典型,其发展除了和其他农民工产业集群相似之外,还有其独特之处。首先,原料的掌控也是产品生产及质量的重要保证,虽然在发展的过程中,产业集群内部企业都和原产地建立了相对稳定的联系,但是这仍然是企业发展的不稳定因素之一,少数实力较强的企业采取在原料产地建立自己的产地来解决这一问题。其次,对于初加工占较高比例,成品远销国内外的羊绒产业集群来说,当地政府专门建立"保护外地客商办公室"为产业集群信誉的确立奠定了基础。

四、小结

清河羊绒产业集群和其他农民工集群一样,他们的创业历程和面对的问题都十分相似。从创业历程来讲,都是创业带头人发现商机并创业成功,在创业初期由于较低的成本和地区间知识技能的传播使产业的进入门槛较低,随后被地理临近的人所模仿,所以农民工自发创业成功的结果对其周围的人进行刺激,知识技术的高度共享推动农民工产业集群以极快的速度形成。[①]大多数农民工创业集群所处行业都经历由低附加值到高附加值的转变,集群发展都经历了由农民工主导到多元主体共同参与的转变。农民工产业集群的每一次转型或变化,在一定程度上都是对发展过程中所呈现问题的反应。回顾清河羊绒整个发展过程,我们可以清楚地看到,清河羊绒产业集群实现了从改善梳绒技术到羊绒原料深加工,再到

---

① 杨玉桢,刘江萍.以专业化市场带动产业集群发展的个案研究 [J].经济纵横,2009(02):72-74.

树立产业品牌的转变。

总之，农民工创业集群和其他产业集群一样可以推动专业市场的形成，创立区域品牌，从而形成单个产业所无法比拟的竞争优势和规模效益。但是由于农民工本身的知识技能起点不高，所以必须采取措施引进高素质人才，提高内部成员的各项能力水平。在产业发展过程中，集群内部创业者成立商会，抱团发展；政府也应不断优化相关服务，从允许新兴产业存在，到鼓励引导其发展，再到提供相关服务，推动了集群发展。未来集群的发展之路还需各主体共同努力。

"潜江小龙虾"农民工创业集群

宁波大学　赵高俊

一、引言

改革开放以来，随着个体私营经济的崛起，农民创业的现象开始出现在大家的视野中。20世纪90年代，继"民工潮"之后兴起的"创业潮"，使得农民创业问题被人们所重视。近年来，"三农"问题日益凸显，如何提高农民工社会地位，防止社会固化，成为亟待研究和解决的问题，而农民工创业作为农民工社会地位提升的重要渠道，也日益受到党和政府的重视。通过剖析农民工创业过程中的不同阶段的政府行为，分析政府在不同层面发挥的作用及其产生的不同影响都有着独特的意义。

本案例选取湖北省潜江市小龙虾特色产业发展过程中的政府行为进行研究，通过对该创业集群创业史的梳理，分析政府在纵向上初创和发展两个阶段的行为区别，以及在横向上的科技支撑、金融支持、公共服务和政策支持四个方面的推动作用，力图对政府在促进产业发展的过程中的良好示范进行提炼，总结出可资推广复制的经验。

二、"潜江小龙虾"创业集群的创业史

"世界小龙虾看中国，中国小龙虾看湖北，湖北小龙虾看潜江"。说起小龙虾，很多人都不陌生。那么一只龙虾能卖多少钱呢？8元还是9元？但你能想象吗？在湖北潜江，小龙虾在一群农民工的手中"变废为宝"，做成了一个市值千亿的大产业。那么这个曾经被当地农民视为外来入侵物种的"害虫"究竟是如何

逆袭，成为潜江的网红品牌的呢？又是如何远销海内外，带着农民工们集体致富的呢？下面讲述潜江小龙虾的前世今生。

（一）"害虫"变网红，小龙虾的逆袭

潜江龙虾，原名克氏螯虾，俗称小龙虾，原产于北美洲。二战期间，小龙虾从日本传入中国，并于20世纪50年代开始传入潜江，开始了小龙虾的逆袭之路。

在小龙虾火起来之前，潜江还是以石油产业为主，有着"地上盛产粮油棉，地下富藏油气盐"的美誉。一开始，潜江当地的农民并不认识小龙虾这种生物，看着这两个钳子、六条腿的东西在田间爬行，生长繁衍于沟渠之间，还喜欢咬庄稼，捕食水产生物，就认为它们是害虫，还得想办法对付它。然而在这种情况下，小龙虾不但没有消亡，还迅速适应了这里的环境。因为其肉质鲜美，易于烹饪，很快便从"害虫"变成了餐桌上的食物。这个时候的小龙虾尽管已经"爬"上餐桌，但是也仅仅只有尾部被做成虾球来进行食用，还会被当地居民嫌弃浪费油，距离"美味"还有几分距离。而这点距离，被一个名叫李代军的人填补了。李代军和他的妻子何凤仙原是农民工出身，1997年在江汉油田的五七厂站前二路经营一家餐馆。凭借何凤仙的一道拿手菜——油焖仔鸡，吸引了众多石油工人，因此小店生意红火，甚至还有一些外地人专门跑来品尝油焖仔鸡。这时的李代军有了一个想法："虽然我的油焖仔鸡没有老婆做得好，但我能不能搞出另外一道美食呢？"因为一次偶然的机会，这个想法成了现实。一次，李代军和朋友在乡下钓龙虾，觉得钓多了扔掉可惜了，就想着能不能把小龙虾做成一道美味，于是李代军开始尝试。爆炒虾球、麻辣虾仁等，他不断改变调味的方法，最终发现用油焖仔鸡的方法做小龙虾更美味。

只是在1998年以前，湖北还没有吃小龙虾的习惯，"油焖小龙虾"是否被顾客们接受，尚且是个未知数。能不能卖出去，能不能卖得好，李代军心里也没个底，只能尝试性在店里卖，没想到效果出奇好，广受工人们的推崇，当天就卖出了十多盆。"油焖小龙虾卖三十块钱一盆，卖得特别好，经常卖脱销。"李代军

回忆，第一个月就赚了1万多元。①靠着这新式的油焖小龙虾，小店的生意越来越好，油焖小龙虾的名声也盖过了油焖仔鸡，每天的小龙虾数量总是供不应求，需要提前预订。

随着李代军的成功，周围的人都纷纷效仿，开始卖小龙虾，不久之后就开始火遍潜江，引得不少农民创业者进入小龙虾行业，实现致富。到目前，潜江市光是经营特色小龙虾的餐饮店就多达1 000余家，每年餐饮营业额突破两亿元。其中出现了以"小李子""虾皇"等为代表的知名品牌，他们不断推陈出新，针对不同的消费群体，研发出卤虾、蒸虾、泡虾、烤虾等数十种风味的小龙虾产品，小龙虾由此声名鹊起。同时小龙虾也从"害虫"成功逆袭，成了潜江当地的网红，并且这场由小龙虾带来的"红色风暴"还将继续席卷全国，走遍世界。

（二）政府压任务，"虾稻连作"的问世

小龙虾"红"上餐桌，名声大噪，广受潜江人的青睐。市场的巨大需求使得小龙虾经常供不应求，广大的消费群体需求更多的小龙虾食品，而小龙虾的售卖商户则需要有更多的小龙虾供应，这就衍生出一个新的行业——小龙虾的养殖。

21世纪初，潜江还只是一个名不见经传的小城，有着一群勤劳耕作的农民。小龙虾爆红之后，许多农民听说养殖小龙虾能够赚钱，不由得心向往之，转而开始养殖小龙虾。农民去养殖小龙虾的直接后果就是田地废弃、无人耕作，这对于整个潜江而言并不是一件好事。一方面，小龙虾的养殖行业前途光明，饲养小龙虾的确能够赚钱致富；另一方面，农民都去养小龙虾了，田地废弃、荒芜，无人耕种，这既不符合城市的发展需要，也不利于农民群体的发展，在养殖小龙虾和种田之间形成了一个两难的境地。

这种情况在潜江市积玉口镇宝湾村尤为突出。在20世纪90年代，四湖地区（指江汉平原上的长湖、三湖、白鹭湖和洪湖）涝渍地多，经常遭遇内涝灾害，又不时遭遇旱灾，因此地方政府的一个主要职责就是治理涝渍地，一方面工程排

---

① 周雯.湖北潜江：小龙虾成三栖"明星""虾兵"爬出千亿产业[N/OL].致富网.http://www.371zy.com/nyzx/6856.html,2016-06-17.

水，解决土壤长期渍水，另一方面则是重新利用荒田，增加产出。涝渍地中有一种叫作低湖田，这种田水路交错，排水不良，一年只能种一季水稻，产量低且不稳定，因而时常亏本。由于种田并不赚钱，加上实行家庭联产承包责任制之后要交"三提五统"，于是村民纷纷抛荒外出谋生，剩下了150亩低湖田无人耕种，也无人接手，只有等待荒废的结局。[①]

1999年，积玉口镇给宝湾村村支书下达了一个任务，要求消灭村里的150亩低湖田。[②]当时的宝湾村还欠有100多万元的债务，种田也时常亏本，不少村民都外出谋生，村支书刘主权压力巨大。刘主权本是农民，高中毕业后外出打工，辗转十数年后回到村里担任村支书。为了完成镇里的指标任务，刘主权就和村民褚洪荣承包下了这片田，刚开始两人并没有什么长远的谋划，只想尝试一下。经过数年的研究和实践，他们总结出了"虾稻连作"的模式，并由此推广开来，潜江小龙虾的初代养殖技术就此问世。2007年，潜江市授予刘主权为"虾稻连作第一人"荣誉称号。第二年，刘主权被中组部、中宣部、人社部和农业农村部四部委联合授予"全国农村优秀人才"荣誉称号。作为2013年度湖北省农村实用人才，刘主权还享受湖北省人民政府10 000元专项津贴。[③]

1999年，积玉口镇宝湾村的村书记刘主权发现田里有很多小龙虾，就有了想法：村里低洼田、荒芜田多，虾子也多，如果集中寄养，还能有新的收入。2001年3月，他自己花费4 000多元购买种虾，投放到自己承包的70亩低湖田里。不过家里人对他泼了冷水：虾子喜欢爬，跑了怎么办？家人的反对倒是提醒了他，随后他又花了5 000元钱买回了围网，随后灌水、投苗，到当年5月份看到田里红红的一片龙虾，刘主权心中暗喜，一次捕捞就卖了六七千元。余下的龙虾，他期待六七月份价格上涨后大卖。然而高兴得太早，一个月后，当他满怀希望来到田边

---

① 肖进安，李征峥，夏国燕."中国虾稻连作模式第一人"刘主权的龙虾人生 [N/OL]. 新华网 .https://nj.hexun.com/2019-07-17/197877646.html,2019-07-16.
② 同 123.
③ 同 123.

捞虾时，满田龙虾不见踪影，他把田里的水抽干发现，天热虾子都钻洞避暑去了。一次大胆的尝试，他亏了几千元，不过由此也发现了一个秘密：虾子到热天就钻到地下避暑，这段时间正好可以种一季水稻，虾子也不会咬坏水稻；水稻收割以后，它的根部和秸秆，经过田里水的长时间浸泡，正好是小龙虾最理想的饲料。有了第一年的经验，2002年刘主权大展手脚，实行寄养龙虾与种中稻连作，当年小龙虾收入3万元，水稻收入1万多元。"稻谷和虾子可以错开养。"刘主权的种植经验不胫而走，村里1 000多亩低湖田全都搞起"虾稻连作"，被视之为包袱的低湖田一度成了抢手货。①

所谓"虾稻连作"模式，即每年水稻收割后，投放小龙虾种虾，小龙虾在稻田中繁育、生长，第二年的3～5月捕捞商品成虾，5月底稻田整田、插秧，8～9月收割水稻，循环轮替。②这种模式是潜江龙虾养殖的经典模式，其优点在于一方面完美克服了养虾和种地两难选择的障碍，让广大农民群体实现双赢，既能好好种地，又能养虾赚钱；另一方面，它的操作简单，并且成本低廉，适合知识文化不高的农民群体。

有了好的养殖模式，小龙虾养殖产业开始初具规模，随后又创新发展了"虾稻共作""虾鳅稻共作""虾鳖稻共作""虾莲共作"等模式；在池塘养殖上，推出了"虾蟹鳜混养""小龙虾——网箱养鳝"等模式。2006年，湖北省政府把"虾稻连作模式"写进了省政府一号文件，在全省推广。短短4年，全省"虾稻连作"面积突破了300万亩。③如今，潜江市小龙虾养殖总产量达到17.25万吨，养殖总面积达85万亩，位居全国第一。潜江也从一个默默无闻的小城成了如今的"龙虾之乡"、全国百强县，这里的人也从普普通通的农民通过创业、发家、致富，成了大老板。

---

① 谢芳.曾经的"农业生化武器"，被中国人做成了"夜宵之王"[J/OL].瞭望智库.https://mp.weixin.qq.com/s/wrziftajt4VAz58rmOBL2g，2020-10-21/2022-02-06.

② "虾稻轮作"、"虾稻共作"和"虾稻轮作、共作一体"综合种养模式简介[EB/OL].荆州市农业农村局.https://nyj.jingzhou.gov.cn/ywbk/scy/202108/t20210826_631697.shtml，2021-08-26.

③ 中国潜江龙虾节[Z/OL].湖北省人民政府.https://www.hubei.gov.cn/2015change/2015sq/sa/hzjq/201507/t20150731_697396.shtml,2015-07-31.

表6　小龙虾养殖产量排名前五位省和前11位县（市）名单

省份	养殖总产量（万吨）	养殖总面积（万亩）	县市	养殖总产量（万吨）	养殖总面积（万亩）
湖北	98.2	790	潜江市	17.25	85
			监利市	15.4	148
			洪湖市	12.5	110
			沙洋县	5.9	42.8
			公安县	4.4	44.71
安徽	40.9	486	霍邱县	8.1	61
湖南	35.9	323	南县	10.6	60
			华容县	4.7	37.46
江苏	24.6	303	盱眙县	2.1	15
			泗洪县	4.1	31.2
江西	19	200	彭泽县	2.1	15

（数据来源：小龙虾全产业链图谱（2021年版），来自乡村产业发展司和渔业渔政管理局.2021.）

（三）走出潜江，油焖大虾登大雅之堂

农民工们的创业之路总是离不开先驱者的，在小龙虾产业，前有"小李子"李代军将"害虫"小龙虾与美味挂上钩，后有村书记刘主权发明了"虾稻连作"模式，让小龙虾的生产初步规模化。他们的努力奋斗，让小龙虾在潜江声名远扬，尽管如此，但油焖大虾的食用环境亟待改善。由于油焖大虾市场是一个自发形成的消费市场，加之受场地的限制，油焖大虾大都在露天消费，环境卫生令人担忧。以五七地区为例，近90家油焖大虾经营户几乎全是露天大排档，空气中弥漫着浓烈的油烟味和灰尘。马路市场用水不便，餐具的清洗消毒无法正常进行，加上排水设施不畅，使得污水横流，蝇虫乱飞，食品安全难以得到保障。

这样的小龙虾，不管再怎样美味，也终究只能存在于路边摊、大排档了，难登大雅之堂，更难以走出潜江。于是，人们纷纷开始思考，潜江油焖大虾如何走出去？有人思考，就有人将思考付诸实践。

陈莉荣在20世纪90年代辞职创业，卖过内衣，开过酒店。看到小龙虾十分火，就决定在北京的酒店推出小龙虾，主攻龙虾餐饮市场。她与厨师商量之后，将小龙虾做成餐前功夫汤，还定制了紫砂壶为器皿，小龙虾与党参、虫草、乌鸡等药草煮在一起，这样做出来的味道鲜美浓郁。同时，陈莉荣还将老气的虾店重新装修成时尚餐厅，新创出鸡汁、果鲜等6种口味龙虾菜品，不断满足消费者对就餐品质、环境的新需求。她是将小龙虾推广到全国的第一人。

"虾皇"老板潘红羽出生于竹根滩镇李垸村，辗转打工，后开店卖小龙虾，从夫妻店大排档转型，从大城市里聘来职业经理人，升级业态、服务和经营模式，成长为风靡全国的小龙虾餐饮集团。

漆雕良仁1990年从所在的潜江熊口服装厂下岗，之后通过做烟酒副食等杂货批发生意维持生计。1995年，漆雕良仁看准了小龙虾加工这个行业，不过刚开始实力不济，他选择了到工厂打工，一边学习经验，一边攒积蓄，耐心等待机会。终于在1996年3月，他承包了位于浩口镇的辉浩公司，主要经营虾仁加工，随后又投入20万元在家乡熊口镇建起了熊口生化制品厂，将龙虾壳制成半成品后销往浙江、上海等城市。

郑玉林从国外市场入手，将小龙虾加工产品远销欧美等地，开启了潜江小龙虾的工业化之路。1998年，江苏等沿海地区已经开始收购小龙虾，加工后出口欧美。此时的郑玉林在潜江的一家公司当总经理，公司主营蛋品出口和畜禽养殖加工。由于中小型国有企业改制，加上当时公司经营难以为继，郑玉林大胆决定买下食品厂，开始大刀阔斧地改革。当时，潜江的野生小龙虾才5毛钱一斤，郑玉林敏锐地察觉到这是一个商机。他改变公司的经营方向，改做小龙虾加工，为沿海企业供货，挣得差价。2003年取得自营进出口权。潜江小龙虾开始走出国门。经过两年发展，莱克水产公司取得产品出口创汇同行业第一的成绩。第二年，潜江一举发展成为小龙虾出口冠军，这个成绩一直保持到今天。

时至今日，潜江龙虾已今非昔比。目前，潜江"虾稻共作"面积达85万亩，小龙虾加工企业16家、年加工能力达35万吨，在外开办龙虾主题餐厅3000余家，冷链物流网覆盖全国500多个大中城市，先后获评中国小龙虾之乡、中国虾稻之乡、中国小龙虾加工出口第一市、中国小龙虾美食之乡。2020年，全市虾稻产业综合产值达520亿元。累计带动20万人就业增收，助力两万贫困人口脱贫致富。[①]

（四）政府助力小龙虾产业链的完善

从小龙虾爬上餐桌，到如今成为潜江招牌，再到火遍世界各地，从养殖、加工到运输到世界各地，再到制作方法的不断创新。这其中离不开政府政策的助力，在21世纪初小龙虾产业蓬勃发展的那几年，湖北省政府以及潜江市政府都陆续出台许多政策，以保障小龙虾产业体系的完善和健康发展。

2003年，潜江市委、市政府将"虾稻连作"模式作为重点项目加以扶持、推广，市财政年出资50万元，对发展"虾稻连作"的农户每公顷补贴150元，优先安排贷款。政策的扶持使全市近6667公顷无自排能力、无人问津的低洼冷浸田，一下子变成了发虾财的抢手资源。[②]2005年，潜江市水产部门与湖北省水产科研所合作，成功进行了小龙虾的人工繁殖研究与试验，并取得成功。2006年，湖北省农业农村厅下发《小龙虾野生寄养发展规划》，提出推广小龙虾养殖，并在潜江召开全省水产工作暨虾稻连作现场会，大力推广"虾稻连作"。当时湖北省"虾稻连作"总面积只有20多万亩，大部分都在潜江，而湖北全省的低湖田还有300万亩。2008年，在省市两级政府的大力支持下，莱克水产公司实施小龙虾工厂化繁育基地项目，成功产出虾苗1亿尾。同时，湖北省财政厅和水产局计划在四年内投资6000万元，在潜江、洪湖、仙桃建立三个小龙虾良种选育中心和养殖基地。此外，潜江市政府联合湖北省水产科学研究所相继起草《克氏原螯虾稻田养虾技术规范》和《克氏原螯虾人工繁殖技术规程》，作为省级管理标准。此后，潜江逐渐建成水产品质量安全监管平台，水产品质量安全标准，水产品质量安全追溯系统。也是在这一年，第一届"龙虾节"在潜江市顺利举办，虽然相较于盱眙、合肥等地时间上较晚，但影响力毫不落后。2010年，潜江市水产局总工程师陶忠虎及其团队开发出"虾稻共作"的模式，将原来每年一稻一虾的种养方

---

① 湖北潜江市：奋力打造千亿虾－稻产业集群 [N]. 北京：农民日报.2021-07-12.

② 徐辉，罗会斌. 中部地区特色经济发展策略分析——来自潜江龙虾的实证经验 [J]. 中国农业资源与区划，2012, 33（3）：80-83.

式，变成每年一稻二虾，实现了技术上的新突破。同年，湖北省政府出台并实施小龙虾禁捕期制度管制。2013年，政府投资3亿元依托莱克公司建立全国最大的小龙虾苗种选育和繁育中心。2021年11月，潜江市公共检验检测中心申报的湖北省小龙虾质量检验中心顺利通过验收，目前已认证产品324个、参数1263个，涉及小龙虾繁育、养殖及成品小龙虾流通、加工、运输等环节，全市26家大中型企业、80余家养殖基地和230余户商户被纳入常态化检验检测和安全监管。^①2021年，政府带头先后出台《红螯螯虾繁育、包装、配送服务规范》省级地方标准和《潜江龙虾》《潜江虾稻》《潜江小龙虾配合饲料》《潜江油焖大虾烹饪指南》《鲜活小龙虾购买指南》团体标准。^②

此后，潜江更是将完善小龙虾产业链，延伸小龙虾价值链等内容写进战略规划当中，大力完善小龙虾产业体系，实现小龙虾养殖业和以加工业为主的第二产业、以餐饮业为主的第三产业融合发展。

（五）谣言与危机，风雨飘摇的产业

小龙虾自"害虫"到风靡全国，其发展之路并非我们看到的一帆风顺。作为一个餐饮食品，它也曾遭遇过类似三聚氰胺奶粉、地沟油的环保与食品安全危机，这次危机也让这一产业陷入了低谷。

2006年，媒体上出现了有关小龙虾的谣言，其中传播最广的就是：①小龙虾平常生活在污水里，专门吃生活垃圾和粪便，非常恶心；②小龙虾是由驻中国的日军生化部队经过基因改造的产物，因为要处理大量的尸体，就将克氏螯虾改造成小龙虾，进行水体清洁的工作。

2010年8月，南京出现23个横纹肌溶解症病例，怀疑是食用小龙虾致病，一时间舆论纷纷。而专家们对于致病因素意见不一，有专家说致病因素可能是未知的病毒导致的，也有专家说无法证明该病与吃小龙虾有关，还有的说可能与个人体质和加工环节有关，例如洗虾粉会危害身体等，漫天的谣言给小龙虾市场带来

---

① 韩玉．小龙虾变成了大产业 [N]．北京：人民日报．2022-01-14．
② 同129．

了巨大的冲击。

然而，这对于潜江龙虾产业而言，还不是结束。2011年，湖北发生旱情，全省小龙虾产量下降25%。同期，由于河蟹涨价和前述南京23例横纹肌溶解症两个因素的影响，江苏小龙虾养殖面积从上年的130万亩减少到不足100万亩，全年产量下降7%，全国总产量下降14%。两年后，湖北又是一场旱情，小龙虾批发价又一次飞涨，同比增三成以上，消费市场售价同比增长四到五成。

天灾加上人祸，让正处于上升期的小龙虾产业突然间变得岌岌可危，漫天的谣言使得小龙虾产业一时间陷入了低谷。小龙虾餐饮店的营业额骤降，不少创业者打算转型；对于小龙虾的批发商而言也是难上加难，不少商户已经关门歇业；还有小龙虾的养殖户，是养还是不养？养了不一定能卖得出去，甚至还会亏本，不养的话又赚不到钱，万一人家要，你没货，就没有收入，对此难以抉择。一时间整个小龙虾市场风雨飘摇。

在这样的状况下，湖北省政府在听闻这件事后，立马做了相应的调查，并召开了媒体发布会，通报了龙虾生产流通的安全管理措施。而潜江市政府也积极应对，一方面出面辟谣，澄清误会；另一方面转危为机，顺势推广潜江小龙虾。

到2013年，新京报的一篇有关小龙虾的辟谣文章，使小龙虾在风雨飘摇之际重获新生。由潜江市政府领衔，几个大品牌顺势推广。至此，潜江小龙虾产业终于迎来了自己的腾飞。从零起步的潜江小龙虾产业，如今已形成较为完备的产业格局，正在向千亿级大产业的路上迈进。

三、经验与启示

（一）经验

在农民工集群创业的过程中，从初创到发展，政府的作用都不可忽视。政府作为公共管理的主体，其发挥的作用可以从横向和纵向两个方面来研究。横向主要体现在科技支撑、金融支持、公共服务以及政策支持四个方面。

在科技支撑上，政府部门对科学技术的发展相当重视，而且方式多元化，包括政府部门内部的技术研究、政府部门间的合作以及政府与企业的投资合作等方式；在金融支持方面，潜江市政府主动出资，对创业中的农民工群体给予财政补贴，并且还享有优先贷款的优惠，这有利于创业过程中的资金流转和运作；在公共服务方面，潜江市政府领头发展，带动起来了一批优秀品牌，例如"小李子""虾皇""良仁""靓靓蒸虾"等，大大提高了人们的饮食质量，此外，为了培养龙虾产业的高质量人才，在潜江市政府的支持下，江汉职业技术学院设立了龙虾学院，要打造龙虾产业的"黄埔军校"；在政策支持上，潜江市政府与中科院水生所、武汉大学、华中农业大学、隆平高科公司合作，建立了8个院士工作站、科技创新平台。[①]"政—学—企"之间通力合作，在小龙虾的养殖、加工、流通、餐饮等各个方面制定了一系列标准。2018年已高标准建成65万亩虾稻共作基地，实现减药减肥50%以上，引用汉江水养殖清水小龙虾，形成了产业发展与环境保护的良性循环。[②]

因此，在集群创业的过程中，政府的作用涵盖各个方面；而从纵向来看，将整个创业过程分为初创和发展阶段，政府发挥的作用又有不同的特点。

在初创过程中，可分为萌芽阶段和成长阶段。在产业的萌芽阶段，政府对于农民工的创业活动并无太大的关注，也不会采取什么具体的措施或者出台有针对性的政策。不论是李代军还是潘红羽，在小龙虾行业的初创阶段中全靠自身打拼，即使是刘主权，也并没有因为村支书的身份而获得政府更多的帮助，地方政府只是严格地遵照相关法律法规进行公共管理活动，或是对农民工的创业行为进行鼓励，发挥大家的创新精神。这一阶段政府的行为比较单一和简单。进入成长阶段之后，小龙虾的火爆进入了政府的视野当中，潜江市政府对小龙虾产业进行定位，将其作为特色产业进行引导发展，并作为行业的"领头羊"，有针对性地采取措施，帮助和引导发展。政府的行为可以归纳为以下几个方面：第一，加强培训，提高技能。通过教育培训帮助农民们掌握科学的小龙虾养殖技术，例如创办龙虾学院等；第二，完善产业链，助力龙虾产业协调发展。小龙虾的火爆原本

---

① 徐恒杰，何红卫，柯利刚．这只龙虾来自潜江—湖北省潜江市龙虾发展纪实 [J]．中国农垦．2019，02.

② 万正鹏．潜江市小龙虾特色产业发展过程中地方政府行为研究 [D]．河南．河南大学．2021.

只是餐饮行业的一大发展，而在潜江市政府的助力下，小龙虾产业链逐渐完善，从养殖到加工，到运输最后到制作，行业与行业之间协调发展；第三，技术突破，提高质量。自刘主权的"虾稻连作"问世以后不断普及，政府出资在此基础上进行完善和提高，并且在其产业链上也与企业等进行合作，创新技术，提高小龙虾的质量。

在发展过程中，政府的行为则有所不同。从"领头羊"逐渐向服务型角色转变。当然，这并不意味着政府在发展过程中不做"领头羊"了，而是政府行为的重心发生了转移，从原来的"领衔者"退居幕后，变成了"服务型"角色。在这一过程中，小龙虾产业发展已然成熟，政府的作用主要体现在：第一，加强监督，保证质量。2021年，潜江市政府建成全国首家龙虾质量检测中心，用以提升检验检测实力，开展"虾—稻"及相关物质的检验检测工作，为虾稻产业高质量发展提供了强有力的技术保障；第二，加大宣传力度，打响知名度。在政府的带动下，潜江龙虾的身影反复活跃在新华网、人民日报的头条，出现在《天天向上》节目里。"龙虾节"的创办更是使其知名度直追江苏龙虾。

（二）启示

潜江小龙虾创业集群的案例给我们带来了以下启示。

1. 政府首先应明确自身的定位，破除"万能政府"的陈旧思想。着力建设服务型政府，促进政府职能转型，同时还要尊重产业发展的客观规律，加强各部门间的沟通与合作，制定完善的行业标准。

2. 政府需要加强对产业的扶持力度，深化制度改革。加强扶持力度，一方面体现在构建完善的配套的政策体系以及相应的基础设施，提供有序的公共服务，另一方面体现在不仅扶持大产业，对中小产业也要一视同仁，不能厚此薄彼。

3. 政府还需要加强对产业的监管，积极引导发展。既要加强对市场的监管力度，维持良好的市场秩序，又要积极引导产业发展，尊重产业发展的客观规律，鼓励大众创业，发挥人民群众的力量，促进创新型发展。此外，还需要提高产品安全标准，构建良好的制度保障，既包括产品标准，又包括人员素质、职业技能等。

4. 政府还需要做好应急管理，建立高效的突发事件保障机制。这也是建设服务型政府的要求之一，需要政府做到信息公开透明，多多关注社会热点，及时回应。同时在进行应急响应之后，还要做好经验总结，善于利用危机，一方面提高政府应对突发事件的应急能力；另一方面让突发事件变成诚信守法创业者的机会，将不法经营者淘汰，肃清市场秩序，促进产业的健康发展。

四、小结

潜江小龙虾是政府扶持和引导农民工创业的典型案例。在整个龙虾产业发展的过程中，起步靠农民工群体，李代军、刘主权、潘红羽、陈莉容等人都是农民出身，他们虽素不相识，最终都走上了创业致富的道路，将外来的"害虫"变成了餐桌上的美食，从普普通通的农民工变成了大老板，还带动了周围的农民群体发家。

小龙虾最早出名是在江苏盱眙，但是现在龙虾最火爆的当属湖北潜江，潜江龙虾在数十年崛起，离不开这群创业的农民工，更离不开政府。如果说农民工群体使小龙虾产业"发芽"，那么政府的作用就是将这一产业"扶正"，让其健康地成长。倘若没有政府的引导和支持，小龙虾虽然仍旧会变成一道美食，但是对于整个发展集群而言，其成本过高，一整只龙虾仅有虾尾巴是有用的，其他部位像壳以及残渣等废物均会被遗弃，并且其知名度以及发展远不如现在，可能一句谣言就能让它跌落神坛。因此，政府的作用是不可或缺的。不过，政府也并非万能的，仍旧存在一些问题亟待解决。小龙虾并非一年四季都能有的，每年夏季小龙虾产能来到峰值，那么如何处理其季节性过剩就成了政府和农民创业者们不得不面对的问题。

总而言之，潜江市政府将小龙虾产业当作本地的特色产业进行扶持，这也为其他政府的行为提供了借鉴和参考。政府需要因地制宜，细心调查研究，对于农民工的创业领域做好定位，将之摆在最适合的位置，制定科学的发展政策，发挥广大人民的创造精神，推动创新发展，才能适应经济转型升级，实现经济可持续健康发展。

江苏沭阳花木农民工创业集群

宁波大学　张天益

一、引言

"中国花木之乡"——沭阳，位于江苏省北部的宿迁市属淮海经济带，地处徐州、连云港、淮安和宿迁四市结合部。花木产业，作为一个高附加值的农业产业，给沭阳县带来了广阔的发展空间和较大的发展潜力。沭阳是苏北拥有180万人口的传统农业大县，与苏南经济发达地区相比，存在较大差距；但由于其资源丰富，有得天独厚的产业基础和宽松的创业环境，以及特殊的地理位置，使得北方树种南方种、南方的品类移植到北方，都需要在沭阳过渡两年，否则容易水土不服，难以存活。花木产业是一项集经济、生态、社会效益于一体的绿色产业和朝阳产业，沭阳县立足市场需求和当地实际，瞄准"中国南花北木集散中心"的定位，大力发展花木产业，推动产业结构优化升级，增强农业可持续发展。[①]沭阳花木经过20年的风雨历程，全县花木种植面积已达60万亩，约占全省1/4、全国1/12，花木品种3000余种、高质量苗木占比达40%，成为全国首批"中国花木之乡"。

---

① 董蓉，曹崇海. 发展花木产业，调整农业产业结构——以宿迁市沭阳县为例 [J]. 中国园艺文摘，2013，29（11）：58-59.

二、沭阳花木创业集群的创业史

（一）得天独厚的产业基础，使花木产业发展成为可能

沭阳县新河镇周圈村，是沭阳花木最早的发源地。周圈村的花木种植产业有将近400多年的发展历史。沭阳县的花木栽培起源可以追溯到唐朝，至今已有近千年的历史。在沭阳县新河镇周圈村的胡家花园中，有一棵名为"卧牛望月"的刺柏树桩盆景，它的培育始于1508年，是沭阳花木培植悠久历史的重要见证。沭阳是暖温带季风气候，四季分明，土地肥沃、土质优良，日照充足，雨量充沛。全县大部分耕地均适合多种花木生长，且交通区位特殊，承南接北，是我国南花北移、北木南迁的优质孵化过渡地带。花木主产区及其周边皆以种植花木为主，全区域无污染，空气清新，民风淳朴，自然生态较好，可谓天然"氧吧"，是人们亲近自然，呼吸新鲜空气的好地方。在明末清初的时候，当地出了一个名叫胡琏的官员，他从京城带回一些盆景，在家里进行繁育，从那个时候开始就有花木种植基础。沭阳花木种植的最初兴起，得益于其得天独厚的气候和地理环境。新河镇所处地带是属于中国南北气候的过渡带，形成以混合土和淤土为主的地质条件，适合多种花木生长。沭阳县花木种植面积由20世纪90年代初的3000亩发展到现在的50万亩，成为江苏省花木种植面积最大的县，花木产业成为优势品牌产业和农业主导产业。种植花木有五大类、三千多个品类，主要有乔木树种和色叶类、常绿类灌木等，目前形成产业特色的包含树桩盆景、干花等。

（二）农民自发创业，村民争相模仿

1. 自行车队游街串巷，带动村民共同致富

20世纪80年代，有着这么一群致力于乡村振兴的先行者，他们被村民们称为"自行车卖花郎"。1983年，堰下村年轻的李彦春退伍返乡，开始种植苗木，并尝试在宿迁城区进行销售，这一小小的尝试，点燃了他外出做生意的导火线。于是他开始扩大自己的花木种植规模，召集村里的年轻人，组建自行车卖花团队，游街串巷，结伴到外地去销售种植的花木，带领村民一同致富。村民们看到这些

年轻人外出销售花木，收益不错，都纷纷加入自行车卖花团队中来，最终形成200多辆规模的自行车队，村民们都称他们为"自行车卖花郎"。

"自行车卖花郎"一开始都只是各跑各的，在李彦春的带领下，他把车队分为几个小组，分片分区去跑销售，避免车队成员引起不必要的冲突，也不至于使市场饱和，没过多久，车队的销售半径已达150公里。村里的父老乡亲们看到这些年轻人在外地赚了钱，也开始在自家的责任田上种植花木，请这些"卖花郎"帮他们销售，李彦春也鼓励车队成员们帮乡亲一起卖花，慢慢地，这个花木车队产业逐渐形成。1992年，全村2 000多亩的土地都种上了花木，销售额突破了1 000万元。

2. 政府"拔粮除苗"，助推花木产业

由于沭阳早期花木的产业基础较为优良，最开始的农民种植苗木都是自产自销。在20世纪，由于当时交通不发达、信息较为闭塞，花木行情并不是一开始就顺风顺水。而且被当时的大环境所影响，整个社会都在解决温饱问题，对花木的需求并不是很大。20世纪80年代末，新河镇政府开始逐渐引导农民以种植苗木等经济作物替代农业生产。农户刚开始缺乏花木种植知识和栽培经验，以至于很难形成规模，政府在推行此政策过程中，并不是太顺利，为了引导部分农户先行先试，政府为促进花木产业的快速发展，甚至强制农民"拔粮除苗"。

20世纪90年代末，新河镇40 000多亩土地全部实现"无粮化"生产，不种一粒粮食，全改种花木。由于花木种植的附加值高、收益好、见效快，最开始种植花木的农民很快成为当地"第一个敢吃螃蟹的人"，花木产业也因此在全县推广开来。花木产业的高速发展，产生了一大批的创业先锋，这对在外务工的农民来说，是很难不受影响的，因此，越来越多的农民工返乡从事花木产业。

那个年代通讯不发达，手机还没有普及，即使有手机，也不能挨个打电话，于是就出现了大喇叭这个东西。大喇叭，是属于当地村民的一种通信工具，也是农村组织化形式的一种，生产队时期开始盛行的，用于播报村内紧急消息，后被用于播报急需采购的苗木品种信息。一开始是大队里喊，后期村民自己装了自己喊，在家里播报，全村都能听见。大喇叭一般装在自家的房顶，4个喇叭口，朝着不同的方向，整个周圈村几乎家家户户都装有大喇叭，少则4个，多则十多个。这种通信工具的出现，也给花木产业发展带来很大的便利。

（三）电商走进千家万户，花木产业蓬勃发展

传统农业交易主要采取"面对面"的交易方式，受时间、空间的限制。而沭阳花木的销售方式将线下经营与线上经营相结合，打破了空间的限制，对接全国市场，扩展了销售空间，提高交易效率。2005年，当地花农胡义春开始探索使用淘宝、天猫、1688等平台销售花木，将花木销售市场与电子商务相结合。但由于当时农村环境还处于较为贫困时期，花费了整整三年的时间，才开始产生经济效益。发起于农民的创业创新，再加上政府的科学引导和大力支持，沭阳县花木产业的电商化进程发展十分迅速。村民们看到胡义春的网店生意一天比一天火热，不久之后就开始模仿和学习。那个时期的电商还处于起步阶段，开网店的门槛不高，很大一部分农民属于自发型创业。

李敏是新河镇春生村的一名大学毕业生，由于年少时的一场车祸使她缺失了左臂。毕业后在求职过程中频频受挫，花木电商在家乡沭阳的蓬勃发展，让她一眼看到了希望，决心回乡创业，开设网店，生意做得风生水起。她还通过努力成为一名乡村振兴村干部，带着村民一起脱贫做电商。

夏星、陈丹丹是一对夫妻，两人大学毕业后就选择自主创业，将植物多肉作为创业项目。夫妻二人一起钻研多肉的培植、养护、销售等技能，又扩大了经营规模，筹建一个多肉精品棚，以直播销售欧紫、万圣节、铜壶、玫瑰等十几个品种，年收入超100万元。

耿圩镇的管玉凯是盐城工学院的毕业生，2009年大学毕业后就一直在外打工，后来发现家乡的花木电商发展势头很好，于是就开始学习种植观赏荷花。观赏荷花高雅脱俗，是中国十大名花之一，既可以观花还可以观叶，出淤泥而不染的品格深受众人喜爱，颜色丰富多彩，红色、粉红、黄色、白色、复色等。他一个人种植大规模的荷花有很大的困难，于是他开始带动江苏第二师范大学毕业的本地青年谢非一起创业。他们俩把荷花的种植由普通型转向精品型，由地栽转向

盆栽，由单瓣型转向复瓣、重瓣、千瓣，由单一色彩转向粉色、黄色、白色、绿色、复色等多彩型。共一百余个品种，面积达到120亩，其中精品园50亩，盆栽3万盆，通过线上线下共同销售，十分畅销，带动当地村民就业。

"我们这个直播，快手、抖音也都在做，现在最主要的就是做视频号，微信视频号刚刚兴起。所以，我们一开始做这个视频号就特别火，一个新的平台刚刚投入进去，人家一下子都被吸引过来了，盆景都是比较高档的买家，主要都是集中在微拍、淘宝、视频号这个几个平台，抖音、快手都属于玩的人比较多，我们那个也都在做，但没有其他平台那么用心，微信视频号这一块，很多人都有微信，年纪大但不会下载那些App，所以微信的视频号特别好，每个人都有也都能看得到，还可以直接购买，购买也非常方便，商家也都没有门槛。"[①]走进姜爱花家中，只见坐落在盆景花园中的两层小楼格外精致，屋内到处都是修剪好的已被网民们预定的盆景。姜爱花是周圈村最早开始接触网络销售花木的创业者之一，她在2007年就开始接触网店生意，2018年在淘宝上火了以后，她又成为第一批利用网络直播卖花木的创业者之一。曾是一名人民教师的她，放弃了编制的"铁饭碗"，选择了在家创业。她不仅是一名创业者，还是负责新河镇电商协会妇联的主席。在梦想的号召下，她勤勤恳恳、兢兢业业，对待网上素未谋面的客户，如同朋友一般，慢慢积累了好几万粉丝的关注，对于任何一个求学者，她都无私奉献、倾囊相授。

（四）政府积极引导，完善基础设施

农产品网上销售的主体以文化程度较低且技术不先进的创业农民为主，作为一种新兴产业，农产品电商的发展需要政府的支持和引导。县委、县政府高度重视农产品电子商务产业，将其视为农村工作的重点之一。自2014年起，县政府便开始鼓励农民通过网上销售农产品，开展电子商务创业。网络创业已经被列入县委、县政府对乡镇和县直部门的目标考核中，同时建立了严格的奖惩和考核机

---

① 访谈记录编号 2021092301 姜爱花家中.

制。这意味着网络创业在该县的发展已经受到了高度重视，相关部门将会加大力度推动网络创业的发展，同时也会对网络创业者进行更加严格的考核和奖惩，以确保网络创业的健康发展。2015年，县政府专门腾出土地，规划了2万平方米的电商产业园，旨在为农民工提供集中创业的场所。同时，对于首次入园的电商团队，政府也给予了大力扶持。2012年，沭阳县规划建设了位于宿迁大道和上海路交叉口的百盟物流园，占地605.05亩，总投资达8.6亿元。该物流园吸引了众多物流企业进驻，为沭阳农产品的网销提供了重要条件。[①]

2015年沭阳县耿圩镇开始走进千村万巷，学习新的产业发展道路，经过调查和学习，决定走向"多肉产业+电商"的发展路径。五年的时间，培育了多肉产业园区，完善的基础设施和源源不断前来收货的物流火车，多肉超市、多肉体验园、多肉电商中心应有尽有，全镇种植多肉5000多亩，年产量超过8000万株，年销售额近2亿元。[②]

"一乡一业，一村一品"已成为沭阳推向全国花木市场的基础，耿圩多肉、章集鲜切花、十字菊花茶等多个特色产业应运而生，农民通过网络创业，已成为触手可及的事情。从线下到线上，从网店再到直播，沭阳县早已进入"直播销货时代"，销量有增无减，品牌也越打越响。

（五）立足沭阳目光向外，"买遍全国卖遍全国　买遍全球卖遍全球"

手机是"新农具"，直播是"新农活"。在沭阳县，"花木+电商+直播"早已成为老少皆宜的首要技能，大到六七十岁的老爷爷，小到刚刚成年的高中毕业生，人人都可以成为各大平台的网红花农。沭阳的花农们不仅仅是在自家土地上种植花木，他们还从全国各地的大山间去采购苗木，然后经过培养和加工再出售。"中国找苗木，除了品种特别稀缺的，在沭阳没有找不到的东西，为什么很多人来沭阳买，比如说去浙江只能买到罗汉松，要买另一个品种要跑去安徽，你

---

①　沈柳. 农产品电子商务的实践及前景研究——以江苏沭阳为例 [J]. 中国商贸，2015（14）：47-49.

②　宿迁沭阳："花木产业+"绘就乡村振兴"新画卷".[EB/OL].https://baijiahao.baidu.com/s?id=1677067375347290585&wfr=spider&for=pc.

来沭阳啥都有。"①当然聪明的沭阳人不局限于全国范围，他们甚至跑到世界各地去采购优质品种，甚至前往日本、泰国等地去采购日本黄杨、泰国蝴蝶兰等名贵品种。

（六）假货问题频出，沭阳品牌险遭伤害

2020年春天，沭阳花木市场也开始进入了旺季，但是电商平台网销苗木生意火热的势头之下，竟存在当地部分商家售假泛滥的事情。网上销售苗木暂无人监管，一些不良商家为所欲为、以次充好，很多人看到"商机"赚取昧良心之财。

"卖假苗"在沭阳这个大型花木市场不算是秘密，无论是商家还是网商。由于当地网商售卖真品苗木，利润较低，但通过卖假果苗可获高利，在当地的网店十分普遍。以果树为例，网店里卖的葡萄苗，会分为夏黑、阳光玫瑰、巨峰等多个品种，但不管是买家下单哪一种，发过去的都是同一种。当地的一位经验丰富的经纪人透露，多年前电商刚开始发展时，就有人在网上卖假花卉苗木，"不卖假货就做不起来，卖假货的也有赚个上百万的，天天打假就是打这些，打不完，这里不能卖就换别的地方去卖。"

某些商家在网上售卖"蓝色妖姬"这一品种的玫瑰，但其实网店里展示的蓝色玫瑰都是合成图，根本不存在这个品种的玫瑰。有些商家就是抓住买家的这种猎奇心，在网上售卖这种不存在的品种，不管买家下单哪一种，他寄过去的都是普通的玫瑰苗子，没长叶子也没开花，买家收到根本看不出来。

随着这些售假商户越来越猖獗，当地的花木质量早已失去市场口碑，甚至还有人说"沭阳都是卖的假货"，很多网站和论坛都有网民们吐槽的帖子。因此，电商平台和当地监管部门也没有坐视不管，加大了查处力度。

（七）打响"春雷行动"，营造诚信沭阳

2021年4月，沭阳县政府发布公告，在全县范围开展"三苗"领域专项整治"春雷行动"，全力打击花木种苗市场违法行为。"三苗"指的是花木种苗、畜

---

① 访谈记录编号 2021092303 新河镇盆景大户．

禽种苗、水产种苗。执法人员开始走入经营市场和商户家中，检查是否存在违法违规行为，并加强宣传各项法律法规，对于存在的问题，执法人员现场进行处罚，并责令限期整改。

随着"春雷行动"如火如荼地开展，电商平台和县农业农村局开始联合整治各大网商违规行为，在网上销售涉及种子、经济林、水果种植等林木种苗，必须提供林木种子经营许可证、身份证和营业执照，三证缺一不可。市林业局会根据商户提供的资料，上门进行定位查验。林木种子许可证，一证绑一个店铺，办理这个许可证属于技术证书，需要先进行农业技术、苗木种子培训，再考试，考试合格后发技术证。①

另外，各大物流公司和县林业局也对沭阳县发货的所有林木种苗的包裹进行监督，物流公司在贴完快递单后，还需要在快递包裹上贴上一张印有"花木电商监督电话"和"曝光平台"的监督标签，将沭阳的信誉和快递一起发出。

在电商平台和各职能部门的监督下，严格店铺审核管理，把控物流出口商品，对那些屡次失信的不法商家，将其纳入电商平台的"黑名单"杜绝其再次投机取巧、故技重施。作为"全国花木之乡"的沭阳，更应该保护好多年打响的花木品牌，不能由这些不良商家的下流做法丧失了"金字招牌"。因此，不仅需要加强对各大平台商家的监督管理，还有必要跟电商平台进行联合，构建线上线下诚信经营的"防火栓"。

三、经验与启示

沭阳花木传承至今亦有百年历史，沭阳有其得天独厚的花木产业基础和地理区位优势，再加上"创业先锋"的无私倾囊，才有沭阳今日的繁荣。沭阳之所以在短短时间内成为"中国花木之乡"，电商平台、政府和农民都发挥了重要作用，笔者总结以下几点经验启示。

---

① 访谈记录编号 20210923 沭阳扎下镇访谈内容．

（一）农民的创业精神与独特资源结合孕育沭阳花木

在2000年之前，沭阳县的主要经济活动是种植农业作物，而花木种植并没有得到广泛推广。直到当地农民开始从花木种植中获得高额收益，政府才开始在全县范围内大力推广花木种植，并扩大了生产规模。"无粮镇"的发展，离不开农民的创业激情，传统农作物被各种各样的苗木所替代，区域内土地也呈现出"寸土寸金"的现象。互联网的兴起，带动了当地花木产业的发展，网络销售逐渐成为花农拓展业务的新方式，尤其是各大电商平台和直播平台的普及后，很多农民的创业激情都在无意间被激发出来。许多大学毕业生和外出务工人员纷纷返乡创业，真正将花木与电商相融合。"花木之乡"的形成和快速发展，使农村和农产品再次成为焦点，

（二）政府因势利导促成"花木之乡"形成

花木产业集群的发展过程也并非一帆风顺，原先传统花木销售市场仅仅限于苏北和周边地区，规模小，品种单一，大部分都是自产自销，村庄缺少交易、展销、物流等配套设施。[①]而随着互联网技术的普及和电商发展在农村的崛起，网店数量日益增加，同质化竞争也频频出现，大部分网店都面临同样的困境。2009年以后，政府加大对电商发展的扶持力度，将分散的各网商们聚集在一起。一方面，加强农村电商配套基础设施建设，推进"村村通黑色路、户户接宽带路"工程，极大地改善了交通运输条件，并召集各大物流快递公司直接在村庄设点，方便网商们开展销售业务，缩短快件运输时间。另一方面，加快平台建设，为商户提供更好的服务。开设"淘宝花卉批发市场"将每家每户的资源进行整合，实时监控各商户的销售业绩，增强整体竞争力，同时为农民提供更详细的数据和更安全的经营环境，从而使网络销售规模在不断扩大的同时，保证商户所销售的产品真实可靠。

---

① 江苏堰下村："自行车卖花郎"的网络转型.[EB/OL].https://www.sohu.com/a/312136259_488812.

（三）新技术的广泛应用促进市场开拓

从绿色到彩色，从简单苗木到家庭园艺，从全民网销到全民网红，沭阳花木产业的发展路径进一步得到提升。近年来，沭阳一直围绕"一镇一品""一乡一业"的产业发展要求，加快花木新品种引进和降低低端苗木的库存，重点推动花木主导产业由简单苗木向精品盆景转型，由绿色向彩色转型，由线下采购到线上订货转型，打造"买遍全国卖遍全国，买遍全球卖遍全球"的沭阳特色。沭阳依托阿里巴巴、京东、拼多多等电商平台的大数据，紧跟消费者需求变化趋势，以干花、盆景、多肉植物、鲜花等家庭园艺类产品为切入点，实现花木产品升级。

（四）政府积极规制防范市场失灵

近几年沭阳县大小各类不良商家的违法违规行为频频出现，给沭阳花木品牌带来很多负面的影响，沭阳县深入开展花木种苗市场专项整治"春雷行动"等专项行动，严厉打击花木种苗领域内的违法违规行为，让不良商家无处可逃，营造绿色健康的市场环境。沭阳县花木协会也积极投入，主动参与，组织会员们宣传花木经营法律法规，不定期举行相关培训，杜绝违法违规行为，要求所有会员签订诚信承诺书，并成立花卉苗木服务中心，专门处理涉及协会会员投诉等问题。沭阳还加大宣传力度，重点要求涉及苗木种子的商户学习《种子法》《电商法》《江苏省种子条例》等法律法规，并在农村张贴宣传标语、悬挂警示横幅等方式加大宣传，提高电商从业人员、花木种苗销售人员的自觉性，增强诚信经营意识。

（五）经营者素质提升助力花木之乡。

诚信对经商是很重要的。只有坚守诚信，才能在激烈的商业竞争中赢得信誉并最终获得成功。花木种类繁多，属于非标准化产品，必须加强农民网商学习花木行业规范和产品标准，树立品牌意识尤为重要。包装、物流的标准化和服务品质的标准化对于农民来说是很难把握的。买家和商家之间的纠纷，往往都来于沟通不善，一定程度上影响沭阳花木的区域品牌建设。因此对农民网商开展分阶段培训，涉及包装、美工、运营、财务等方面，提高农产品电商经营者的专业技能是很有必要的。

四、小结

推进乡村振兴产业是关键，只有实现乡村产业振兴，才能推动农业全面升级、农村全面进步、农民全面发展。沭阳花木产业集群的发展来之不易，离不开政府的扶持、电商互联网在农村的兴起和农民网商的不懈努力。有农产品特色产业集群的地方政府应充分利用农业产业集群在引进电子商务上的优势，及时转变产业扶持思路和发展战略，发挥农民主体作用，努力为集群电商创业和网商诚信经营提供良好的发展环境。农民网商也应该严格遵循行业行为规范，不能任由害群之马影响整个沭阳花木产业的声誉和发展。

南阳锦鲤农民工创业集群

宁波大学　俞懿倩

一、引言

南阳，这座河南西北部的城市，地处鄂、豫、陕三省交界。向寨村归属于南阳镇平县侯集镇，在中国地图上是一个小到几乎看不见的点，然而就是在这样一个平原小镇里，却集中养殖了全国60%以上的锦鲤。每天都有许多辆外地牌照的大货车在有序引导下，驶入长彦观赏鱼基地等待装货，在基地内，饲养员按下投食机按钮，便可得见一尾尾五颜六色的锦鲤形成"鱼团"，翻涌出粼粼水面、争相进食的壮观场面，偌大的水塘里响起一阵阵悦耳的"啪嗒"声。

河南省南阳市镇平县的观赏鱼产业，紧紧抓住新时代人民生活温饱满足后的精神发展需要，自20世纪90年代及21世纪初的大胆尝试，至今30年间，已从传统的以农户为单位的养殖逐渐转变为产业化养殖，在政府的帮助下，由镇平县观赏鱼产业联合党委带领广大养殖户，初步探索后走出了一条"抱团兴产业、合作走富路"之路。

镇平县的观赏鱼产业发展之路并不是一帆风顺的，其间几经波折，探错过路，触碰过壁，从最基本的观赏鱼养殖技术，观赏鱼的品种更新，运输技术的改进，到集成完整的产业链，养鱼人在政府的帮助下以智慧的头脑和坚韧不拔的品格，靠一条鱼走出了振兴乡村的康庄大道。

二、南阳锦鲤的创业史：这条"鱼"的由来

（一）创新思路：从卖鱼到卖金鱼

故事的开端就在河南省南阳市镇平县侯集镇向寨村——一个不靠山也不靠水的平原里，这么一个平原，由一望无垠的绿，或是一览无余的黄填充而成。在20世纪80年代前，这小村里的村民的主要的生计来源就是种植小麦。

李广志，与向寨村的千百农民一样，终日埋头于田埂间，重复着施肥、耧地、耙地、播种、浇水等农业生产活动。1981年，19岁的李广志为支撑家庭的日常支出，在田地间挖了一口200多平方米的小鱼塘，养起了草鱼和鳊鱼。1982年，在他一次平常进城卖鱼期间，遇见了一个卖金鱼的河北男子，在自己袋里十多厘米的草鱼难以兜售的窘况下，看着他5厘米左右的红色金鱼被争相选购，李广志很是羡慕。"也许……也许我可以试试养金鱼……"

邻摊的金鱼挑动了李广志那极为敏感的商业神经。在买来了金鱼饲养类书籍之后，有着丰富草鱼和鳊鱼的养殖经历的李广志，在自家屋顶砌了一个100多平方米的水池，买来了红色和黑色的金鱼苗，开始了金鱼的养殖之路，19岁的李广志由此成了村里第一个养金鱼的人。1983年，第一批金鱼苗长大，李广志把它们装进塑料袋中，注入氧气，金鱼从自行车后座上的脸盆里，被交换到消费者手中。李广志的一次小小的尝试初具成效，那年他卖金鱼赚了1 000多元。他发现，养金鱼比种小麦强。

于是，在1984年李广志又挖了一口200多平方米的鱼塘用于养殖金鱼。"1990年，李广志的金鱼塘面积已超3亩，他养的金鱼卖到南阳市区以及与南阳相邻的湖北襄阳、十堰，一年能赚5000元。当时，镇平县城端着"铁饭碗"的人，一年工资收入不到2000元。①

李广志也是村里的致富带头人。他在使自己通过养殖金鱼获得收入的同时，

---

① 上游新闻."中国锦鲤第一村"的三代养鱼人[EB/OL]（2021-6-29）[2021-6-29].https://baijiahao.baidu.com/s?id=17038871977759622838&wfr=spider&for=pc.

不忘帮助村里其他有志养殖金鱼的人，只要愿意学金鱼养殖技术，他都会倾囊相授。向寨村的村民们都看到了养鱼致富的希望。

朝气蓬勃的19岁少年的大胆尝试，让一条小小的金鱼，游出了李广志一家的生计，也游出了向寨村的生机。

（二）开辟新道：返乡青年从养金鱼到养锦鲤

李长彦，是村里挑起大梁的第二代养鱼人的代表。

2002年，20岁的李长彦带着打工赚来的几万元毅然返乡，承包了10亩鱼塘。开始也和叔叔李广志及向寨村的家家户户一样养殖金鱼。他逐渐发现，随着向寨村的金鱼养殖规模越来越大，产量越来越高，镇平当地的市场逐渐消化不了，当地"赶集"已经不再奏效，向寨村村民便开始坐着汽车和火车，到更远的地方去卖金鱼。李长彦在即将陷入的金鱼潮前踌躇，对未来的金鱼养殖去向苦苦思索，不得其解。

转折发生在2005年。这一年，年仅23岁的李长彦，作为技术人员，受邀到郑州参加观赏鱼疫病防治指导，在一户人家的水池里，他第一次见到了锦鲤，这1米多长的彩色锦鲤，在8米见方的水池里游弋，在与户主的讨论中，李长彦得知，其中养殖的种鱼总价值达200万元。

这次郑州之行，对李长彦是一个不小的震撼。在回乡的途中，那几条彩色的锦鲤尾拍打出的水声，在这个20出头的小伙子耳边回响。"农户散养的金鱼品种更新较慢，它的品质和成本也不好控制。那如果说，养锦鲤呢……"李长彦在创业初期，一个想法萦绕在他的脑海里，"养锦鲤，市场比养金鱼大。"

随着养殖对象的改变和养殖模式的转换，李长彦的锦鲤产业在成长的同时，伴随着不容忽视的阵痛。

李长彦的脚步遍布祖国大江南北，一心寻找最新品种的锦鲤带回养殖，但由于地域的差异和锦鲤养殖技术更新的滞后，锦鲤的成活率极低。

对于养殖锦鲤，他没有技术、没有经验，一切都要摸索。在经历第一次从广州带回的7条锦鲤种鱼死亡的打击后，李长彦得出"养鱼先养水"的结论，即锦鲤对水质的pH、清洁度等指标要求很高。第二次他从广州购买了小鱼苗，可这些鱼苗大多折在了南阳来年开春的鱼塘里。李长彦没有灰心，再次改变思路，第三回他吸取教训，从水花（鱼卵刚孵化完未久的形态）养起。但是，由于技术仍没完全掌握，5万多元的水花，带回南阳后几天就全部死光了。锦鲤的市场效果还没看到，光养不活的锦鲤数量就压得李长彦喘不过气，他因此先后3次赔光家底，欠下50万元的外债。

壮志未酬誓不休。从头再来的资本即使难筹，年轻人的勇气永不落空。

即使到了这种境况，李长彦还是硬着头皮挺着。最后又买回了15 000元的水花，为保证该批水花的存活率，专门还从广州请回了一位专家来指导养殖。这一次，专家从水质、水温、酸碱度等几个方面进行指导，他们这回将锦鲤养殖技术知识分类了，揉碎了，吃透了，吸收了。"用经发酵的有机肥（鸡粪、猪粪）肥水，施用量$100\sim150\text{kg}/667\text{m}^2$，为幼苗提供饵料，并坚持每半月检查一次池中氨氮、硫化氢、亚硝酸盐、pH，根据检测结果适当使用生物制剂调节水质，使pH达到中性或微碱性，促进有益菌、有益藻生长，控制有害生物的繁殖和生长。"[①]这几个不可忽视的养殖条件发挥了关键作用。水花成功培育，第一年出售的锦鲤就卖出20万元，留存的尾货第二年又卖了5万元。在又经过半年多时间后，李长彦——这个勇气可嘉、敢做敢拼、咬牙坚持的青年人，终于打了翻身仗，成了向寨村第一个成功养殖锦鲤的人。

此时，距他第一次去广州，已经过去了四年。

这个青年人的事业，终于看到了曙光。2013年时，李长彦不仅建立了"长彦观赏鱼文化产业园"育种基地，而且把养殖面积扩大至1100亩。至此，李长彦完成了养锦鲤产业的第一次产业升级，当他望着一车车载着养成的锦鲤的大车运出向寨村的时候，他似乎也看到了他曾经的想法正在慢慢变成现实——养锦鲤，市场比金鱼大。

大约到了2014年，向寨村内2000多亩的土地就基本全变了鱼塘，2300多名村

---

① 贺建业.锦鲤的引进及人工培育关键技术 [J]. 河南水产,2015,No.104(03):22-23.

民，除去儿童以及丧失劳动能力的老人外，都在和观赏鱼打交道，有些人还跑到邻村租土地扩大养殖规模。①与此同时，镇平县和侯集镇等地政府也注意到了观赏鱼产业的蓬勃朝气，积极推进实施农业产业结构调整政策，让观赏鱼产业在政策的帮扶下有如春水般在风暖之日里激荡的生机。

伴随着向寨村锦鲤生产规模达到一定程度，锦鲤养殖产业的生产、管理成本下降，从而利润增加。但同时，潜在的因规模增大带来的经济效益提高的幅度却在逐年降低，李长彦在分析利润涨幅降低的原因时发现，现在的锦鲤都是大路货、按斤卖，品种较少，去向路径单一，利润不高。李长彦针对漏洞，培育高端锦鲤，他在全国各地寻找有培养过高端锦鲤的大学和研究所的专家团队，三年间又开发了十多个观赏鱼的新品种，目前，长彦观赏鱼基地内的锦鲤品种，已有300多种。②基地的第二次产业调整获得了圆满的阶段性成功。

2018年，李长彦当选向寨村村支书，带领全村村民养殖高端锦鲤。为了使锦鲤产业有更蓬勃的发展力，使全村共同富裕的脚步进一步加快，他就开始琢磨着第三次"产业调整"："鱼稻"循环农业。李长彦租下了"长彦观赏鱼文化产业园"园区附近的几十亩土地，正值壮年的他，以敏锐的商业嗅觉制订了一个更长远的目标——他想从"鱼稻"循环农业的实验开始，把向寨村建成一个鱼、稻、游一体的观赏鱼小镇，让锦鲤"游出"池塘，游向广阔的田间，使乡村生态振兴的活力和创造力竞相迸发。他畅想着，总有一天能在田野间看到"彩色"的中国乡村面貌。

（三）乘风破浪：知识青年带领村民从线下卖到线上卖

40岁出头的李长彦和同龄人，是向寨村养鱼人的架海金梁。与此同时，他们的后辈，也正在奋力追逐着。

李长彦当初在开发锦鲤新品种时，就有意识到要迎合电商崛起的新风向，尝

---

① 张羽."河南锦鲤村"启示录[J].农家之友,2020,No.428(02):40-41.

② 南阳广播电视台.【新春走基层】镇平：小锦鲤跃出乡村振兴大道[EB/OL]（2023-01-26）[2023-01-26].http://nypubweb.nydt.cn/nyh/article/1/1618544096479227905?source=mobile

试从大规模批发转向新零售，而第三代养鱼人，就以此为售卖模式转变的关键点，充分利用电商的即时性和传播性，将锦鲤产业扩至全国。高坤，就是第三代养鱼人中的一位以年轻的思想和态度拥抱电商时代的青年人。

生于1988年的高坤，毕业于河南理工大学。在他大二那年，随着网络上电商平台的崛起，他发现身边网购的同学越来越多，思想活跃的他由此联想到向寨村里父亲的锦鲤售卖模式：传统的线下门店经营，客户来源只有经常来的老客户和慕名而来的新客户。新客户不少，但大多局限于邻县临市，难得一见稍远地区的客户，他反思道：如何能使客户来源扩大？要将锦鲤送至全国各地的想法可不可行？怎么"行"？网购……网购？一个想法在高坤脑海中模糊有了个影子："或许说，锦鲤也能在淘宝网上卖呢……"

一现的灵光得在它消失前抓住它，并将其付诸行动。高坤先将要网络售卖锦鲤的消息在论坛上发帖、在QQ群里发信息，积攒了一定的人脉后入驻电商平台，他在向寨村开了第一家淘宝店，高坤说："当时抱着尝试的心态，没承想网络售卖渠道一开，好评如潮，不仅家中锦鲤的售卖途径增多，向寨村也因锦鲤而被更多人知晓。"到2011年大学毕业时，他已经有了数十万元积蓄。目前，他在电商平台每月销售额达30万元左右，占其公司销售额的四成。①

但是，电商模式下不可避免的长途运输让向寨村的锦鲤能达万里的梦想在现实面前敲下重重一棒——没有快递公司愿意运输锦鲤，活体运输的困难性逐步显现。以李长彦为带头人的养鱼人针对"活体运输"的特殊性，经过深入钻研和反复试验，破解难点，疏通堵点，设计了一种为锦鲤量身打造的"安居房"。"根据锦鲤体形的大小，'安居房'分好几种'户型'。将锦鲤装进特制的包袋内，装水、充氧气、热合密封，然后放进泡沫箱里。夏天用冰袋，冬天用'暖宝宝'，让锦鲤的'旅途'四季如春，路上更经得起'折腾'，就这样，小锦鲤

---

① 镇平融媒."中国锦鲤第一村"的三代养鱼人.[EB/OL](2021-07-02)[2021-07-02]https://www.sohu.com/a/475211411_618327

'坐上'电商'快车'走进千家万户。"①在近几年，更是通过技术改进，采用机器热合的方式包装。同时，基地还针对低温地区的温度特点，增加了保温棉和加热贴，延长了锦鲤在包装袋里的存活时间，由原来的3～5天，延长至8～10天，大大提高了锦鲤的存活率。

现如今，向寨村里还有许多"高坤"。每天凌晨4点，他们会准时起床，喂鱼、打包、发货、接货……勤勤恳恳育苗养鱼，用双手证明了"致富不能指望转发锦鲤"，踏踏实实做才是硬道理。除了早晨踏着朝阳的养鱼人，还有一批伴着夜露的养鱼人。每当夜幕降临时，向寨村锦鲤产业园的两层办公楼灯火辉煌，人声鼎沸，养鱼人聚集于此，开启了乡间直播，电商直播的博主们会根据客户需求，热情地介绍金鱼适宜的水温、更换水注意事项、鱼饵喂食频率等养殖常识。他们中，有很多人是回乡大学生，直播一个月有1万元～3万元的收入。

电商运营模式的成功也离不开向寨村支部书记、镇平县长彦观赏鱼负责人李长彦的辛苦付出，他作为镇平县锦鲤电商的带头人和电商产业的推动者，积极参与洛阳闪讯公司的电商培训，并在长彦观赏鱼产业生态园中专门腾出办公室，作为电商培训基地。他还带动630名多村民进行电子商务的学习和实践，让互联网技术的福音传入家家户户。并且，李长彦公司通过"党支部+公司+贫困户"的模式，以入股分红、到户增收、电商带贫等途径②，努力推动了电商产业、金鱼产业、精准扶贫、金鱼文化传承四位一体建设，在实现企业做大做强的同时，助推侯集镇实现精准脱贫，带动268户贫困群众走上了脱贫致富的幸福路。

按照全域党建工作理念，为疏通观赏鱼产业补链的瓶颈，2020年6月，镇平县建立了观赏鱼产业联合党委，党委书记由副县长担任，并由县直、乡镇主要领导及专业人士、技术能手担任党支部书记，吸纳党员103名，统筹协调各方力量，合力推动观赏鱼产业沿着振兴之路破浪前行。按照观赏鱼全产业链各环节

① 大河网.这个村是"中国第一锦鲤村"这里的锦鲤乘"专车""游"向全中国[EB/OL]（2019-11-04）[2019-11-04].https://baijiahao.baidu.com/s?id=1649227734022349333&wfr=spider&for=pc.
② 中原经济网.镇平县侯集镇向寨村：锦鲤的"幸福密码"[EB/OL]（2021-05-08）[2021-05-08].https://www.zyjjw.cn/ny/news/2019-09-06/567994.html.

类别，下设文化产业发展规划、信息技术服务、养殖、电商、销售、物流配送等6个非建制性联合党支部，初步探索了一条"抱团兴产业、合作走富路"的产业链全域党建新模式，为观赏鱼产业的快速壮大振兴，提供了源源不竭的红色动能。①

向寨村养鱼致富，犹如星星之火。目前镇平县养殖总水面约413.3公顷，开发有鲫种、龙种、文种、蛋种4个品系和寿星、龙睛、水泡眼、鹤顶红等80多个名贵品种，年产成品鱼6 000万余尾，产值7 000万元左右，每667平方米效益在4 000～9 000元之间，养殖农户年人均增收1 600元，销售网络遍布全国。②

三、经验和启示：康庄大道的砌成者们

镇平县的观赏鱼产业能在20年左右从萌芽、发展到全国范围内的壮大，成为振兴镇平县乃至周围辐射到的县城区域经济实力、推动群众实现共同富裕的极佳宝器。该特色主导产业的蓬勃发展，得益于以下几个方面的助推的"动力"：

（一）能人带动点燃观赏鱼产业的"星星之火"

观赏鱼养殖业作为一门新兴养殖产业，李长彦等养鱼人始终保有永不懈怠的精神状态和一往无前的奋斗勇气，在经过不断的试验与研究得出观赏鱼养殖特点、条件等技术的支持下，凭借人们对于喂养技术、甄别筛选技术、活体运输技术等特定技术的不断钻研、永不放弃的精神，这才逐渐有了一套特殊的观赏鱼养殖方法。

观赏鱼产业得以兴起的一个重要条件是技术的支撑，在此基础上，养鱼人的审美能力也是助推产业成功的重要因素。据了解，养鱼人在经过第一批的普通锦鲤和第二批的高端锦鲤后，凭借敏锐的商业嗅觉和自身能力的不断精进，尝试养殖特色锦鲤，在锦鲤幼期推算其花色及成年形态，以此为根据在喂食、繁育等方

① 南阳网.南阳市镇平县：小金鱼"游"出大产业 [EB/OL]（2021-05-08）[2021-05-08].https://m.thepaper.cn/baijiahao_12573174.
② 李泳，邓奇志，张金东.镇平县观赏鱼产业现状调查 [J].河南农业，2011（03）:41.

面给予其优良的发展条件。

"锦鲤也和人一样，会有出生好看后来长残的，也有开始不好看后来成功'逆袭'的。"一位养鱼人曾这么说，"我们的工作呢，是依靠饲料投喂管理以控制体型，通过露天养殖保证紫外线的吸收以维持鳞片色彩，尽量使好的'美鱼胚子'从小美到大，让稍稍逊色的努力变美。这个过程其实也蛮有趣的。"

在其他传统农民还在种植用以解决温饱的粮食时，南阳市镇平县侯集镇向寨村的村民们却开始养殖供人欣赏的观赏鱼，这些养殖观赏鱼的人，是一批有特殊鱼种养殖知识的农民，技术层面创新的引导者、改良者。他们大胆尝试满足人民日益增长的在温饱后的丰富精神需要，积极培育开发新品种，正因为这些能人的出现，产业才得以迅速发展。

（二）政府推动观赏鱼产业的"燎原之势"

在镇平县观赏鱼产业逐渐开始兴起的同时，县、乡两级的政府秉持"乡村振兴的关键是产业振兴"的正确观念，对当时并不壮大的观赏鱼产业积极加以支持、鼓励、引导，特别是主产区的侯集镇历届党委、政府在尚无土地政策支持的情况下，大胆创新，对发展金鱼养殖的农户实行"三不限、三优先"政策，并多渠道筹措资金，对水、电、通讯、交通等基础设施进行配套完善，协调银信部门为资金短缺的农户提供小额贷款帮助；邀请水产专家对养殖户进行技术培训和技术指导；实施政府上网工程，发布招商信息，大力宣传推介，打响"神游"品牌；成立金鱼养殖协会，加强行业自律。①至2019年观赏鱼产业辐射带动了周边4个乡镇41个行政村。镇平县更是在2020年6月，建立了观赏鱼产业联合党委，通过一系列措施的实施，把行业部门、企业、合作社等通过党建这条红线联结起来，拓展了基层党建的工作新格局，不断解决严重制约观赏鱼产业发展的产业发展要素布局分散、协作不畅、链条连接不紧等问题，实现了从"感情化维系"到"契约化共建""双向型服务"的转变，推动了产业的蓬勃发展。

---

① 李泳，邓奇志，张金东．镇平县观赏鱼产业现状调查 [J]．河南农业，2011（03）：41．

政府的积极扶持是镇平县观赏鱼产业发展的助推剂，使观赏鱼产业的发展速度更快一步，质量更精一步，服务更好一步。正如雷军所说："创业者需要花大量时间去思考，如何找到能够让猪飞起来的台风口，只要在台风口，稍微长一个小的翅膀，就能飞得更高。"① 显而易见的是，蓬勃发展的镇平县观赏鱼产业正是站在"台风口"，并且在社会资本、能人精神、网络电商和政府政策等共同"编织"的"翅膀"下飞翔的成果。

（三）三代创业者接力带动观赏鱼产业升级

从第一阶段的卖金鱼，李广志先生作为镇平县养殖鱼业的先行人和奠基者，对后来养鱼人力资源的增多发挥了不可替代的作用，但第一代养金鱼的农户多以小家为单位，粗放型农户自营是当时镇平县养殖业的突出特点。第二代以李长彦先生为代表的养鱼人开辟新道，实现从养金鱼到养锦鲤产业成功转型的飞跃发展，各类锦鲤养殖百花齐放，有走量产养普通锦鲤的，有走"精品路线"养高端锦鲤的，镇平县涌现出一大批锦鲤养殖场，迅速发展的中国经济和巨大的锦鲤市场需求，让着眼于人们精神需要的养鱼人快人一步，在市场中有着不小的发展潜力，有力推动了河南锦鲤业的快速发展，更多有知识有能力的人士加入其中。这一阶段的养鱼人，克服了品种单一的缺点，引入高端锦鲤，开发了十多个观赏鱼的新品种，"治"好了"活体运输"的弊病，设计了一种为锦鲤量身打造的"安居房"。问题的解决助推了观赏鱼产业的二次升级。第三代养鱼人在近几年邻省锦鲤需求量降低和新冠疫情反复的打击下，借电商东风，告别当初传统的零售批发模式，以直播挑选、线上拍卖、网络下单的流程，助力鱼跃更辽阔的四方，使"锦"潮重生。在当地政府的大力支持引导下，将锦鲤产业作为新兴产业培育发展，助推社会资本的涌入，吸引专业人才，加之国内各锦鲤协会的支持和协助，以各地锦鲤大赛为平台，对锦鲤文化进行大力的宣传和推广，越来越多的人知晓

---

① 新媒科技评论.雷军名言：在风口上，猪也能飞起来！其实后面还有更重要的一句！[EB/OL] (2018-07-23)[2018-07-23].https://baijiahao.baidu.com/s?id=1606787079263532078&wfr=spider&for= pc

锦鲤专业养殖产业，河南观赏鱼养殖产业也在各方的帮助下，走向越来越规范专业的养殖模式，得到全方位、多层次的升级。

四、小结

我们向每一个为这个新时代而奋斗的年轻人致敬，他们都是奇迹的创造者。

从一条草鱼到一条金鱼再到一条锦鲤，从100平方米的水池到2 000多亩的鱼塘，一个小小的县镇在短短30年间创造出了一个又一个奇迹。

南阳市镇平县的观赏鱼产业作为农民工集群创业的生动案例，为后来的创业者提供了不断尝试、敢做敢拼的探索思路。在政府政策及社会资本的有力支持下，最大化地保留养殖人养殖品种的主动性，通过实践，对观赏鱼产业的发展不断在实效上下功夫。

纵观镇平县观赏鱼产业的发展历程，有经验与启示，同时也有不足与需要改进之处。

从观赏鱼的发展现状不难看出，该县观赏鱼产业的发展仍具有浓厚的小商品色彩，与南阳市政府所期望的"'调整优化产业结构'，'提高水产品质量'，全力推进南阳特色渔业的发展"的全市水产业发展的目标还相差一定的距离。镇平县观赏鱼产业目前已初具规模，但标准低、科技含量低、精品少、档次不高，培养精品锦鲤的时间和精力与市场愿意等待两者之间的时间差不可忽视，社会化组织手段不够，政府成立的养殖协会与养殖大户的来往密切，而为小商户提供的服务桥梁寥寥，且已有普通锦鲤掉价难卖的趋势出现，缺乏特色产业应有的发展后劲。而30年间不断挖出的大小不一、深浅不一的鱼塘，在一定程度上限制了村路的拓宽，面对"鱼美村不美"的现状，村容村貌的改变也刻不容缓。

针对科技含量低，观赏鱼品种单一的问题，镇平县的观赏鱼产业基地需要借助全国范围内优秀的专家团队和科研单位，实现品种的改进和更新；面对生产育种手段相对落后的局面，应采取统一的育种标准，以先进的育种技术提高镇平县的育种水平和效率；同时在镇平县观赏鱼产业化方向上也要重视起来，抓住国家的扶持政策，从观赏鱼的生产、包装、饲料加工等方面入手，促进观赏鱼产业链的丰富，提高观赏鱼产业化水平。观赏鱼产业亟须规范化现代化的养殖技术手段、先进有效的科学管理措施、供应丰富的产业链及销售渠道的共同支持。

镇平县的观赏鱼产业未来还有一段很长的路要走，但我们始终相信，在不畏艰险、勇于尝试、不怕吃苦、敢做敢拼的养鱼人面前，在积极引导、政策帮扶、一心为民的政府面前，镇平县的观赏鱼产业定会在时代的浪潮中踏浪而行、逐浪而上，走上一条康庄大道。

后　记

近年来让从事农民工创业研究者感到困惑的是还有许多人对农民工创业存在偏见。这其中有普通人，也有政府部门的官员。他们或者不能充分理解中央倡导支持农民工创业的意义，认为无非是为了解决农民的就业问题；或者认为农民工创业无非是开个餐馆、摆个小摊，难成气候。

这两点无疑都有失偏颇，第一点没有意识到农民工创业对于农民打破阶层固化、实现社会流动的价值。农民实现纵向提升的渠道有限，创业就是其中一个重要的渠道，如果不能给他们以改变地位的希望，这无疑不利于社会的稳定，也不能体现社会的公平正义。第二点是他们的视野比较有限，没有对农民工创业的成就给予充分关注，事实上，我国有大量的农民工创业成功的企业，其中不乏世界五百强企业，如吉利、美的等。而本书关注的是农民工创业集群，我们认为他们比这些五百强企业更重要，因为它带动了群体创业，让成千上万的人成长为"老板"，尽管有些老板并不大，但它改变了这些农民工的命运，体现了社会的公平正义，也符合建设共同富裕社会的需要。

相信读者浏览完本书后会"大吃一惊"，没想到我们身边如此多的有影响力的品牌、店铺居然是农民工创办的！事实上农民工创业集群与你我如此密切相关，你出门取的快递，可能来自农民工创办的"三通一达"；你上街复印文件，极大可能进的是湖南新化农民工创办的复印店；你到大排档吃的小龙虾，可能是湖北潜江农民工创业集群养殖的。还有，你买的花木，可能来自沭阳农民工创业集群，你买的价廉物美的家具可能出自睢宁农民工创业集群，你买的吉他可能出自正安农民工创业集群，更不用说满大街的沙县小吃、兰州拉面了，等等，等等。没想到吧？我们的生活几乎都被农民工创业集群覆盖了！这时候，你还会轻视农民创业了吗？还会低估农民工创业的意义了吗？

正因为我们意识到农民工创业，特别是农民工创业集群的重大意义。我们针对过去没有对农民工创业集群系统介绍的空白，对我国有影响力的农民工创业集群案例在本书中逐一介绍，以帮助社会对农民工创业集群给予更多的关注，并推动相关地方政府支持并培育更多的农民工创业集群。

当然，由于我们的见识有限，肯定会遗漏一些重要的农民工创业集群，如果读者发现有这样的集群，请务必向我们推荐，以便再版时收录。

在本书编写过程中，我们得到有关各方面的支持。宁波大学叶笑云教授为本书出版提供了帮助。我的学生郑佳俊、奚潇锋、张雲清、丁婷悦、毕文君、张天益、卢光彬、赵高俊等十余位同学参与了本书的编写，他们牺牲寒假时间，克服各种困难辛勤写作。在此我对他们的支持与付出表示由衷的感谢！

在本书的撰写过程中我们参考了众多作者的研究成果，他们的智慧对于本书的形成非常重要。

对于以上有关各方以及虽未提及但对本书的出版有贡献的个人和组织在此一并致谢！

由于我们的能力有限，有关阐述难免有不完善乃至偏颇之处，敬请各位读者批评指正。

反馈意见请发送70829281@qq.com.

操家齐

2022年3月7日